전후
일본의공산당사

당내
투쟁의 역사

전후의 일본공산당사

당내 투쟁의 역사

고야마 히로타케 지음
최종길 옮김

어문학사

서론

　지금까지 '당내 투쟁은 당 외 계급투쟁의 반영이다'는 명제가 단순히 남용되었다. 이 때문에 모든 당내 투쟁이 적대적 성격을 갖는 듯이 이해되었으며, 너무 간단히 동지가 적이 되고 적이 동지가 되는 경향이 있었다. 그러나 현실에서는 어떠한 정당이라 하더라도 '그 자체로서' 모순을 포함하고 있다. 노동자계급을 대표하는 정당이라 하더라도 예를 들면, 당과 당 외의 대중과는 그 자체로 무조건적으로 일치 융합해 있는 것이 아니라 그 사이에는 적대적 성질의 것은 아니라 하더라도 일정한 모순이 존재한다. 또한 당 그 자체의 내부에도 지도간부와 일반 당원 사이·당 중앙과 하부의 각급 기관과의 사이에 그 자체로서 일정한 모순이 있음을 부정할 수 없다. 이러한 모순은 크든 적든 당내 투쟁으로써 발현되는 것이며, 당내 투쟁이라고 불리는 것 가운데 당 외의 계급투쟁을 반영하는 적대적 성격의 것 이상으로 당과 대중·당 상층과 당 하층 그 자체로서 모순을 반영하는 비적대적 성격의 것이 많다. 문제는 이러한 여러 모순의 존재를 논하는 것이 아니라 이것들을 당이 충분하고 명확하게 구별하고 있는지 아닌지, 또한 당이 이것들을 잘 해결하고 있는지 아닌지이다. 이 책은 전후 일본공산당에 대하여 이러한 당내 투쟁의 관점에서 역사적으로 추적했다.

우리들은 지금부터 10년 전에 "현재의 운동 그 자체가 이미 과거에 한 번 비판되어 극복된 동일한 오류와 실책을 또다시 반복하고 있다는 절실한 사태"에 직면하여 『근대 일본 노동자 운동사(近代日本勞働者運動史)』(1947, 白林社)란 책을 공간하였다. 이 책에서 전전의 운동이 범한 여러 가지 잘못과 실패·패배와 혼란의 사실을 솔직하게 기술하고 그 결론에서 "일본 노동운동은 오늘날 패전에 의한 제국주의 붕괴와 민주혁명의 수행에 의해, ……미증유의 재생·부활·융성을 만들어 가고 있다. 그러나 이것이 과거의 모든 역사에 대한 심각한 자기비판을 게을리하고, 중대한 패배의 사실을 확인하기를 회피하였으며, 혹은 이러한 패배의 원인에 대하여 패배했다는 중대한 사실을 인정하지 않으며 냉혹하고 엄중한 자성을 간과한다면 결코 이후에 올바른 궤도를 걸을 수 없을 것이다. 그 과거의 피와 눈물의 모든 역사가 남겨놓은 여러 교훈을 섭취하여 이것을 이후에 활용하는 것을 잊어버리고, 단순하고 막연히 현실의 사태에 대처한다면 다시 이전과 같은 참혹한 패배와 실패의 역사를 되풀이하지 않는다고 누가 장담할 수 있을까"라고 적었다.

그런데 그 책은 당시 운동의 상승·발전에 취해 있던 혁명분자들에게서 과거 운동의 영광과 명예를 손상시키고 모욕한 출판물로 심하게 비판당하고 공격당했다. 우리들이 이 부당한 비판에 대답하려고 해도 처음부터 받아들여지지 않을 정도로 대단한 압력이었다. 그러나 10년이 지난 지금, 그들 혁명분자들은 일본의 혁명세력이 전후의 재출발점과 동일한 지점까지 퇴보한 힘든 현실에 직면해 있다. 우리들이 결코 희망하지 않은 예상이 너무도 정확하게 적중되었다. 우리들은 이번의 이 책이 이전의 책과 동일한 운명을 거쳐 10년 후에 재차 예상이 적중하지 않도록 마음을 모아 기원할 뿐이다.

　우리들은 최근 전후의 중요 문헌을 정리하여 『문헌과 해설·전후 일본사회당사(文献と解説·戦後日本社会党史)』, 『문헌과 해설·전후 일본공산당사(文献と解説·戦後日本共産党史)』의 편찬 작업을 진행하고 있으며 언젠가는 공간할 예정이다. 이를 위해 이 책에서는 상세한 문헌목록을 생략하기로 했다. 이하에서 일반적인 참고문헌의 제목만을 열거하기로 한다.

1. 기관지
『赤旗』, 『アカハタ』, 『前衛』, 『党活動指針』, 『平和と独立のために』, 『内外評論』, 『国民評論』, 『団結と前進』, 그 외

2. 문헌집
『日本共産党決定報告集』(増補版, 1949)
『日本共産党党性高揚文献』二冊(1952)

『平和·民主·独立文献』(増補版, 1955)

『日本共産党決議決定集』三册(1955 – 1957)

『日本問題文献集』(1955)

『日本共産党綱領集』(1957)

『日本共産党党内闘争文献集』二册(生活書店, 1951)

『日本共産党綱領問題文献集』三册(青木文庫, 1957)

『日本共産党五〇年問題資料集』三册(同編集委員会, 1957)

『日本共産党の文献集』四册(日刊労働通信社, 1951 – 1953)

『最近における日共の基本的戦略戦術』五册(日刊労働通信社, 1953 –
1957)

3. 문헌·의견서

도쿠다(徳田), 노사카(野坂), 시가(志賀), 미야모토(宮本), 가미야마
(神山), 이토 리쓰(伊藤律)의 각 논문 및 의견서

4. 전후 공산당사

小山弘健,『戦後人民革命論争史』(1950); Swearingen, Rodger,『日
本の赤い旗』(1953); Napier, Jack P,『私の見た共産党』(1953); 市
瀬正幸,『日本共産党』(1954); 塚平利平,『日共十年の歩み』(1955); 日
刊労働通信社,『戦後日本共産主義運動』(1955); 加田哲二,『さまよ

える革命』(1956)；小山弘健, 『日本マルクス主義史』(1956)；上田耕一郎, 『戦後革命論争史』二册 (1956－1957)；斎藤一郎, 『戦後日本労働運動史』二册 (1956)；村上寛治, 『日本共産党』(1956)；三浦つとむ, 『共産党』(1956)；大井広介, 『左翼天皇制』(1956)；大井広介, 『革命家失格』(1957)；日刊労働通信社, 『日本共産党白書』(1957)

5. 기타
『日本週報』, 『真相』, 『全貌』.

이들 가운데 시각을 당내 투쟁에 한정한 이 책을 보완하는 것으로써 사이토(斎藤), 우에다(上田), 미우라(三浦) 등의 책을 더불어 읽어주기 바란다.

이 책의 본문은 고야마 히로타케(小山弘健)가 집필하였으며 연표는 시시토 교이치(宍戸恭一)가 작성하였다. 작년 말 교토(京都) 현대사 연구회를 통해서 직·간접적인 시사와 자극을 준 이노우에 기요시(井上清), 기시모토 에타로(岸本英太郎), 와타나베 도오루(渡部徹) 씨에게 깊이 감사드린다. 자료는 다카야 사다쿠니(高屋定国) 씨의 협력에 힘입은 바 크다.

1958년 6월 30일
사회경제노동연구소
고야마 히로타케

제2장 대분파 투쟁의 전개
-1950년에서 51년-

제3장 극좌모험주의의 비극

-1952년에서 54년-

제4장

6전협에서 제7회 대회로
-1955년에서 58년-

제1장

점령하의
평화혁명을
지향하여
─1945년에서 49년─

01 / 패전·점령·해방

　1945년 8월, 지금까지 15년간(1931 – 45년)에 걸쳐서 중국에서 인도·호주·태평양 전역에까지 전쟁을 확대하고 수천만이라는 민중을 전화 속에 빠지게 한 일본제국주의 권력과 지배계급은 세계 민주주의 연합군의 무력에 완전히 패배하여 무조건 항복했다. 미국을 선두로 하는 진주군은 전국에 대한 점령을 개시하여 구 육해군은 모든 곳에서 무장해제되었다. 세계 일류의 제국주의 국가의 하나가 해체, 붕괴, 재편성을 시작했다.

　미 점령군이 처음부터 완전한 주도권을 장악한 것은 다른 민주주의 세력과 제국주의 세력 사이에 다양한 대립과 마찰을 불러일으키는 원인이 되었다. 그러나 이러한 모순을 가지면서도 일본제국주의의 권력기구와 그 경제적 기초의 해체라는 당면한 목표를 향해서 '위로부터의 정치·경제개혁'이 시작되었다. 이로 인하여 45년의 나머지 3·4개월간에 육해군이 해체되었으며 도조 히데키(東条英機) 이하 전쟁지도자가 체포되었고 정치경찰이 폐지되었다. 언론·보도·민권·조합조직 등 천황제 독재하에서 완전히 빼앗겼던 인민의 정치적 자유가 부여되고 헌법 개정이 시작되었다. 다른 한편, 전시경제통제가 철폐되었으며 통제단체도 해체되었고, 경제민주화 지시로 재벌과 황실의 재산동결 지령이 내려졌으며 농지개혁이 개시되었다.

　공산주의자를 선두로 하는 정치범 석방은 이 위로부터의 개혁의 일환으로써 45년 10월 4일 맥아더 사령부의 석방명령에 의해 이루어졌다. 이미 1934-35년에 마지막 중앙부가 검거된 이후 10년간 공산당 중앙부는 정식으로 존재하지 않았다. 기나긴 전쟁기간 동안 정치경찰의 집요한 추적과 탄압으로 인하여 잘 정비된 혁명운동 조직은 전혀 존재하지 않았다. 일시적으로 천 명을 넘었던 구 당원들도 본심이든 위장이든 거의 '전향'을 할 수밖에 없었으며, 옥중에는 겨우 몇몇의 비전향 공산주의자가 수용되어있을 뿐이었다. 더구나 이 소수의 '옥중 집단'도 결코 사상적으로 통일되지 못했으며 각자 서로 다른 생각을 가지고 있었다.

　가장 숫자가 많았던 도쿄(東京) 후추(府中) 형무소에서는 도쿠다 규이치(德田球一), 시가 요시오(志賀義雄), 김천해(金天海), 구로키 시게노리(黑木重德), 야마베 겐타로(山辺健太郎), 니시자와 다카지(西沢隆二), 마쓰모토 가즈미(松本一三) 등이 석방되었다. 도요타마(豊多摩) 형무소에서는 가미야마 시게오(神山茂夫), 나카니시 쓰토무(中西功) 등이 석방되었으며 센다이(仙台)에서는 하카마다 사토미(袴田里見), 가스가 쇼지로(春日庄次郎) 등이, 홋카이도(北海道)에서는 미야모토 겐지(宮本堅治)가 석방되었다. 해외에서는 당시 노사카 산조의 '연안 그룹'이 있었다. 이들 내외의 공산주의자들이야말로 일본의 군국주의와 지배계급이 수년간 지속해온 전쟁과 그 결과에 대하여 자신을 갖고 자신들에게는 책임이 없음을 주장할 수 있는 유일한 정치집단이었다. 패전으로 의욕상실과 기아에 굶주린 대중은 이들을 환호하며 맞이하였다.

해방된 사람들 가운데 당원 경력이 있는 도쿠다와 시가는 당 재건의 주도권을 잡았는데 여기에 미야모토와 하카마다가 가담하였으며, 더욱이 부분적으로 다른 의견을 가지면서도 대국적인 입장에서 가미야마도 가담하였다. 도쿠다, 시가, 김, 가미야마, 미야모토, 하카마다, 구로키 7명에 의해 당 확대 강화 촉진위원회가 결성되어 각지에서 구 당원조직을 점검하였다. 나카니시는 기본방침에서 도쿠다·시가와 대립하여 결국 다음해까지 참가하지 않았으나 인민사(人民社)를 거점으로 독자적인 활동을 계속하였다.

당 재건에 있어 지도자들이 요구하고 있던 가장 중요한 점은 무엇이었을까. 앞서 논한 것처럼 1934-35년의 탄압으로 운동이 파괴되고부터 국민들 사이에서 실제로 활동할 수 있는 당 중앙이나 하부조직은 없어졌으며, 이후는 단지 소수 공산주의자의 독립 분산적인 '재건' 투쟁이 이루어졌을 뿐이었다. 계속되는 추적과 검거 때문에 그 후 10년간 전국적인 통일 활동은 결국 재건되지 못하고 끝났다. 이 때문에 이 기간에 당으로서의 정치적 조직적인 경험을 쌓아가는 것은 불가능했으며 커다란 공백이 생겨버렸다. 이뿐만 아니라 이 시기에 세계 혁명운동이 창출한 귀중한 이론과 실천상의 성과를 충분히 학습하고 흡수하는 것도 불가능했다. 이 때문에 해방된 지도자들은 이론과 경험의 양면에서 상당히 뒤처져 있었으며 감각적으로도 깊은 시대적 차이를 낳고 있었다. 더욱이 지도자들이 각자 전전에 시기를 달리하여 활동했었기 때문에 이론과 경험에서 다양한 차이를 가지고 단층을 만들고 있었다. 당 재건에 임하여 그들은 이러한 다양한 약점을 하루빨리 극복하지 않으면 안 되었다.

그러나 위로부터의 힘으로 갑자기 해방되어 절망과 혼란이 소용돌이치는 가운데로 떠밀려나간 지도자들은 자신들이 가진 중대한 약점에 대한 충분한 자각이 없었다. 당 운영 그 자체를 보아도 전전의 비합법 상태하에서 조직이 극히 왜소했던 점, 진정한 대중적 기반을 한번도 가지지 못한 점, 명문화된 규약에 의한 대중적인 당 조직 운영의 경험이 전혀 없었던 점 등등 새로운 전후 정세에 접하여 고려해야만 하는 과거의 결함과 문제점이 있었지만 그들은 이러한 문제에 대하여 집단적인 토론이나 검토를 하려고 하지 않았다. 2·3명은 과거 운동의 실패와 조직의 한계를 인정하고 이후의 활동에 주의하지 않으면 안 된다고 생각했었다. 그러나 전체로써는 재건의 임무를 맡은 지도자들과 급하게 참가하게 된 구 당원들 사이에서도 이러한 반성과 자각은 결여되었다. 과거에 대한 반성보다도 눈에 띄는 미래에 마음을 빼앗기고 있었다.

그들은 재발족에 즈음하여 탄압과 내분·저항·괴멸의 과정을 거쳐온 당의 역사에 대하여 과학적인 분석과 재평가를 실시하는 것을 게을리 하였으며, 여러 교훈을 총괄해서 전후 운동의 기본방침 가운데 활용하는 노력을 충분히 실천하지 못한 사실은 그 후의 운동에 결정적인 영향을 미쳤다.

02 / 해방 후의 첫 마디 — 정치·조직방침

    기아와 절망이 지배하는 가운데 도쿠다·시가 등은 이미 옥중에서 작성해 두었던 「인민에게 고함(人民に訴う)」「투쟁의 새로운 방침에 대하여 — 새로운 정세는 우리들에게 무엇을 요구하는가 — (鬪爭の新しい方針について—新情勢は我我に何を要求しているか—)」라는 두 문건을 10월 10일 자로 발표했다. 이것을 게재한 20일 자 『적기(赤旗)』[1] 제1호는 만 부나 찍어서 배포하였다. 이 두 문건은 당 재건 주도자들의 정치·조직상의 기본방침을 나타내고 있으며 다소간 그 후 당의 방향을 결정지은 것이다.

    「인민에게 고함」은 처음부터 "파시즘과 군국주의로부터 세계해방을 위한 연합군의 일본 진주로 인해 일본에서 민주주의 혁명의 단초가

---

1   역주: 1945년 10월 20일에 재간된 『赤旗』는 1946년 1월 15일에 『アカハタ』로 명칭을 변경하였다. 따라서 이 책에서도 이를 기준으로 하여 이전을 『적기』로 이후를 『아카하타』로 표기한다.

마련된 것에 대하여 우리들은 매우 감사한다는 뜻을 전한다"고 하여 미군 중심의 연합국 군대의 '해방'적 역할을 무조건 인정하고 이에 대하여 지지와 협력의 태도를 분명히 했다. 여기서는 연합군이라고 하더라도 실질적으로 미군 단독이라는 점, 연합국의 대일 정책도 결국은 미 점령군의 힘으로 진척된다는 점, 당연히 여기에는 제국주의적 성격을 갖는 정책이 관철된다는 점을 전혀 고려하지 않았다. 그 후에 점차로 명확하게 드러난 점령군에 의한 '해방'과 '민주화'의 한계성이 처음부터 이처럼 무시된 결과는 당의 강령이나 전술을 모두 점령정책이라는 큰 틀 속에서 구속하는 것이 되어버렸다. 점령군에 대한 무조건적인 지지와 협력을 주장한 사실은 이미 여기서 '점령하에서 혁명의 가능성' 즉 이후의 '평화혁명방식'의 기초가 마련되었음을 의미한다. 그 이후의 전략적인 불명확함·편중된 조직과 전술의 첫 출발점이 벌써 존재하였던 것이다.

또 하나의 「투쟁의 새로운 방침에 대하여」는 위 문건에 뒤지지 않는 중대한 당 조직방침을 나타내고 있다. 재건된 일본사회당(전전의 '무산정당'의 집합체)과 조직되고 있던 노동조합·농민조합 등의 대중단체에 당으로서 어떠한 태도를 취해야만 하는가, 이른바 '통일전선' '인민전선'에 어떠한 방침으로 대처할 것인가, 당의 조직재건 그 자체를 어떠한 태도와 방법으로 진행할 것인가 등등 이러한 조직문제의 기본방침이 여기에 제시되었다.

이것은 처음부터 "우선 문제가 되는 것은 일본사회당이다. 그들은 사회주의를 표방하지만, 내용은 진실한 사회주의 즉 인민이 진실로 스스로를 위해서 정치를 하는 민주주의와는 전혀 다르다"고 단정한다. 그리고 이 사회당의 모든 주장을 인용하면서 "군벌의 세계정복과 동일" "파시트적 국민조직" "독점자본주의를 위한 국민조직의 구조" "민주주의와는 완전히 대조적인 것" "봉건적 군국주의의 간판을 뒤집어쓴 가짜" "사회주의를 간판으로 한 어용 협조회" "사회 천황제" "순수 파쇼의 맹아" 등등 처음 몇 행에서 온갖 낙인을 찍었다. 또한 마쓰오카 고마키치(松岡駒吉), 니시오 스에히로(西尾末広)의 이름을 거론하면서 "조직 또는 정치깡패의 대장, 타락한 간부의 원조" "악질 전쟁 범죄인" 등의 비판을 덧붙였다.

그러면 사회당과의 통일전선은 어떠했는가. 통일전선의 기준으로써 우선 "현재 우리 인민전선의 중심과제는 '천황제 타도, 인민공화정부 수립'이어야만 한다"고 하면서 "따라서 사회당은 천황제 옹호가 주요한 목적이기 때문에 이들과 곧바로 공동전선을 결성할 수는 없다"고 단정한다. 즉 당이 생각하는 인민전선 결성이란 것은 파업과 그 외 여러 종류의 문제를 통해서 혹은 여러 종류의 반간부적 분자를 획득함으로써 "반간부파·반협조(정부 혹은 자본가와의)파를 결성하여 이들과 인민전선을 형성하는 방향으로 이끌어야" 한다는 것이다.

노동조합·실업자운동·농민운동에 대해서도 우선 "타락한 간부 배격"이 제일 먼저 제시되었다. 즉 "노동조합운동의 긴급하고 중심이 되어야 할 슬로건" 3개 가운데 제일 먼저 "타락한 간부·노동자를 배신한 놈들을 배격하자! 우리들은 여기서 계급적 배신자인 타락한 간부의 악행을 폭로할 뿐만 아니라 타락한 간부는 군국주의자의 앞잡이였으며, 전쟁 범죄자임을 폭로하고 천황주의자임을 공격하여 민주주의의 적임을 분명히 하여야만 한다"고 강조한다. 독자적인 농민 조직으로써의 농민조합은 "타락한 간부에 의한 횡적 조합에서 전국적인 조직"으로 발전해 갈 위험이 있기 때문에 그 결성을 부정하고 "지방에서 가능한 한 소규모로 노동조합과 통합하여 인민해방위원회를 결성"하는 임무를 가진 농민위원회를 제창했다.

여기서 타락한 간부로 비난받은 조직 즉 사회대중당과 일본노동총동맹은 이미 5년 전인 1940년에 정부의 압력으로 해산했으며, 그 후 개인적으로 다양한 경향을 가진 자를 모두 모아서 사회당·노동조합의 단일화 조직이 진척되고 있었다. 이러한 상황에서 집요한 사회당 간부 공격, 타락한 간부 배격이라는 슬로건을 제기한 이 해방 첫 마디는 처음부터 통일전선·인민전선 추진을 왜곡시켰다. 여기에는 도쿠다와 시가가 긴 옥중생활 때문에 어쩔 수 없이 가지게 된 부정적 측면 – 조직상의 자신감 결여, 주체적인 힘의 부족·무엇보다 사회당이나 구 조합간부와 자신들에 대한 구별, 그들에 대한 철저한 공격을 통해 자신들의 대중적 기반을 확대하려고 하는 숨겨진 열등감 등 – 이 분명히 드러나 있다. 점령군에 대한 지지와 협력이라는 이른바 전략상의 우익적 편향이 사회당 지도부와 구 조합간부에 대한 철저한 배격이라는 전술상의 극좌적이고 분파적인 방침과 잘 맞아떨어졌던 것이다.

이것과 관련하여 앞의 문건에는 당의 조직 방침, 존재형식에 대하여 특징적인 견해가 나타나 있다. 그것은 현재의 정세에서 대중 자신이 아래로부터 준비하여 조직화하게 하는 추동방식은 "실제로 시간적으로 맞지 않으며 또한 그렇게 하지 않아도 직접 대담하게 대중을 규합할 수 있기 때문에" 지금은 우리들 자신이 돌격대가 되어서 대중이 집결한 곳으로 당차게 나아가 선전·선동하고 "그곳에서 대중들 사이에서 활동가를 선출하여 그리고 이후에 아래로부터 조직을 굳건히 해야만 한다. 즉 처음에는 애벌 쌓기를 하고 여기서 만들어진 부분부터 신속하게 조직을 결성해가는 작업을 해야만 한다. 이것은 반드시 가능하다. 결코 낡은 관습에 얽매여서는 안 된다" "이것은 조직 활동뿐만 아니라 선전에서도, 선동에서도 그리고 당면한 요구를 내건 직접행동에서도 다양한 경우에 적용해야 한다"고 강조한다.

이러한 '처음에 애벌 쌓기를 하고' 눈에 띄는 자를 선발해서 이들을 이용하여 위로부터 아래로 조직을 만들어 가는 방식은 대중의 자각에 호소하여 대중 자신의 힘으로 아래로부터 조직을 결성하고 든든히 하는 원래의 조직화 방침과 정반대의 것이다. 더구나 이러한 방식이 그 후에도 일관해서 당 조직의 확대와 당원에 의해 대중조직을 만들어 가는 지도방침이 되었으며, 이 때문에 위로부터의 대중지도, 독선적이고 강압적인 지도를 낳는 근원이 되었다. 점차로 대중이 조직되어도 이러한 '위로부터의 조직화'가 중심적인 정신을 이루고 대중에게 배우고 대중에게 호소하면서 대중 스스로의 힘에 의해 아래로부터 조직을 쌓아가는 대중 노선의 정신이 완전히 무시되었기 때문에 마침내 당 조직도 대중단체도 스스로 파괴되어 당을 대중에게서 분리시켜 고립시켜버렸다.

어쨌든 재건의 임무를 진 최고 지도자들이 제시한 해방 후 첫 주장은 어떤 의미에서 십수 년간 옥중 생활의 고통을 참아낸 공산주의자들이 고통의 사실 그 자체로 인해 전후에 절망하고 혼란스러운 대중에게 위대한 심리적 영향을 미친 사실과 동일한 정도로 새로운 역사적 정세 하에서 대중의 조직화와 지도에 그들이 중대한 결점을 가지고 있었음을 나타내는 것이었다. 불행한 것은 이러한 결점을 가진 근본방침이 우선 제시되었다는 사실보다도 이것을 철저하게 수정하고 폐기할 수 있는 새로운 방침, 그것을 생산할 새로운 세력이 출현하지 않은 상태에서 그 이후에도 오랫동안 준수되었다는 사실이다. 대전환기의 가장 유리한 정세하에서 창립 이후 처음으로 대중적인 발전 가능성을 가진 그 순간에 당은 수년 후의 조직 붕괴와 대중으로부터의 고립을 예측하게 하는 지도의 중대한 결함을 일찍부터 노정하고 있었다는 사실이다.

03 / 전술과 조직방침에서 최초의 이견

위의 내용은 당 재건을 주도한 도쿠다·시가 그룹의 방침이었는데 당시 다른 그룹의 사람들은 어떻게 생각하고 있었던가. 무엇보다 점령군·점령정책에 대한 기본 태도와 여기서 예측할 수 있는 혁명 가능성에 대해서 아직은 직접적인 대립의견 같은 것은 없었다. 「인민에게 고함」의 서명자 가운데 한 사람인 시가가 미 점령군에 대한 평가를 미국의 정치형태로까지 확대하여 "천황이 없는 일본의 인민공화정부"란 소비에트 공화국보다는 "오히려 미국의 민주주의와 본질적으로는 동일한 부분이 많다"(「民主主義日本と天皇制」『赤旗』, 11월 7일, 제2호)고 하여 그 진보성을 무조건 인정한 부분에 대해서도 또한 11월 8일 제1회 전국협의회에서 앞의 진주군에 대한 평가를 이어받아 "전제주의와 군국주의에서 세계를 해방시키는 군대로서 연합군 군대의 일본주둔에 의해 일본에서 민주주의적 변혁의 단초가 열리게 되었다"고 주장한 「행동강령 초안(行動綱領 草案)」(『赤旗』, 11월 22일, 제3호)이 채택된 것에 대해서도 공개적인 이론(異論)을 제기하는 이는 누구도 없었다. 전체적인 지지 혹은 묵인하에서 이후 '점령하의 평화혁명' 코스에 대한 정식화의 요소가 점차로 만들어지고 있었다.

그러나 전술 방침에서는 당면한 인민전선의 통일강령으로써 '천황제 타도'의 슬로건을 넣을 것인지 아닌지의 문제에 대해서 분명히 도쿠다에 대한 이의제기가 있었다. 도쿠다·시가 등의 주류는 32년 테제의 전략방침에 따라서 당면한 민주주의 혁명도 이를 위 한 민주전선 결성도 천황제 타도의 실현 없이는 있을 수 없다는 입장을 취했다. 여기서 이들은 "천황제 타도에 의한 인민공화정부 수립"이야말로 인민전선의 중심강령이여야만 한다고 하고 그 조직형태로써 '인민해방연맹' 결성을 제창했다. 그 외에도 그들의 「인민전선강령(人民戰線綱領)」(『赤旗』, 11월 22일, 제3호)이 농민의 토지수용이라든가 금융기관과 중요산업에 대한 국영 혹은 인민관리 등 고도의 원칙적인 요구를 내세운 점은 특징적이다.

이러한 것에 대하여 나카니시 쓰토무(中西功)·도다 신타로(戶田慎太郎) 등은 인민전선 결성에는 당의 독자적인 목표와 요구를 강요하지 말고 더 폭넓은 전선을 생각해야만 한다는 입장을 취했다. 여기서 이들은 '천황제 타도' 슬로건을 처음부터 인민전선에 강요하는 것은 잘못으로 만약 강요한다면 진정한 인민전선 성립을 방해할 것이라고 판단했다. 예를 들면, 나카니시는 그 각서 속에서 "공산당은 자신을 독자적으로 조직하고 나아가 자신의 독자성을 통일전선 속에 해소해서는 안 된다. 이것은 원칙이다. 그러나 이것은 민주연맹에게 공산당의 모든 기

본적인 슬로건을 강요하려는 것은 아니다. 천황제를 타도하고 민주공화국을 건설하는 것은 공산당의 민주혁명에 있어서 최후의 목표이기는 하지만, 오늘날 민주연맹에게 이 슬로건을 강요하는 것은 득이 되지 않는다"라고 적고 있다(中西功, 「民主統一戰線の根本方針」, 45년 11월 4일; 戸田慎太郎, 「天皇制廃止の基礎問題について」 『民主評論』, 45년 11월, 제1호).

위의 반대의견은 타당했지만 주류가 이것을 기회주의적 견해로 강하게 비판하여 당의 행동강령 제1 슬로건인 '천황제 타도, 인민공화정부 수립'을 어디까지나 「인민전선강령」의 제1 슬로건에 내걸고 이에 대한 승인을 '인민전선연맹'이라는 통일전선체의 기본조건으로 하였다(志賀義雄, 「人民解放連盟の結成および拡大について」 『赤旗』, 12월 12일, 제6호; 宮本顕治, 「天皇制批判について」 『前衛』, 46년 2월 15일, 제1호). 이 때문에 당의 민주통일전선과 인민전선 제창도 광범위한 대중의 지지를 획득하지 못하였으며 그 외의 많은 이유가 첨가되어 '인민해방연맹'은 어느덧 자연스럽게 소멸해버렸다.

다음으로 노동조합과 그 외 대중단체에 대한 방침에 대해서는 가미야마 시게오(神山茂夫)가 처음부터 도쿠다와는 다른 생각을 가지고 있었다. 앞에서도 본 것처럼 도쿠다 등은 막 출발한 시기부터 노동조합 조직에서 '타락한 간부 배격' '반간부파 결성'을 강하게 제기하였는데 이는 구 조합운동가들이 주도한 새로운 조직과의 통일을 어렵게 하고 말았다. 이뿐만 아니라 노동자 이외의 농민, 부인, 청년 등의 새로운 조직에 대해서도 도쿠다, 시가, 하카마다(袴田) 등은 전국적인 통일조직을

생각하지 않고 당 지도하의 독자적인 조직을 생각하고 있었다(志賀義雄, 「日本共産党当面の政策」『赤旗』, 제3호; 「現下の農民闘争について」,「青年共産同盟拡大強化について」『赤旗』, 제4호).

이에 대하여 가미야마는 전전의 노동조합운동을 지배한 이른바 '적색노동조합주의' 청산과 대중단체의 전국 일체화에 의한 통일방침을 생각하고 있었다. 도쿠다가 여기서도 인민전선 이전의 낡은 원칙과 공식에 입각하고 있었지만 가미야마는 인민전선 이후 세계노동운동의 새로운 정식에 토대를 두고 노동조합만이 아니라 당 이외의 일반 대중단체는 어디까지나 특정한 정당의 지배에 속하지 않는 전국적인 통일조직이어야만 한다고 했다.

12월 1일에서 3일까지 거의 19년 만에 당 재건 제4회 대회가 개최되었는데 당원 수 1,083명으로 보고되었으며 도쿠다, 시가, 김천해, 가미야마, 하카마다, 미야모토, 구로키 7명이 새로운 중앙위원에 선출되었으며 도쿠다는 정식으로 서기장이 되었다. 가미야마는 새로운 중앙위원 가운데 노동자 출신으로서 가장 긴 조합운동의 경험을 가지고 있었기 때문에 노동조합·농민부의 부장직을 부여받았는데 이로 인하여 그의 조합조직 방침은 아직 정면으로 공격받지는 않았다. 조합부에서는 대체적으로 가미야마의 주장을 지지하고 있었다. 그가 대회에서 행한 「노동조합·농민조합의 활동방침에 대하여(労働組合·農民組合の活動方針について)」(『赤旗』, 12월 12일, 제6호)의 보고와 이것에 기초한 「노동조합에 관한 결의(労働組合にかんする決議)」(『赤旗』, 12월 26일, 제8호) 등은 가미야마와 도쿠다가 가진 대립한 두 견해의 타협물에 지나지 않았다.

04 / 제5회 대회와 평화혁명방식·'노사카(野坂) 이론'

　12월에 제4회 대회가 열리고 나서 아래로부터의 대중투쟁이 도시와 농촌에서 급속하게 고양되었다. 점령군의 계속되는 타격으로 구 지배층은 완전히 혼란해 했으며, 당면한 겨울을 날 생활대책조차도 세울 수 없었기 때문에 식량난·생활난에 직면한 노동자 농민대중은 스스로 생활을 위해서 일어섰다. 이러한 가운데 46년 1월에 노사카 산조가 연안(延安)에서 귀국했다.

　그의 귀국으로 인하여 당의 정치·조직방침에 무엇인가 중대한 변화가 나타날지 어떨지 당 내외에서 한결같이 주목했다. 노사카가 지금까지 천황제 문제에 대하여 조금 폭넓은 견해를 가지고 있었던 사실, 민주전선 문제에 대해서도 새로운 구상을 가지고 있는 듯이 전해진 점 ─ 이러한 것들로 봐서 재건 공산당의 지도방식에 독선적인 태도를 느끼거나, 전전에 이미 폐기된 공식을 인정하거나, 인민전선 이전의 구 전술의 적용을 의심하던 사람들은 지금까지의 지도방침에 대한 커다란 수정과 참신한 정치방침 구상을 기대했다. 그들의 기대는 이루어졌을까.

1월 14일, 공산당과 노사카의 공동성명이란 것이 발표되었다. 그것은 "천황제 타도 방침의 정당성을 인정한다는 점에 완전히 의견이 일치한다"고 되어 있으며 "천황제 폐지란 천황제를 제도로써 폐지하는 것으로 황실의 존속을 어떻게 해야 할지는 별도의 문제이다"고 하여 천황제와 황실의 구별을 강조하였다. 나아가 통일전선의 존재방식에 대하여 이것은 "일치된 프로그램에 의해 형성해야만 하는 것으로 각 당 각 파는 이 프로그램에 기초하여 당파의 입장을 자유롭게 취하면 된다. 한 당파의 입장을 고집하지 않고 서로 타협해야만 한다"고 하였다. 여기서 '천황제 타도'라는 강한 표현이 보다 부드러운 '천황제 폐지'로 변경되어 '천황제'와 '천황가 존속' 문제는 분리되었다. 통일전선에 천황제 문제를 절대조건으로 하는 점도 부정되었다.

이들 천황제 문제와 통일전선전술의 수정은 분명히 지금까지의 완고한 당 방침에서 진일보한 것이다. 민주전선의 분위기가 가장 고조된 1월 26일의 히비야(日比谷)에서 열린 노사카 귀국 환영 국민대회에서 노사카는 민주인민전선 대강의 제4에 "봉건적·전제적·독재적 정치제도(이른바 '천황제')를 철폐하고 민주주의 원칙에 기초한 헌법을 작성"할 것을 제시하였다. 또한 그는 사회당 간부에 대한 공격은 한마디도 언급하지 않고 통일전선을 위해 "각 당의 위든 아래든 공동으로 행동을 취할 것" "각 당은 공동행동을 취하며 공동위원을 조직할 것을 희망한다"고 강조했다. '천황제 타도'를 '천황제 폐지'로 바꾸고 '인민전선'을 '민주전선'으로 변경한 것은 사람들로부터 단순한 용어의 문제로 받아들여진 것이 아니라 여기에서 탄력성 있는 태도를 느꼈다. 특히 "사랑받는 공산당이 되어야만 한다"는 슬로건의 제안은 옥중에서 어두운 인상을 받아온 당의 존재방식에 참신한 새로운 공기를 불어넣었다.

그러나 계속해서 2월에 제5회 당 대회가 열리자 노사카는 당 지도방침을 근본적으로 잘못된 방침으로 확정하는 데 가장 중요한 역할을 하는 사람으로 등장했다. 귀국 후 연출한 적극적인 역할과 성과를 감안한다고 하더라도 너무 많은 부정적인 역할을 하였다.

제5회 대회의 기본방침을 포함한 「대회선언」에 관한 보고에서 그는 「인민에 고함」 이후 미 점령군과 미제국주의에 대한 잘못된 평가를 이어가고 있을 뿐 아니라 이것을 기초로 하면서 더욱 이론을 발전시켰다. 그는 지금 일본에서 민주주의 혁명의 완성도 사회주의 혁명의 달성도 점령하에서 평화적으로 의회를 통해서 이룰 수 있는 가능성이 있다고 하면서 그 근거로 패전에 의해 구 지배계급의 후퇴와 혼란, 군대와 경찰제도의 해체와 약화, 재벌 해체, 정치적 자유와 공산당의 합법화, 세계자본주의 체제의 후퇴라는 내외의 5개 조건을 들고 있다. 새로운 정치적 조건에 기초한 점령하에서 평화혁명의 방침이야말로 "마르크스·레닌주의의 일본화이다"고 그는 역설했다.

노사카의 보고에 대하여 누구에게서도 반대의견과 같은 것은 나오지 않았다. 단 도쿠다만이 그런 낡은 공식적인 견해 위에서 이 '마르크스·레닌주의의 일본화'에 약간의 불안을 느꼈을 것이다. 대회의 일반보고 속에서 "사회적 정세는 이 평화적·민주주의적 방침을 가지고 이를

수행할 가능성을 포함하고 있기 때문에 우리들이 이 방법을 받아들이는 것은 당연합니다. 그러나 이것이 조직적인 투쟁을 부정하는 것은 아닙니다. ……평화적·민주주의적 방법이란 것은 우리들의 투쟁력을 약화시키고 우리들의 투쟁력이 부정되어 단순히 의회적 방법에 의해 의원을 끌어모아 논의하는 것으로 혁명이 달성된다는 것을 의미하지는 않습니다. 우리들의 의회 방침은 물론 혁명적 의회주의에서 한발이라도 벗어난 것은 아닙니다"(德田, 「第5回大会における一般報告」『内外情勢と日本共産党の任務』 수록)라고 하여 평화혁명 방식이 사회민주주의로의 타락을 의미하지 않는다는 점을 크게 강조하였다. 그러나 이러한 강조도 점령군의 성격과 독립문제의 의미에 대한 인식을 새롭게 하지 않는 한, 「대회선언」의 근본적인 구상과 대립하는 것이 아니라 단순히 '혁명적 의회주의'라는 코민테른의 옛 공식을 강조한 것에 지나지 않는다.

어쨌든 노사카의 보고에 기초하여 대회는 만장일치로 당면한 민주주의 혁명을 의회적 방법으로 완성하고 마침내 사회주의 혁명도 평화적 교육적 수단으로 달성하며 이를 위한 독재적 수단을 배격한다고 하는 기본적인 전략방침을 결정했다(野坂, 「大会宣言について」, 「第5回大会宣言」『アカハタ』, 46년 2월 23일, 제18호).

새롭게 정식화된 '평화혁명'의 기본전략은 미 점령군을 무조건 '해방군'으로 보는 입장에 선 점, 미영 등 제국주의의 본질을 무시하고 있는 점, 일본의 권력을 이미 점령군이 장악하고 있어 일본이 군사점령하의 특수한 군사적 종속국이 되었다는 사실을 간과한 점, 전략적인 임무를 여전히 국내권력을 전제로 한 '민주주의 혁명에서 사회주의 혁명으로의 이행'이라는 32년 테제와 동일한 기조에서 구상하고 있는 점, 점령의 철폐와 독립의 회복이라는 당면한 최대의 선결과제를 간과하고 있는 점, 지금부터는 점령하라도 점령군에게 아무것도 간섭받지 않고 두 가지 혁명을 달성할 수 있다는 비마르크스주의적인 환상을 만들어내고 이것을 전략방침으로 정식화한 점 – 등등의 점에서 근본적으로 잘못된 것이다. 점령하에서도 독립의 달성과 민주주의 혁명의 완성 과정에서 다양한 형태의 과도적 정부가 평화적으로 성립할 가능성을 가지고 있다는 점은 부정할 수 없다. 그러나 이것은 점령하에서도 민주주의 혁명이나 사회주의 혁명도 실현할 수 있는 인민정권을 평화적으로 달성할 가능성이 있다는 점과는 완전히 별도의 것이다. 전자는 현실적인 정책이고 후자는 환상에 지나지 않는다. 점령군과 점령정책의 본질이 분명하다면, 이때 전자를 주장할 수는 있어도 후자를 이론적으로 정립하는 것은 결코 하지 않았을 것이다.

노사카가 이것을 이론적으로 정리하고 기초를 세웠기 때문에 그 후 '노사카 이론'으로 불리게 되었다고 하더라도 실제로는 어디까지나 당 전체가 공인한 정식방침이었던 것은 의심할 바 없다. '점령하 혁명의 평화적 달성'이란 정치방침이야말로 이 시기 공산당 지도부에서 누구 한 사람 공공연히 반대의견이나 이론(異論)을 제출하지 않은 공통견해였다. 약간 다른 의견이 있었지만 공공연히 이것을 논의하거나 또는 별도의 방침을 제기하는 정도의 힘을 가지지 못했다. '점령하 평화혁명' 방식에 대하여 당시 지도부의 누구 한 사람이라도 책임에서 벗어날 수는 없다.

당이 범한 근본방침에 대한 오류는 그 책임을 어디까지나 당 자신이 져야 하는 것이라고 하더라도 이러한 방침과 이론적 정식이 이루어진 것 자체는 결코 우연적인 것이 아니었다. 제2차 세계대전의 종결에서 1947년 초반에 걸쳐 국제정세는 주로 일·독·이태리의 파쇼세력 일소와 그 민주화를 지향한 반파쇼 민주연합 세력의 협력을 축으로 하여 전개되고 있었다. 그 내부에는 제국주의 세력과 사회주의·민주주의 세력과의 대립, 식민지주의 세력과 민족해방 세력의 대립이라는 모순 요소가 포함되어 있었지만, 그것은 당면한 구 파쇼세력의 일소라는 기본적인 목표에 종속되는 제2차적인 의미밖에는 없으며 표면적으로 제1차적으로 제시할 단계는 아니었다. 이러한 정세 속에서 전후 국제적인 마르크스주의 이론 전선에서도 제국주의, 반민주주의 세력과 사회주의, 민주주의 세력의 대립을 완전히 무시하고 프롤레타리아 독재의 필연성을 부정하고 혁명의 의회적 평화적 방법에 의한 달성을 무조건적으로 일반화하려고 하는 이론적 경향이 강하게 대두하였다. 일본의 '점령하의 평화혁명' 방식도 이러한 이론적 경향의 일환으로써 나타난 것이다.

그러나 점령하 혁명론의 정식화에 보다 강하게 작용한 것은 위에서 언급한 전후 일정한 시기의 국제정세나 국제 이론전선의 편향보다도 오히려 맥아더 총사령부가 강력하게 주도한 '위로부터의 민주화정책'이었다. 옥중의 공산주의자가 그들에 의해 직접 해방되고 또한 창립 이래 20여 년간 합법성을 가지지 못했던 공산당이 그들의 지령에 의해 처음으로 합법적인 존재로 인정받았다는 사실을 포함하여 총사령부가 이 1946년 초두까지 차례로 실시한 정치적 사회적 경제적 제변혁은 그 자체로써 전혀 반동도 반혁명도 아니고 진정으로 구 일본의 반동적인 제국주의 체제와 정치경제기구에 대하여 역사적으로 진보적인 개혁에 다름 아니었다. 문제는 이 '역사적으로 진보적'인 위로부터의 민주화정책이 누구에 의하여 어떠한 목적으로 실행되었는가. 그 역사적 계급적인 평가를 어떻게 내리면 좋을지. 이 민주화의 뒤에 무엇이 예정되어 있는지. 그 예정된 것과의 관계에서 점령군과 점령정책에 어떻게 아래로부터 대응해야만 하는가. 이를 위해 현재 어떠한 기본방침을 취하며 이에 대응한 전술과 조직을 어떻게 정하면 좋을지. 등등 모든 것이 어디까지나 현실인식과 평가 위에서 당장 필요한 여러 방침을 제시하는 것이었다.

필요한 것은 점령이 현실을 무시하고 머나먼 혁명에 대한 환상적 구도를 그리며 여기에 장밋빛 노선을 설정하는 것이 아니라 차가운 현실을 냉정하게 응시하며 당면한 가혹한 점령하에서 탈출하는 활로를 찾아내고 이것을 돌파하기 위한 인민대중의 에너지를 점차 높여가는 것이다. 이 경우 '마르크스·레닌주의의 일본화'로써 요청된 것은 결코 제5회 대회선언에 나타난 애매한 전략구도가 아니었다. 반대로 현실적으로 일본에 점령정책을 실시하고 있는 것이 반파쇼 국제연합세력 그 자체가 아니라 미군의 독자적인 힘이란 점, 이것은 당면한 군사적 적국(敵国)인 일본제국주의의 해체를 전승의 총정리이자 기본목표로 하고 있는 점, 이 '위로부터의 민주화' 정책은 한편으로 위의 군사목표에 따라 다른 한편으로 미국 내부의 이것을 포함하여 국제 민주주의 세력의 제약, 일본 국내에 태동하고 있는 아래로부터의 노동자 농민 대중의 압

제1장·점령하의 평화혁명을 지향하여

력에 대처하는 의미에서 위에서 적극적으로 추진되고 있던 점, 객관적
으로 진보적인 개혁도 그 수행 주체와 '위로부터의 성질' 때문에 일정
한 한계를 지니고 있다는 점, 그것은 그 자체로써 철저한 민주주의 혁
명이 될 수 없을 뿐만 아니라 역으로 이것을 완성하려고 하는 아래로부
터의 민주세력과 반드시 대립할 것이라는 점, 따라서 이것을 타협적인
개혁으로 적극적으로 미봉하고 종속화 체제의 완성과 독점 부르주아지
에 의한 정치경제적 재편성이라는 형태로 수습될 거라고 예측되는 점
등등을 주저하지 말고 명확하게 파악하고 평가하며 규정짓고 예측하
는 것이었다. 그러나 이러한 인식과 예측은 이 시기 누구도 행하지 않
았다.

05 / 도쿠다의 가부장적 지도의 시작

제5회 당 대회는 '점령하의 평화혁명'이라는 정치방침을 결정한 점에서 중요한데 이에 못지않게 이 대회가 도쿠다 서기장의 개인적 지도권을 강화하여 그 후 가부장적 지도체제의 출발점이 되었다는 점에서 조직상 중대한 의미를 가진다.

12월의 제4회 대회에서 채 3개월도 지나지 않았음에도 당원 수는 1,083명에서 6,847명(잘 연락되지 않는 사람을 포함하면 7,500명)으로 6배 이상 급증하였다. 세포수는 399, 『아카하타』 발행 부수는 25만 부를 넘어섰다고 보고되었다. 중앙위원은 도쿠다, 노사카, 시가, 하카마다, 미야모토, 가미야마, 구로키, 김천해 8명 외에 이토 리쓰(伊藤律), 이토 겐이치(伊藤憲一), 하세가와 히로시(長谷川浩), 가스가 쇼이치(春日正一), 가스가 쇼지로(春日庄次郎), 곤노 요지로(紺野与次郎), 니시자와 다카지(西沢隆二), 마쓰자키(松崎久馬次), 우치노 다케치요(内野竹千代), 미즈타니 다카시(水谷孝), 구라하라 고레히토(蔵原惟人), 오카다 후미키치(岡田文吉)의 12명을 더하여 합계 20명이 되었다. 중요한 것은 대회에서 정치국·서기장의 양 제도 도입이 결정된 점으로 2월 27일의 제1회 확대 중앙위원회에서 전자는 도쿠다, 노사카, 시가, 하카마다, 미야모토, 김천해의 6명으로 구성되었으며, 후자는 도쿠다, 노사카, 시가, 구로키, 이토 리쓰의 5명으로 구성되었다.

새로운 중앙부에서 주목할 만한 것은 도쿠다, 노사카, 시가의 '삼두정치'가 분명해진 점, 삼두정치의 실질적인 지배자는 도쿠다로 그가 서기국에 구로키와 이토 두 사람을 앉히면서 중앙을 장악하게 된 점, 이전 대회까지 중요한 역할을 한 가미야마가 정치국과 서기국의 양쪽에서 배제되어 출판국장이라는 이름뿐인 지위로 전락한 점(이보다 앞선 1월 중순에 노동조합부와 농민부를 통합하여 조직 활동 지도부라는 것을 만들었는데, 도쿠다가 부장이 되어 조직 활동의 실권을 장악하였으며 가미야마는 조직부에서 배제되었다), 중앙위원으로 그 이후 도쿠다-이토 파벌을 만들게 된 여러 인물들이 상당히 등용된 점 등이다.

특히 이토 리쓰가 이 대회 인사에서 급성장하여 오랜 당력을 가진 이들을 제치고 중요한 지위에 올랐으며 이 이후 도쿠다 서기장의 측근으로서 중요한 역할을 한 점은 가장 주목해야만 한다. 당시의 격동하는 정세·대중투쟁 파고의 고양은 이 대중운동을 조직하고 지도해야 할 유능한 조직가와 선동가를 강력하게 요구했기 때문에 새로운 간부의 등용을 대담하게 시도할 수밖에 없었다. 그러나 그 때문에 처음부터 이력에 의구심이 드는 이토 리쓰, 미즈타니 다카시 등을 표면적인 재능만을 믿고 등용한 것은 당으로서는 커다란 실수였다. 미야모토, 하카마다,

가미야마는 간부 채용에 신중한 심사를 요구했지만, 도쿠다와 시가는 당면한 필요성에서 느슨한 방침으로 일관했다. 그 이후 당 중앙 파벌화의 요인을 만든 무원칙적인 간부정책은 여기서 제1보를 내디뎠다.

중앙부에서 도쿠다의 실질적인 지배권이 강화된 점은 당의 지도체제나 지도방식이 좋든 싫든 도쿠다의 강력한 개성에 영향을 받아 만들어졌음을 의미한다. 당면한 정세를 빨리 파악하고 대중의 심리를 신속하게 통찰하면서도 강력하게 조직을 운영해간 그의 능력, 어떤 의미에서 뛰어난 그의 행동력과 실행력은 당의 중앙에서 하부기관에 이르기까지 하나의 지도 형태를 만들어 내었다.

당시의 격동하는 정세 속에서 이성보다도 감정에, 사고보다도 행동에 호소하는 도쿠다의 격렬한 성격은 대중의 동향에 잘 맞았다. 미증유의 경제위기와 생활난에 시달린 대중에 대하여 행동력과 실천력이 풍부한 그의 성격과 방식은 지도자로서 강하게 끌어당기는 힘을 가지고 있었다. 외부에서는 이러한 과도기 특유의 일종의 대중적 정신상황에 이끌리고, 다른 한편으로 내부에서는 서기장·조직활동 지도부장으로서 기관 운영이 한 몸에 집중된 상태여서 그의 성격적인 약점이 부각되어 개인의 독단적인 경향이 점차로 표면화되었다. 또한 재건 당시는 집단적 지도 의사를 중요시한 도쿠다도 이 이후로는 점차로 가부장적이고 개인 중심적인 지도 경향을 강화하였다. 이것은 중앙의 집단 지도 원칙을 무시하고, 파벌적인 방식과 틀 내에서 당의 기본 방침부터 조직 운영, 재정문제, 지방 인사에 이르기까지 온갖 문제를 독단적으로 처리하는 형태로 나타났다. 당과 대중에 대한 도쿠다적인 지도방식은 점차로 조직 내에 일반화해갔다. 아래로부터의 대중투쟁이 격렬하게 끌어오르는 정세하에서 그 결함을 감추고 있던 지도방식도 정세가 점차 하향국면으로 접어들자 당과 대중에게서 준엄한 비판을 받을 수밖에 없었다.

전략방침과 그 이론적 뒷받침의 면에서 노사카의 평화혁명방식을 전면에 내세우고, 조직과 실천활동 면에서는 도쿠다의 가부장적 지도방식을 강화하여 지도해가는 신체제는 곧바로 이에 잘 어울리는 효과를 나타내었다. 이미 논한 것처럼 연말의 노동자 농민·시민층의 생활권 옹호 투쟁, 민주주의 투쟁은 맹렬한 기세로 상승하는 기운을 보이고 있었다. 다양한 상황에서 신·구 공산주의자들은 선두에 서서 싸웠다. 그 영향은 마침내 대중 속으로 확산되려고 하고 있었다.

그러나 이러한 정세 속에서 당의 전술과 조직방침에서 민주전선에 대한 나카니시의 비판의견은 강하게 배제되었으며 조합조직·대중단체에 대한 가미야마의 반대의견도 무시되고 방치되었다. "천황제 타도 슬로건을 위로부터 민주전선에 강요해서는 안 된다는 것은 최악의 기회주의"라고 하는 도쿠다의 생각에 기초하여 노사카 귀국 후의 몇 가지 수정은 실질적으로 무시되고 천황 이하의 전범 추궁과 독선적인 '인민해방연맹'의 추진을 통한 민주전선의 결성을 당 스스로 망가트리고 말았다. 이것은 동시에 이때 인민협의회라는 조직을 권력기관인 것처럼 강하게 선전하는 극좌적 경향과 결합되어 있었다. 전후의 광범위한 민주전선을 결성할 수 있는 유일한 절호의 기회는 이렇게 덧없이 지나가버렸다.

이와 같이 가미야마가 주장한 노동조합·농민조직·부인 청년 학생

조직 등의 다양한 대중단체에 대한 광범위한 전국적인 통일조직화 방침도 일찍부터 수정 변경되어버렸다. 다소간 당의 지도를 강요하든지 또는 당으로부터의 이반을 두려워하여 전국적인 중앙집권적 통일조직화를 배격했기 때문에 오히려 대중조직을 분열시키는 결과를 초래하여 당 지배하의 분파적 단체를 하나 둘 고립화시키게 되었다. 제5회 대회에서는 이전의 제4회 대회에서 가미야마의 노동조합 방침이 전도되어 총동맹과 별도의 산업별회의를 조직화하는 방침이 결정되었다. 도쿠다의 논문 「노동조합의 통일에 대하여(労働組合の統一について)」(『前衛』, 46년 3월)는 총동맹으로의 통일이라는 당초의 방침에서 진부한 전협시대의 산업별 조합주의의 재판에 지나지 않는 산별회의의 독자적인 결성 방침으로 전환을 확인하였다. 이것은 해방 후부터 일관되게 도쿠다·하카마다의 적색 노동조합주의 노선을 분명히 표명한 것이며 이에 따라 노동전선의 분열을 고정화해버렸다.

이처럼 전후 최대의 기회에 민주 인민전선의 결성에서 노동전선의 통일, 그 외 대중단체의 전국적인 통일화에 이르는 중대한 업무는 모두 실패했다. 이 실패의 책임은 우익 사회민주주의자와 동일한 정도로 공산당의 주류 지도부도 져야만 한다.

06 / 가부장적 지도하의 조직론적 편향

　　1945년 말부터 노동자의 경제투쟁은 이미 46년 6월에 걸쳐서 생산관리 투쟁의 대전개를 낳았다. 정당의 민주전선 결성도 조합운동의 일체화도 실패로 끝났지만, 4월의 총선거를 앞두고 대중투쟁의 파고는 더욱 높아졌다. 4월 10일의 총선거 결과는 자유당 140, 진보당 94, 협동당 14, 사회당 92에 대하여 공산당은 213만 5,757표 획득에 5명 당선이란 성적이었다. 사회당과의 차이가 너무 큰 것은 사실상 민주전선의 결성이 불가능해졌다는 것을 의미했다. 사회당은 92대 5라는 실적을 양당에 대한 국민적 지지의 반영이라고 보고 공산당과 야마카와(山川)파의 민주전선 제창을 거부하고 별도로 '구국(救国)민주전선'을 내세웠다. 우파가 주도권을 잡고서 공산당을 배제한다는 방침을 세우고 그 후에도 어디까지나 이 선을 견지하는 방향으로 당을 이끌었다. 통일전선은 이렇게 하여 사실상 깨졌다.

　　공산당에서는 선거 후에 과거 반 년간의 귀중한 경험이 남겨준 많은 교훈을 재검토하려고 하지 않았다. 눈앞에서 고양되는 투쟁의 파고에 실려 당은 한꺼번에 나아갔다. 4월의 시데하라(弊原)내각 타도 국민운동에서 5월 19일의 식량 메이데이로, 나아가 국철·해원(海員) 중심의 7월 투쟁에서 8월 19일의 산별회의 결성, 전산(電産)·신문통신·탄광 중심의 10월 투쟁으로, 숨 쉴 틈도 없이 전개되는 대투쟁의 선두에 서서 싸웠다. 이것은 귀중한 투쟁과 조직의 교훈을 정리하고 확인하여 다음 단계로 이것을 살려가려는 충분한 여유를 당에도 개개의 공산주의자에게도 부여하지 않았다.

이러한 정세 속에서 취한 조직방침은 불행하게도 실제와 맞지 않는 잘못된 조직 원리에 입각해있었다. 이미 전년도의 45년 11월의 제4회 대회에 제출된 당규약에 대중 단체 조직에 대하여 특징적인 방침이 제시되었다. 이 규약에는 "대중단체 속에 3명 이상의 당원이 있는 경우에는 당원 집단을 만들어라"(제49조)고 규정하여 노동조합 그 외의 대중단체에 가입한 모든 당원이 '집단'으로 조직하도록 되어 있었다. 그리고 동일한 단체 내의 당원 집단은 각각의 단체 구분에 따라서 중앙, 지방, 부현(府県), 지구로 집단 지도부를 두고 이들 집단 지도부는 동시에 당의 중앙, 지방, 부현, 지구 위원회에 각각 종속되는 것으로 되어 있다. 그 후 10년간에 걸쳐서 당과 대중단체와의 조직적 관계방식을 혼란시키고 잘못 이끈 근본적인 원인이 여기에 있었다.

대중단체의 집단 조직을 단체의 간부 당원에게만 한정하지 않고 단체 내의 전당원으로 하여금 조직하게 하여 그 집단에서 집단 지도부를 만들고 '위로부터 아래로 지도'하도록 하는 방식은 당의 정규기관(세포

에서 지방에 이르는)과 병행한 동일한 당 조직을 대중단체 내에 만드는 것이었다. 도쿠다는 이 규약에 기초한 세포(집단) 활동 형태에 대하여 "당의 기관은 중앙위원에서 지방, 지구, 세포에 이르는 선과 집단의 중앙에서 지방, 지구, 세포에 이르는 선이 동시에 존재하지 않으면 안 된다"고 강조하였다(「細胞は一切の活動の基本的武器である」『アカハタ』, 46년 8월 21일, 제53호). 그러나 이 이중적 조직형태에는 당 활동을 두 가지 방향으로 편향되게 하도록 작용했다. 이것은 한편으로 세포의 독자적인 존재와 활동을 약화시켰으며, 어느 경우에는 세포가 집단에 해소되어 후자가 당에서 독자적인 힘을 가지게 되는 작용을 하고 다른 한편으로는 집단의 과도한 정치활동에 의한 대중단체의 정치단체화, 대중단체의 정치적 이용, 대중단체로서 가지는 일정한 독자성을 말살함으로써 분파화시키는 원인이 되었다.

이미 도쿠다 자신 이러한 집단 조직 방침이 실제로 혼란과 폐해를 일으키고 있는 것을 감지하고 "만약 이 대중단체의 성격, 바꿔 말하면 규약의 범위를 무시하고 당 세포와 혼동하여 모든 당 활동을 분파 집단에 의해 행하려고 한다면, 역으로 유해하며 당 분파가 대중에게서 이탈하여 당파화하게 된다. 이 경향은 우리 당의 분파활동에서 현재 상당히 광범위하게 나타나며 놀랄만한 폐해를 낳고 있다"(德田,「フラクションの性格と活動について」, 46년 5월)고 지적하고 있다. 이러한 사태를 일으키지 않기 위해 당규약 제52조는 "당의 독자적 활동과 이들 집단 활동을 결합시켜 전체적으로 당의 방침하에 통일시키기 위해 중앙, 지방, 부현, 지구 각각의 단계에서 당 기관과 각각의 집단 지도부의 합동회의

를 가진다"고 규정했지만, 실제로 두 개의 조직이 조화롭게 운영되는 것은 극히 어려웠다. 도쿠다 역시 결국 '놀랄만한 폐해'를 인정할 뿐 그 원인을 깊이 추적하려고는 하지 않고 최초의 조직방침을 밀어붙였다.

이러한 비현실적이고 당과 대중단체와의 유기적 결합이 아니라 당에 의한 대중단체 지배 혹은 대중단체의 분파화를 가져오는데 지나지 않는 조직방침을 채용하였으며 이것을 계속 채용한 결과는 다음 국면에 이르러 조합과 그 외 대중단체의 분열, 대중단체에서 공산주의자 집단 배제운동의 확대, 공산주의자 집단의 당파화에 따른 자기붕괴 등등 여러 가지 부정적인 현상을 일으키게 되었다.

어쨌든 이 46-47년의 혁명적 고양기에 즈음하여 도쿠다는 한편으로 전국적인 대중조직이 강고한 중앙집권적인 형태를 취하는 것을 적극적으로 배격하였으며, 다른 한편으로 위의 세포나 집단의 이중조직 형태를 무기로 이용하면서 이들을 통해 다양한 비정치 단체를 당의 직접지배하에 강하게 예속시키려고 노력하였다. 당 외 대중조직의 일정한 자주성을 인정하려고 하지 않는 도쿠다 등 중앙 주류의 태도는 당중앙 자신이 정치지도와 대중조직화에 주체성을 충분히 발휘하지 못한 사실의 반증적 표현이다.

당의 외적인 조직방침에서 실수는 당내 조직과 그 운영에 대한 편향과 무관하지 않았다. 당이 점점 조직적으로 확대해가는 상황에서 미야모토, 하카마다, 가미야마 등은 당원 채용에 엄격한 기준을 설정할 것을 제안하였다. 그러나 도쿠다는 거의 무원칙에 가까운 입당 방식을 채용하였다. "입당하려면, 입당 신청서를 여러분들이 살고 있는 지방위원

회, 지구위원회에 제출하시면 됩니다. 우편으로 보내도 됩니다. 지방위원회 이름은 『아카하타』 18호에 나와 있습니다"(「進んで党に加入し民族の危機を救おう」『アカハタ』, 46년 3월 8일, 제20호)라고 아무런 자격도 조건도 없이 무제한적으로 입당시키는 방식을 취하였다. 여기에 더하여 동시에 "이후로는 사회생활에 있어서도 당원인 것이 자신의 재능을 충분히 발휘하여 사회적 지위를 향상시키는 유일한 길이기도 하다"(『アカハタ』, 46년 3월 8일, 제20호)는 등 덮어 놓고 입신출세 근성을 표출했기 때문에 전후에 가두로 나온 많은 야심가, 출세주의자, 패거리들이 성실하고 유능한 청년들에 섞여서 당으로 밀려들어왔다. 이토 리쓰는 제쳐두고라도 이후에 많은 경찰 관계자가 공공연히 입당하여 내부에서 도발을 일삼아 조직을 파괴하기에 이른 것도 이때 당 자신이 길을 열어주었기 때문이다.

이처럼 자격이 없는 당원을 점점 증가시킨 것은 도쿠다와 이토가 점차로 강화시킨 가부장적 지도 형태에 매우 적합하였다. 개인의 독단적인 지도와 파벌적인 당 기관의 운영은 이후에 보듯이 반드시 관료주의를 만연시켜 이것은 언젠가는 당내 민주주의 요구와 충돌하고 아래로부터의 비판을 받을 수밖에 없었다. 따라서 파벌적 인물들에게는 엄밀한 입당조건을 통해 선별된 당원에 걸맞은 사람들로 채우기보다는 무조건 무제한적으로 수용한 저수준의 당원으로 채우는 방식이 자신들의 당 지배를 위해 유리하였다. 도쿠다·이토 등은 외부에 대해서도 대중단체의 독자성과 주체성을 가지지 못하도록 일관했으며 외부 단체를 당의 직접지배를 통해 움직이려고 한 것과 동일하게 내부에서도 당내 민주주의와 당원의 창의성을 매우 억눌렀으며 다수의 무자격 당원을 관료주의적으로 지배하려고 하였다. 이 경우에 당내 민주주의에 대한 억압이나 무원칙적인 입당 방식의 채용은 세포·집단의 이중조직과 당 외 대중단체의 직접적인 규제방식의 적용과 나란히 당의 가부장적 지도와 파벌적 운영 경향이 만들어낸 산물에 지나지 않는다.

메이데이 직후의 46년 5월 6일부터 3일간 열린 제2회 확대 중앙위원회 총회에서 중앙인사의 보충이 이루어져, 이토 리쓰, 하세가와 히로시, 가스가 쇼지로 3명이 정치국으로 들어가고 오카다 후미키치, 곤노 요지로 2명이 서기국에 보충되었다. 이토 리쓰 계파의 지도부 진출은 보다 강해졌다.

07 / 2·1파업에서 제6회 대회로

　46년을 통해서 대중투쟁의 눈부신 발전은 연말에 가서 마침내 전관
공청(全官公庁) 노동조합의 공투에 의한 대파업계획의 준비로 고양되
었다. 아래로부터의 혁명적 민주주의 투쟁의 급속한 발전에 직면하여
미 점령군에 의한 '위로부터의 민주화' 정책의 한계가 마침내 표면화되
었다. 지금까지 감추고 있던 미 점령군과 국제 민주주의 세력의 대립,
점령정책과 아래로부터의 민주주의적 혁명투쟁의 모순이 점차 현재화
하였다. 동시에 제2차 농지개혁의 진행과 신헌법의 공포는 '위로부터의
혁명' '제국주의 해체' 작업이 일단락되었음을 의미했다.

　47년 2월 1일을 목표로 한 파업계획의 진행은 1년도 지나지 않은 상
황에서 당이 수백만 노동자의 조직화 추진 성공과 이를 지도할 수 있
게 된 사실, 자연발생적인 고양을 포함하여 미증유의 커다란 파업계획
을 실시할 수 있는 역량을 갖추게 된 사실, 발휘되려고 하는 놀랄만한
대중의 에너지에 편승하면서 그 투쟁의 선두에 서게 된 사실 등등을 증

거로 내세웠다. 이것은 거의 하부 당원 대중이 불철주야의 노력과 헌신 그리고 그들이 불러일으킨 활력과 역량의 성과이다.

그러나 2·1파업 계획의 진행과 금지라는 전체적인 경과는 이토와 하세가와를 중심으로 한 당 중앙의 담당자들이 파업투쟁을 지도함에 있어 전체적으로 명확한 방침도 전망도 없이 분위기에 취한 지도를 한 것, '총사령부의 탄압은 없다'는 잘못된 판단을 기초로 하고 있었기 때문에 파업금지 통달이 나오자 사태 수습을 위한 올바른 방침을 세울 수 없었다. 결국 대규모의 대중투쟁에 대한 정치지도라는 점에서 그들은 자격이 없었다는 점 등을 분명히 폭로하였다.

2·1파업에 대한 당 지도의 오류는 '점령하에서도 평화혁명이 가능' 하다는 평화혁명 전략방침과 불가분의 관계를 가진 것이다. 2·1파업 계획은 원래 노동자들의 경제적인 요구에서 출발한 것이었는데 이것을 노동자 전체로서의 계급의식의 성장 정도와 농민이나 그 외 여러 계급과의 연대의 정도를 무시하고 직접 정치투쟁의 방향으로 발전시키려고 꾀한 점에서 결정적으로 잘못된 지도였다. 더욱이 그러한 계획을 숨기면서 점령군과 국내 권력과의 관계, 점령군과 대중의 힘 관계, 전체적으로 국제적 국내적 정세 등에 대하여 올바른 정세분석과 정세판단을 거의 가지고 있지 못한 점에서 당의 지도는 치명적인 결함을 가지고 있었다. 더구나 지도자들이 이를 발판으로 하여 인민정권 수립이라는 낙천적인 전망을 가지고 있었던 사실은 그들이 '점령하에서도 혁명이 가능'하다는 기본 방침에 지배되고 있었던 증거이기도 하다.

파업 금지라는 점령군의 일격은 평화혁명 방식에 기초한 모험주의적인 당의 공상적 계획을 한 번에 분쇄해버렸다. 이것은 미 점령정책의 본질을 뚜렷하게 표출시킴과 동시에 이것과 동일한 정도로 대중들 속에서 당의 대중지도 능력에 대한 커다란 불신과 의혹을 낳았다. 파업금지에 의해 받은 충격의 정도를 당은 계속해서 4월의 참의원, 중의원, 지사, 시정촌장 선거에서 확인하게 된다.

중의원 선거의 결과는 자유당 131, 민주당 124, 국협당(国協党) 31, 사회당 143인 것에 비하여 공산당 100만 2,903표(3.7%) 4명 당선이었다. 당은 참의원의 전국구에서 54만 9,916표(2.6%) 3명 당선, 지방 선거구에서 70만 6,000표(3.2%) 1명 당선, 시정촌장 당선자 11명, 지방의원 당선자로 전국에서 441명을 배출했다. 어쨌든 2·1파업계획의 좌절은 사회당을 자동적으로 제1당으로 만들어버렸다.

그런데 이 47년 봄부터는 전후 국제정세의 가장 큰 변화가 일어나 이와 관련하여 점령정책에도 중요한 변화가 발생했다. 우선 전후의 세계적인 통일목표였던 일·독·이 파쇼세력의 청산 해체 업무는 점차로 배경으로 물러나고 이를 대신하여 '냉전'의 격화 즉 제국주의와 민주주의·사회주의의 대립, 식민지주의와 민족해방 세력의 투쟁이 전면에 등장하였다. 3월 10일부터 4개국 외상회의는 의견불일치로 폐회되었으며 3월 12일에는 이른바 투르만 독트린이 선언되었으며 미소대립이 표면화하였다.

이와 함께 미국의 대일 점령정책도 급속히 변화하였다. 지금까지의 4대국 일치라는 대일 강화방침을 포기하고 다수 국가와의 강화를 통한 일본의 종속적 반공체제로의 재편이라는 방향을 분명히 하였다. 이를 위해 한편으로 '위로부터의 민주화' 정책을 최종적으로 종결짓고(추방령 확대, 교육기본법, 노동기준법, 독점금지법, 지방자치법, 개정 민법의 공포, 경찰제도 개편, 내무성·사법성의 해체) 동시에 이와 병행하여 사회·민주 연립 정부하에서 아래로부터의 민주주의 탄압, 반공 강화라는 일련의 반동정책(파업금지 확대, 쌀 공출에 대한 강권발동, 배상완화, 국가공무원법 공포)을 실시하였다. 지금까지의 점령정책 성격이 일본 제국주의 붕괴를 둘러싸고 노동자 농민의 아래로부터의 민주화=인민 민주주의적 혁명 코스에 대립하는 제국주의 주도의 '위로부터의 민주화'=독점 부르주아적 개혁 코스였다고 한다면, 국제 정세의 급변에 제약된 이러한 개혁 코스는 대일 종속화=재무장화 코스로 변경되었다.

선거 이후 당은 47년 말에 예정하고 있던 제6회 당대회 준비를 진행하였는데 이 가운데 전략문제 토론을 전후 처음으로 공식적으로 당내에서 공론화하였다. 5월 18일의 제5회 중앙위원회 총회에서는 노사카의 제안으로 '평화혁명'이란 종래의 표현을 '혁명의 평화적 발전'으로 수정할 것을 결정하였다. 이것은 '평화혁명'이 전략적 의의를 갖는 것이 아니라 전술적 의미에 한정되어야만 한다는 의도에서 결정된 것이었다. 노사카의 이러한 해석을 포함한 전략원안 「당면한 혁명의 성격과 평화적 방법에 의한 혁명에 대하여(当面の革命の性質と平和的方法による革命について)」(『アカハタ』, 6월 1일, 제147호)가 발표되어 토론은 훨씬 활발해졌다.

'평화혁명'을 '혁명의 평화적 발전'이라고 변경하고 그 '전술적 가능성'으로써의 의미를 강조한 점은 이 당시 중앙위원인 가미야마가 다양한 혁명을 폭력혁명과 평화혁명의 두 가지 형태로 분류하고 평화혁명이 단순한 전술 양식이 아니라 혁명의 일반적인 형태임을 규정한 것에 대한 비판을 포함하고 있었다. 가미야마 의견에 의하면, 일정한 객관적 주체적 조건이 주어진다면 민주주의 혁명도 사회주의 혁명도 평화적으로 달성할 수 있으며 전후 세계에는 이러한 일반적 조건이 발생하고 있다고 한다. 전후 새로운 정세하에서 국제적으로는 사회주의 체제와 자본주의 체제, 일국적으로는 노동자와 자본가가 평화적 공존·평화적 각축을 통해서 보다 높은 다음 단계의 사회질서를 지향하는 전진을 이루어내고 있다고 그는 주장하였다.

이 이론적 제안은 이것을 일본의 현실에 적용하고 있는 한 제5회 대회의 기본방침과 같이 원칙적으로 잘못되어 있으며 또한 세계적으로 일반화하여 적용하고 있는 한 시기상조였지만, 그러나 그 이론 전개 속에는 역사의 진화에 이론적으로 대응하려고 하는 창의와 의욕이 넘치고 있었다. 노사카의 수정은 이 가미야마의 제언 가운데 '평화혁명의 형태' 규정에 대하여 제출된 것이다.

8월에 마르크스·레닌주의 연구소의 전략문제연구회에서 미야모토는 「인민민주주의 혁명에 대한 전망(人民民主主義革命への展望)」에 대한 보고를 했는데 여기서 그는 혁명의 평화적 수행이란 것이 고정된 것이 아니란 점, 그것은 일정한 조건과 한계를 가지고 있음을 강조하였다. 앞의 노사카의 원안은 조그마한 약간의 수정을 가한 이후 10월 12일의 제6회 중앙위원회 총회에 보고되어 「당면한 혁명의 성격과 평화적 방법에 의한 혁명에 대하여 초안(当面の革命の性質と平和的方法による革命

について 草案)」으로 발표되었다.

이렇게 하여 '평화혁명'이란 표현과 해석에 대한 수정이 이루어졌지만, 그것은 평화혁명 방식 그 자체를 부정하려는 것은 아니며 더구나 '점령하 혁명의 가능성'이란 기본 전제를 삭제하려는 것도 아니었다. 여기서의 토론이나 논쟁이 모두 대회선언의 기본방침을 계승하고 있으며, 민족독립·점령철폐란 당면한 제1과제를 인정하지 않고 권력 문제의 기본적인 변화를 인정하지 않으려는 점에서 지금까지와 완전히 동일한 것이었다. 노사카는 앞의 중앙위원회 총회에서 행한 보고에서도 혁명의 평화적 발전을 무조건 일반화하는 것에 반대하면서도 "또 하나 커다란 문제가 있다. 이것은 현재의 점령군 통치하에서 혁명이 가능한가라는 문제이다. 가능할까. 가능하다"라고 몇 번이고 강조했다(野坂, 「戰略戰術の問題によせて」『前衛』, 47년 7월, 제18호). 2·1파업 금지 경험을 겪으면서도 점령군에 대한 환상을 버리지 못한 점은 정말로 놀랄만한 것이었다.

10월의 제8회 중앙위원회 총회는 다가올 대회에서 이 전략 초안을 결정하지 못하고 방침서 기초위원회만을 대회에서 결정하고 그 위원회에서 진짜 초안을 만들어 이것을 전 당기관의 토의에 부쳐 48년의 전국협의회에서 논의하고, 다음의 전국대회에서 최종적으로 결정한다는 상당히 민주주의적인 방식을 정했다. 12월 21－23일의 제6회 대회에서는 이 방침에 따라서 노사카가 '단순한 재료'라고 이 초안을 제출했다. 노사카의 초안에 대한 보고에 이어서 토론이 이루어졌다. 토론 가운데 주목할 만한 점은 나카니시와 가미야마가 독자적인 전략적 제안을 한 것이다.

나카니시는 일본의 민주혁명은 기본적으로 완성되었으며 권력이 이미 독점 부르주아지의 수중으로 이행해버렸다고 하여 사회주의 혁명을 주장했는데 이것은 반대 다수로 부결되었다. 노사카는 나카니시의 제안을 반대하는 이유로 "만약 사회주의 혁명 전략을 취한다면, 결국 적은 봉건적 세력과 독점자본뿐만 아니라 온갖 종류의 자본주의 세력을 하나로 단결시켜 적은 대규모화되어 버린다. 우리들 편은 노동자와 빈농밖에 없다. 우리들 편이 될 수 있는(부농을 포함한) 농민 전체가 분열하여 부농과 중농도 우리들 진영에서 빠져나가든가 아니면 중립이 된다. 또한 중소기업가의 일부 산업자본가도 우리들 진영에서 빠져나가 적이 되어버린다"(野坂,「革命の性質についての報告と結語」『第6回大会報告集』수록)고 주장하였다. 그러나 이 비판은 나카니시를 납득시키지 못했다. 나카니시는 사회주의 혁명 전략을 취하면, 많은 중간층을 적으로 돌아서게 한다는 사고방식은 인민전선 이전의 후진 공식이며 사회주의 혁명 방침을 취하면서 중소 부르주아를 포함하여 다수의 중간층을 결집 시키는 부분에 민주전선 결성의 의의가 있다고 반박하였다. 그러나 그의 주장은 채택되지 않았다. 노사카와 동일하게 국내 권력을 기준으로 하는 전략 구상을 가지고 따라서 민족독립의 기본과제를 놓쳐버린 점에서 나카니시의 전략적 제안도 원칙적으로는 잘못되었지만, 이를 별도로 한다면 노사카에 대한 반론에 관한 부분에서 그의 주장은 타당했다.

가미야마의 경우는 당면한 전략방침을 정함에 있어 이것과 연관지어 민족문제를 고려하지 않으면 안 된다고 중대한 제안을 하였지만, 이것은 충분히 이론화되지 못했으며 또한 당 중앙의 점령군에 대한 과도한 신뢰도 작용하여 주목받지 못하고 끝나버렸다. 노사카는 앞의 「결어(結語)」에서 평화혁명이 레닌도 스탈린도 생각하지 못한 새로운 혁명형태라고 하는(가미야마를 지칭함) '당내의 일부 견해'를 비판하고 "이것은 사회민주주의적 견해로 혁명에 있어 극히 위험하다. 평화혁명이란 하나의 새로운 형태의 혁명이 있는 것이 아니라 혁명의 평화적 발전이 있다는 것으로 이것은 하나의 전술에 지나지 않는 것으로 객관적 주관적 조건이 변화하면, 이것도 또한 변화한다"고 주장했다. 그러나 점령하의 일본에서 이것을 적용한 것 자체는 잘못이라고 하더라도 그 후 스탈린 비판 이후의 새로운 단계에 '평화적 이행'의 가능성이 공인된 이후 이것은 더 이상 '사회민주주의적 견해'라고 치부되지 않게 되었다.

어쨌든 제6회 대회는 성문화되지 않았다 하더라도 원칙적으로 노사카의 초안을 인정하여 "현재는 민주주의 혁명에서 사회주의 혁명으로 이행 과정에 있다"고 하는 이론적으로는 절충적인 애매한 지경에 빠졌으며 더구나 현실에서 완전히 벗어난 공론적 전략방침의 승인으로 끝났다. 그 후 49년에 이르기까지 전술적 실패 원인은 여기에서 파생되었다. 49년까지 당이 일관한 전략방침의 오류와 불명확함에 대하여 제6회 대회는 제5회 대회와 동일하게 전적으로 책임지지 않으면 안 된다. 2·1 파업의 교훈이 있고 국제정세의 변화, 점령정책의 변화를 눈앞에서 보면서 뒤에서 논할 약간의 전술적 전환만을 인정하여 전략방침에서는 여전히 고루한 정식을 견지하였다는 의미에서 제6회 대회의 책임이 보다 더 크다고 할 수 있다.

　대회는 초안 처리에 대하여 앞의 중앙총회 결정 원칙에 따라서 이것을 '결정'하지는 않았다. 이 초안을 기초로 다음 대회까지 정식적인 강령 초안을 작성한다는 것을 결정하고 그 작성을 담당하는 강령 기초위원으로 도쿠다, 노사카, 시가, 미야모토, 이토, 스즈키 이치조(鈴木市蔵), 다케우치 시치로(竹内七郎), 와타나베 요시미치(渡部義通)의 8명을 선출했다.

08 / 제6회 대회 이후의 전술 전환 — 민주민족 전선

　47년 12월의 제6회 대회는 전략방침으로써 위와 같이 제5회 대회의 평화혁명방식을 원칙적으로 계승하였다. 그러나 구체적인 행동강령과 전술방침에서는 새로운 사태에 대응하는 신규정을 제출하였다. 2·1파업 금지에 이어 점령정책의 변화는 정말로 당 지도부에게 해방 직후에 진솔하게 믿어 의심치 않았던 '점령군과의 공동투쟁' 방침을 포기하게 했다.

　국제정세 전환은 점점 더 분명해졌다. 9월의 유럽 여러 공산당, 노동자 당 회의는 코민포름의 설립으로 구체화되고 마샬 계획에 대한 사회주의 진영의 대결 태도를 명백하게 했다. 코민포름을 위한 즈다노프(Andrei Aleksandrovich Zhdanov) 보고는 두 가지 서로 대립하는 진영 사이의 투쟁의 성격, 각각의 나라에 있어서 미제국주의에 대한 투쟁을 지도하기 위한 공산당의 공동임무를 강조했다. 이 새로운 임무에 대한 강조는 당연히 일본의 운동에서도 정세판단과 전술 결정상의 결정적인

제1장·점령하의 평화혁명을 지향하여

기준이 되어야 한다고 생각되었다.

제6회 대회에서 도쿠다 서기장의 보고는 그 국제정세 부분이 완전히 즈다노프 보고의 재판이었다. 도쿠다는 즈다노프 이론에 입각하여 대립하는 두 진영을 강조하고, 세계를 지배하려고 하는 미 독점자본주의가 여러 나라의 독립에 미치는 위협과 공산당에게 지도되는 각국 민주주의 세력의 저항을 지적하였다.

이처럼 즈다노프 보고에 직접 의거하려고 하면 당연히 일본의 당면 방침으로써 '점령하의 평화혁명' 방식에 대한 재검토를 제기해야만 했다. 실제로 여기서 도쿠다 서기장은 어떤 의미에서 평화혁명 방식과 모순되는 듯한 구체적인 방책을 제기하였다. 즉 그는 이 「일반보고(一般報告)」에서 당의 "현재 가장 중요한 임무"로 "자국의 주권을 옹호하고 완전한 독립을 지키며 그 기초하에서 국제평화를 확립하는 것"을 들고 있다. 이 너무도 정당한 기본방침에서 그는 "포츠담 선언에 대한 엄정한 실시를 당의 행동강령 첫머리에 제시하"기로 했다고 강조하였다. 여기서 '주권의 옹호' '완전한 독립' '포스담 선언에 대한 엄정한 실시' 등 일련의 민족문제가 제기된 점은 획기적인 대 진보였다. 잘못된 '해방군' 규정과 미 점령정책에 대한 평가를 근본적으로 수정하고 청산하기 위한 계기가 여기서 제시된 듯하였다.

그러나 이처럼 사실상 민족문제가 제시되었음에도 전략방침으로써는 앞서 논한 것처럼 여전히 '점령하의 평화혁명' 방침이 결정되었다. 주권의 옹호와 민족 독립이 가장 중요한 임무로써 제기되면서도 동시에 이 주권회복, 민족해방 부재의 '점령하 평화혁명' 방식이 승인되었다. 이것은 정말로 양립할 수 없는 근본모순이었다. 더구나 이 모순을 대회에서 아무도 의식하지 못했다. 2·1파업 후의 다양한 사실이 미제국주의의 군사점령하의 평화혁명 등 있을 수 없다는 사실, 민주주의 혁명의 완성에도 사회주의 혁명의 달성에도 우선 점령군의 철수, 주권 회복, 완전한 독립이 불가분의 전제 조건이라는 사실, 이러한 전제 조건을 아래로부터의 민중의 힘과 조직으로 달성했을 때 비로소 '평화혁명'의 가능성이 높아진다는 점 – 등등을 명시하고 있음에도 불구하고 전당이 이를 무시하고 한편에서 '점령하의 인민정권 수립'이라는 환상을 내걸고 다른 한편에서 '민족의 독립'을 요구하는 자기모순을 범하고 있었다.

이 때문에 이 제6회 대회 이후 당은 '점령군과의 공동투쟁' 방침을 포기하면서도 명확하게 반제·독립투쟁으로 전환하지 못했다. 전략 기본방침으로 '점령하의 평화혁명'을 목표로 하여 당면한 전술방침으로는 주권 회복과 완전한 독립을 목표로 한 근본모순은 이후에 당의 행동 그 자체를 불명확하게 하고 분열시켰다. 여기서 당은 현실을 외면하고 점령군과의 대립을 의식적으로 피하여 의도적으로 일본정부에 전력을 쏟음으로써 이 모순에서 벗어나려고 하였다. 미제국주의와 점령군 당국에 대한 직접적인 공격을 조심스럽게 회피하고 포스담 선언의 엄정한 실시라는 간접적인 표현으로 반미투쟁과 거리를 두었다. 미국 지배에서의 해방은 인민정권이 수립되고 포스담 선언이 실시되면 자동적으로 달성된다고 강조했다.

당이 이러한 잔꾀를 생각하고 있을 때 그러나 현실은 더욱 냉혹하게 진행되고 있었다. 48년에 들어서서 미국의 대일 정책은 점차 분명해졌다. 1월의 로얄(Kenneth Claiborne Royall) 미 육군 장관 연설에서 3월의 드레버(William Henry Draper) 미 육군 차관 일행의 내일(来日)에 의해 일본을 정치적으로 미국에 종속시켜서 '아시아의 방벽'으로 만들고, 경제적으로 미 독점자본의 지배하에 두어 '극동의 공장'으로 만들려고 하는 미국 지배집단의 의도가 명백히 드러났다.

변화하는 현실은 당의 전술적 전진을 촉구했다. 앞의 제6회 대회에서 민족문제를 제기한 노선에 따라 48년 2월 6일의 제9회 중앙위원회 총회는 종래의 민주인민전선을 대신하여 '민주민족전선' 전술을 결정하고 다음 3월에 사회당에 결성 신청을 함과 동시에 각 민주단체에게도 호소했다. 지금은 점령의 장기화와 정치 경제적인 종속화가 직접적인 위기로 전화하였으므로 한 번 실패한 통일전선을 민족전선이란 형태로 재차 제창한 것이고 이 「평화와 민주주의, 민족독립을 위한 선언(平和と民主主義, 民族独立のための宣言)」은 그 취지를 분명히 하였다. 이 새로운 조직적 제창은 이것이 전략상의 기본방침과 관계없이 제기된 점에서 처음에 천황제 타도를 절대조건으로 한 민주전선 제창과 역방향의 오류를 포함하고 있었다. 그러나 이것이 대중단체 속에서 '민족독립'의 슬로건을 처음으로 제기한 점은 커다란 의미를 가진다.

그 후 8월 달이 되어 당의 제12회 중앙위원회 총회는 '민주주의와 독립, 완전한 철병과 군사기지화 반대'를 내걸고 단독(다수) 강화에 반대하여 전면 강화를 요구하는 「강화에 대한 당의 기본방침(講和に対する党の基本方針)」을 발표했다. 이것은 공정한 강화조건으로써 '민주주의

의 철저' '주권의 완전한 회복' '민족적 역사적으로 원래 일본에게 속해야만 하는 도서의 일본 귀속' '영토 내에서 완전한 철병, 군사기지화에는 반대' '전쟁포기, 자위권의 승인' '경제 자주성의 보장, 각국과의 평등한 경제관계' '산업군사화를 저지하면서 또한 자력 재건과 평화산업의 발전을 저해하지 않는 배상' '유엔 참가' '단독강화 반대, 전면강화' 등 9개 항목을 내걸었다. 앞의 민족전선의 제창과 함께 전술상의 정당한 전진이며 당이 전략방침을 개정하고 이 문제에 집중적으로 대중을 결합시키고 동원했다면, 2년 후로 다가온 미일 강화의 '위로부터의 독립' 과정에 대항할 수 있는 '아래로부터의 민족독립' 과정을 올바르게 조직하고 전진시켰을 것이다.

그런데 전략상의 평화혁명 방식은 이러한 정당한 문제제기와 그 전진을 저지하고 왜곡시켜버렸다. 모처럼 강화문제에 대한 민족적인 결집의 필요성을 인식하면서 당면한 전략의 근본문제가 민족독립에 있다는 점이 규정되지 않는 한 이 강화문제가 가진 의의도 중요성도 정확하게 평가되지 못했다. '점령하의 평화혁명' 방식으로는 어디까지나 민족해방이 당면한 전략적 임무라는 규정이 도출되지 않기 때문에 민족문제의 제기는 모든 전술적인 한계 내에서 제한되었다. 식민지적 종속화의 위기는 미제국주의에서 유래하는 것이 아니라 오직 국내 반동세력의 매판화 정책에서 유래하는 것으로 보았으며, 따라서 민족독립 투쟁도 점령정책과의 투쟁이 아니라 국내 반동의 매판화 정책과의 투쟁이며, 국내 반동의 타도를 통한 '민주정부 수립'으로 달성될 수 있는 것이라고 보았다. 즉 '주권회복' '민족독립'의 과업도 '점령하 평화혁명'의 궤도 위에서 이것에 종속되어 해결되는 것으로 보았다.

이렇게 하여 제6회 대회 후에 모처럼 제기된 올바른 정치방침에 대한 맹아도 여전히 평화혁명 – 점령군 회피라는 기본전략에 제약되고 구속되어 대중을 장악할 수 있는 진정한 효과를 발휘하지 못했다. 조직 면에서도 '민주주의 옹호 동맹'이라는 표면은 민주단체의 연합체 형식을 취하면서 앞의 '인민해방연맹'과 동일하게 당 지도권 장악을 통한 분파화를 운명지운 조직을 양산하기도 하고 적색 노동조합주의의 변화 형태의 하나라고도 할 수 있는 '사공(社共) 합동의 대중투쟁'을 시도하기도 하여 스스로 민족전선의 올바른 형성을 파괴해버렸다. 이 조직 면에서의 실패는 다음에서 논할 제6회 대회 후의 당 조직의 실태를 보지 않고서는 충분히 그 원인을 이해할 수 없을 것이다.

09 / 도쿠다 파벌의 형성과 당내 민주주의의 억압

제6회 대회를 2년 전의 제5회 대회와 비교해보면, 평화혁명 – 노사카 이론의 채용이란 점에서 기본방침의 오류를 계승하여 확대하였다. 이것뿐만 아니라 도쿠다의 개인중심적인 가부장적 지도의 강화와 중앙에서의 도쿠다 파벌의 형성이란 점에서 당 조직과 지도면에서 결함을 이어가고 이것을 더욱 확대시켰다.

제6회 대회 보고에서 당원 수가 실로 10만 명 이상으로 증가하였다. 해방 시기에 겨우 얼마 안 되는 재건 지도 인원만으로 재출발한 당이 겨우 만 2년만에 10만 이상을 거느리는 대정당으로 성장한 것도 전후의 유리한 객관적인 정세가 있었던 것과 무제한적인 입당방식을 취한 것 때문이었다. 전전에 당원이 1만 명 이상이었던 적이 없었던 당이 급하게 대중정당으로 변모하여 등장한 사실은 그 운영과 지도를 위해 그런 만큼의 능력, 자격, 새로운 방법을 요구하였다. 그러나 조직운영과 지도면에서 전후의 응급체제가 그대로 이어져 확대되었을 뿐으로 새로운 방식도 형태도, 이를 위한 간부교육이나 집단적 훈련도 별도로 생각하지 않았다. 오히려 이후에 논하는 것처럼, 입당방식과 동일하게 간부정책은 무원칙적이고 개인적인 기준과 관계로 얼마든지 좌우되고 왜곡되었다.

대회는 중앙위원으로 도쿠다, 노사카, 시가, 미야모토, 김천해, 가스가 쇼지로, 하카마다, 시다 시게오(志田重男), 이토 리쓰, 하세가와 히로시, 이토 겐이치, 가스가 쇼이치, 곤노 요지로, 구라하라 고레히토, 마쓰모토 가즈미, 다케나카 쓰네사부로(竹中恒三郎), 다카쿠라 데루(高倉デル), 기시모토 시게오(岸本茂雄), 시라카와 하루이치(白川晴一), 도사카 간(遠坂寬, 崔斗煥)[2], 마쓰모토 산에키(松本三益), 가메야마 고조(亀山幸三), 사토 사토지(佐藤佐藤治), 노사카 료(野坂竜), 가미야마의 15명을 선출하고 통제위원에 미야모토, 마쓰모토 소이치로(松本惣一郎), 야마베 겐타로(山辺健太郎), 니시자와 다카지(西沢隆二), 이와코토 이와오(岩元厳), 오카다 분키치(岡田文吉), 시이노 에쓰로(椎野悦朗), 마스다 가쿠노스케(増田格之助), 와다 이치조(輪田一造)의 9명을 결정했다.

계속해서 12월 25일에 새로운 중앙위원에 의한 제8회 중앙위원회 총회에서 정치국과 서기국을 개편하였는데 여기서 이토 리쓰 계통의 진출은 압도적이었다. 즉 정치국은 도쿠다, 노사카, 시가, 미야모토, 김

---

2 역주: 최두환. 도사카 요이치 부인의 여동생의 남편으로 도사카란 성을 빌려 도사카 간이란 이름을 사용하였다. 전전부터 운동에 관계한 조직 활동가이다.

천해, 시다, 이토, 하세가와, 곤노의 9명, 서기국은 도쿠다, 노사카, 이토, 하세가와, 가메야마 5명이었다. 도쿠다가 당 서기장에 재선출되고 미야모토가 통제위원회 의장에 선출되었다. 전체적으로 이토 리쓰 계통의 진출이 현저하고 이토 자신은 정치국장과 서기국장을 겸임하는 농민부장, 『아카하타』 주필대리가 되었으며, 사실상 도쿠다의 측근으로 부서기장격으로 올라섰다. 같은 파벌의 하세가와도 정치국원, 서기국원을 겸임하고 나아가 시다와 곤노가 정치국으로 들어간 것은 도쿠다의 개인적 파벌이 사실상 당의 지도부를 장악한 것을 의미했다.

이렇게 하여 제5회 대회의 인사 이후 한꺼번에 강화된 도쿠다 서기장의 가부장적 지도와 전제적인 기관운영은 여기서 하나의 도쿠다 파벌의 형태로 나타났다. 이것은 당 중앙 전체에 책임이 있다. 이미 일찍부터 도쿠다의 전제적 성격이 조장되어 정치국과 서기국의 운영이 도쿠다의 전제로 이루어지는 경향이 있었으며 그 예는 점차로 많아졌다. 더구나 이러한 것에 대하여 정치국원과 서기국원들도 집단지도 원리에 의해 이것을 억제하려고 하지 않고 역으로 이러한 상황 속에서 도쿠다의 전제를 부추기는 권위주의, 맹종주의, 사대주의의 분위기가 강했다.

이러한 가부장적 지도의 조장은 더욱더 기관의 집단지도와 운영을 후퇴시켜 마침내 당연히 도쿠다 중심의 지도집단을 형성하였다. 그들은 도쿠다의 인간적 약점을 교묘하게 이용하여 그 파벌적 성격에 비위를 잘 맞추었다. 그들은 자신들의 지위를 높이기 위하여 구 간부들의 불화를 부추겨서 가미야마, 미야모토, 시가 등을 하나 둘 도쿠다와 멀어지도록 획책했다. 다른 한편, 자신들의 정파에 속한 인물들을 점차 중앙으로 끌어들였다.

　이토 리쓰의 부드러운 대인관계와 무능함, 현란한 화술과 사무적 잔재주, 빠른 정보력과 풍부한 정보원, 날카로운 판단력과 인간관계를 처리하는 뛰어난 감각 등 이러한 성격상의 여러 가지 특징이야말로 그가 과도기적 상황의 당 지도부에서 급속하게 진급하기 위한 유력한 무기였다. 전전의 힘겨운 비합법 생활과 기나긴 옥중 생활로 대중지도의 경험도 대인관계의 처리능력도 결여한 간부들이 많은 가운데 이토의 성격은 곧바로 두각을 나타내어 중앙에 없으면 안 되는 존재인 것처럼 되었다. 특히 도쿠다가 이토의 사무적 잔재주와 풍부한 정보력을 높이 산 것은 지도부로의 진출을 더욱 촉진한 원인이었다.

　특히 지금은 도쿠다, 노사카, 시가의 표면적인 삼두정치가 무너지고 시가는 제외되었으며 도쿠다·노사카의 최고 콤비 형식으로 실질적으로는 도쿠다 파벌이 지배하는 신체제가 만들어졌다. 시가는 최고위직에서 제외되어 미야모토, 하카마다, 가스가 쇼지로도 각각 고립되었다. 그나마 가미야마는 중앙위원의 말단에 자리하였으나 전문부장의 직책도 부여되지 않았다. 그들을 수완 좋게 고립화시키면서 이토, 하세가와, 시다, 곤노는 점차 기관운영의 실권을 장악하는 데 성공했다. 도쿠다 직계의 일부 분자들이 10만 명 이상의 당원을 지배하는 당 조직을 움직이는 관료주의체제가 여기서 확립되었다.

　도쿠다, 이토, 시가의 파벌적 지도와 운영 아래서 한편으로 관료주의의 폐해가 만연해지면서 다른 한편으로 당내 민주주의가 그만큼 후퇴하고 약화되었다. 예를 들면, 가미야마가 제5회 대회 이후 상당히 정력적으로 외부에 발표한 '평화혁명'에 관한 논저는 앞서 서술한 것과 같은 당의 방침으로서의 '평화혁명'과는 다른 것으로 비판받았다. 47년 10월의 제6회 중앙위원회 총회는 가미야마의 논의를 '비정통적' 견해라고 하여 정식으로 문책하고 이후부터는 이론적 문제에 대한 논문을 발표할 경우에는 중앙이 통제하는 당 기관지로 제한한다고 결정했다. 당시 기관지 『전위』에서는 가미야마와 시가의 국가론 특히 일본의 천황제에 대한 논쟁이 전개되고 있었는데 시가는 가미야마에 대한 언론통제 결정에 편성하여 『전위』에서의 논쟁을 일방적으로 자신에게 유리하게 이용하여 가미야마의 반론을 발표하지 못하게 하였다.

이러한 시가의 이론 외적인 힘에 의한 언론 억압 경향은 12월의 제6회 대회에서 노사카가 가미야마의 '평화혁명'론을 당 방침에 대한 부당한 해석인 것처럼 비판함으로써 더욱 촉진되었다. 이러한 지도인물들의 고압적이고 비판적인 태도는 단순히 이론투쟁을 강제적으로 억압하는 방향으로 이용되었을 뿐만 아니라 당내 민주주의를 부당하게 억압하고 후퇴·약화시킨 요인이었다. 제6회 대회에서 통제위원 야마베 겐타로의 통제위원회 보고는 가미야마 문제에 대한 조치가 이루어진 결과 통제위원회는 모든 당원이 "이후 전략 전술의 문제라든가 그 외 당의 기본적인 정책에 중요한 관계가 있는 문제는 당 외의 잡지에 절대로 논하지 말 것. 당 내에서 논할 것"을 결정했다는 사실을 분명히 했다. 이러한 결정은 이론적인 여러 문제를 탐구하는 능력을 결여한 지도자들에게 유리하게 작용함과 동시에 착실하게 이론적인 연구에 몰두하고 있는 다수의 젊은 이론가 당원들에게는 유해한 일이었다.

원래 전전부터 당의 가혹한 비합법적인 상태 때문에 마르크스·레닌주의적인 이론 활동과 실제적인 당 조직 활동은 분리되어 인적으로도 분업화하는 경향이 있었다. 와타나베 마사노스케, 이치카와 쇼이치, 노로에 다로(野呂榮太郎) 등 뛰어난 이론가이자 조직가였던 사람들이 사망하자 이러한 조직과 이론적인 면에서의 지도자는 존재하지 않았다. 전후에 지도자로 부상한 도쿠다, 노사카, 시가 등은 노동운동의 조직적인 면에서 경험 미숙에 더하여 이론적으로도 국제적인 수준에 비해 뒤져있었다. 더구나 제5회－제6회 대회를 통해 점차 강화되어 온 도쿠다 파벌의 여러 인물들은 모두 이론 활동과는 거리가 먼 '경험주의자'였다. 본질적으로 '소박한 실천주의자'로 이론적인 연구나 그 의의를 인정하지 않았던 도쿠다는 그 수하에 자신과 같은 '소박한 실천주의자'만을 끌어 모았다. 이렇게 하여 도쿠다 파벌의 형성 강화는 이론 활동의 경시 아니 배격조차도 불러올 수 있는 사태를 발생시켰다.

　　이러한 경향 속에서 이루어진 가미야마에 대한 비민주주의적인 처치와 결정은 당연히 마르크스·레닌주의적 연구를 무용지물로 보고 공평하고 활발한 이론투쟁을 억압하였으며 이론전선의 고양과 향상을 저해하는 방향으로 추진되었다. 공인된 이론 틀 밖으로 나가 외부에서 논쟁하는 것이나 전략 전술적인 기본문제에 대하여 논하는 것조차도 불가능하게 되었으며 기나긴 논쟁의 공백에 의해 뒤쳐진 부분을 만회하려고 오랜만에 활성화된 이론전선 전체에도 찬물을 끼얹었다. 그리고 가미야마에 의한 활발한 이론 활동을 불쾌하게 생각하고 있던 도쿠다 계열의 경험주의자들을 더욱 멋대로 설치게 했다. 이 시기에 겨우 활성화된 이론 활동이 전체적으로 교조주의적인 편향을 가진 것도 사실이었다. 그러나 그것은 이론 활동을 억제하거나 발표형태를 제한하거나 하는 관료주의적인 방식에 의한 것이 아니라 이론 수준을 보다 높여 나갈 때만 극복할 수 있는 것이었다.

경험주의자에 의한 기관 지배는 이론의 권위에 의해 전 당을 지도해 간다는 당연한 방식, 당을 마르크스·레닌주의 원칙 위에서 건설한다는 당연한 방식을 근본적으로 방해하였다. 그들은 당을 마르크스·레닌주의 사상과 이론으로 무장한다는 것에 대한 중요성을 인정하지 않고 역으로 이것을 경시하는 경향을 확대시켰다. 실천 활동이 일방적으로 강조되고 이론 활동이 무시되는 가운데 당의 결함과 약점을 바로잡으려고 하는 진정성 있는 발언은 모두 억압되었다. 지도는 주관주의와 경험주의에 편향되어 하나하나의 투쟁을 정밀하게 분석 검토하고 그 성과를 당의 전진을 위해 도입하지 못했으며 대중투쟁은 항상 일회적으로 이루어졌다. 투쟁의 실패나 과오에서 배우지 못했으며 패배는 불필요한 호언장담으로 얼버무렸으며 교훈을 채득하고 대중을 전진시켜 조직적으로 정착시켜나가지 못했다. 새로운 간부에 대한 교육도 임시변통에 지나지 않았다.

그런데 이 가부장적 체제하에서 당 지도부의 '자기비판'이 전혀 이루어지지 않았다고 한다면, 이것은 잘못이다. 제6회 대회의 서기장 일반 보고를 시작으로 그 후의 중앙위원회 총회에서의 서기장 보고에서도 항상 간부의 '자기비판의 필요성'이 강조되었으며 '관료주의의 폐해'에 대한 반성이 환기되었다. 그럼에도 불구하고 이것이 항상 단순한 '위에서 아래로의 환기'로 끝나버리고 공염불로 그쳐버린 곳에 문제가 있었다. 이렇게 된 원인은 간부의 자기비판을 현실 속에서 활용하여 간부의 관료주의화를 현실적으로 타파하기 위한 구체적인 조치가 아무것도 취해지지 않은 점, 이러한 것을 두 번 다시 반복하지 않기 위한 조직적인 조치가 아무것도 없었다는 점, 특히 파벌주의와 관료주의를 배제하기 위한 유력한 무기인 당내 민주주의가 전혀 확립되어 있지 않았던 점 등에 있었다.

객관적인 조건의 유리함에 편승하여 겨우 2년 만에 0에서 10만 명 이상의 대중조직으로 확대된 당으로서는 우선 무엇보다 간부가 자기비판을 책임있는 태도로 실천하고 대중에 대한 책임과 조직에 대한 의무를 몸소 실천하는 것이 필요했다. 하부 당원에게는 아래로부터의 비판을 활성화시키고 간부에 대한 맹종이나 위로부터의 명령 탓으로 돌리는 풍토를 끊임없이 수정할 필요가 있었다. 당내 민주주의의 확립이야말로 당 조직의 관료주의적 경직화를 막을 수 있는 필수 요소였다. 그러나 일부 파벌 인사들의 가부장적 지도체제가 형성되고 강화되는 가운데 이러한 올바른 조치는 아무것도 취해지지 않았다. 반대로 파벌분자는 자기 파벌의 권위를 지키기 위하여 잘못된 지도를 항상 하부로 전가시켰으며 진정한 상호비판이나 자기비판도 단순한 공염불로 끝내버렸다. 민주주의적 중앙집권주의의 원칙은 지도 권한만 위에서 위로 집중되었으며 잘못된 지도나 책임은 역으로 아래로 아래로 내려가 '민주적'으로 강요할 수 있는 간부에게는 너무 좋은 방식으로 운영되었다.

가부장적 지도하에서 '당내 민주주의'의 존재방식이 얼마나 멋대로

왜곡되었는지에 대한 예는 47년 여름에 오사카지방 당원회의에서 간부
재선시에 분명히 드러났다. 이때 중앙에서 직접 내려온 도쿠다 서기장
은 "조합의 민주주의는 부르주아 민주주의라도 좋지만, 당은 계급의 전
위이자 사령부이기 때문에 당내 민주주의는 어디까지나 중앙집권적이
지 않으면 안 된다. 만약 당을 조합과 혼동하고 간부는 무엇이든 아래
로부터 공개적으로 선출해야 좋다고 한다면, 당은 사전에 선거운동을
하는 야심가 때문에 부패하고 사회당과 같은 도당 집단이 될 것이다"
(「党内民主主義を―徳田氏強調」『アカハタ』, 47년 9월 4일, 제176호) 라는 이
상야릇한 논리로 회의장을 압도하여 아래로부터 올바르게 선거로 선출
된 간부를 자신의 지명에 의해 바꾸어버렸다. 당내 민주주의란 이름으
로 실제로는 반민주주의를 강제하고 도당(徒党)화 방지란 명목으로 실
은 도당적 조치를 강행한 전형적인 사례였다. 이 아래로부터의 선거제
가 부정된 것이야말로 당내 민주주의 확립을 방해하고 있는 커다란 요
인이었다. 약 2년 반 뒤에 오사카가 반주류파 투쟁의 본거지 가운데 하
나로 등장한 것은 우연이 아니다. 관료주의에 대한 투쟁이 일어나는 씨
앗은 도쿠다 자신이 뿌린 것이다.

　어쨌든 도쿠다 서기장을 중심으로 한 가부장적 파벌적 지도의 강화
때문에 당내 민주주의는 보증되지도 확립되지도 못하고 형식뿐인 존재
가 되어버렸다. 많은 중앙위원도 통제위원도 이것과 싸우지 않고 반대
로 권위주의와 맹종주의에 빠져 집단지도의 원칙도 상호비판의 원칙도
거의 포기해버렸던 것이다. 이러한 의미에서 그들은 책임을 피할 수 없
다. 내부의 사상적 분열과 외부로부터의 강압이라는 양면의 시련을 받

은 국면에서 당이 곧바로 사분오열된 사태의 원인은 이미 이 수년간의
조직형태와 지도형태 그 자체에서 형성되고 있었다.

10 / '분파배격 운동'과 '사공(社共) 합동운동'

해방 후 당이 새롭게 채용한 규약에서 집단 조직방법이 노동조합 그 외 대중단체의 자주성을 침해할 가능성과 위험성을 내포하고 있었던 점은 이미 논하였다. 47년 말의 제6회 당대회에서 개정된 규약도 이 점은 동일했다.

당원이 지도적인 역할을 수행하고 있던 많은 대중조직 가운데 산별회의가 처음부터 문제점을 가지고 있었지만, 그것은 우선 48년 2월에 산별민주화동맹 문제와 호소야(細谷) 사건으로 극적인 고양을 보였다.

산별회의는 이미 본 것처럼 노동자 대중을 널리 산업별로 통일해가는 당의 노동조합 방침에 기초하여 만들어졌지만, 일관된 기조가 된 것은 가미야마가 반대하였지만 마침내 도쿠다·하카마다 등에 의해 채택된 적색노동조합주의(이른바 로조후스키 Solomon Abramovich Lozovskii 노선) 사상이었다. 이 진부한 이데올로기는 노동조합을 '공산주의 학교'인 혁명적 조합과 '자본주의 학교'인 협조적 조합의 두 종류로 분명하게 구분하여 전자를 통해 후자를 분쇄하는 것을 목표로 하였다.

따라서 산별회의는 정당 지지의 자유를 원칙으로 하여 여러 가지 생각이 다른 노동자를 폭넓게 결집시킨다는 것을 내건 이상, 실질적으로 당에 지배되고 그 방침에 직접 종속되어 있었던 점에서 발생하는 모순에 끊임없이 갈등할 수밖에 없었다. 산별회의의 지도부는 47년 말에 19명의 간부 가운데 13명이 당원으로 구성되었으며, 49명의 집행위원 가운데 30여명이 당원이었는데 이들이 중앙 집단을 이루고 있었다. 이들 집단이 압도적 다수를 이루고 있었던 사실은 이들 집단 회의의 방침이 그대로 산별의 방침을 결정한다는 것을 의미했다. 그러나 이 사실 자체는 산별에서는 아직 그리 큰 문제는 아니었다. 그러나 이것에 대하여 이미 논한 것처럼 도쿠다 등 당 중앙 주류는 대중단체의 중앙 집단을 통한 직접적인 관리 방식을 취하였기 때문에 산별의 운영상에서도 당의 강제나 지도가 강하게 반영될 수밖에 없었다. 실질적으로 이것은 적색 노동조합주의의 최대 희생이 되어 원래의 결성 목적이나 조직 원칙과는 모순된 활동으로 내몰렸다. 당 중앙의 방침과 이에 종속된 집단 활동에 끌려 점차로 조합으로서의 자주성을 잃어버리고 로봇화하여 마치 당의 조합부와 다르지 않게 되었다. 창립 이래 다양한 노동자 투쟁의 선두에 서서 노동자의 지위 향상과 아래로부터의 민주화 추진에 수많은 빛나는 성과를 이루었으면서도 그 후에 산별이 급속하게 쇠퇴한 내적 원인은 이러한 지도와 운영의 결함에 있었다고 할 수밖에 없다.

당과의 잘못된 관계에서 유래하는 지도와 운영방식의 편향은 점차 산별 내부의 대립을 강화시키는 작용을 하였다. 당 혹은 당원의 조합

지배는 참가 조합 가운데 불신과 불만을 발생시키고 내분, 분해, 약체화, 탈퇴 등 여러 가지 사태를 발생시켰다. 그 결과 가운데 하나가 47년 말에 중앙 집단 책임자 호소야 마쓰타(細谷松太)의 탈당이며, 48년 2월 13일에 산별민주화동맹의 성립이다. 산별민동의 결성은 여기에 유형무형의 총사령부의 지원과 경영자 측의 지지가 있었다는 점에서 결코 정당화될 수 없는 점이 있으나, 그 발생 원인에 대하여 본다면 당 자신의 책임을 부정할 수는 없다.

48년 2월 20일의 『아카하타』 제304호는 중앙위원회의 호소야 제명에 대한 확인과 통제위원회의 간단한 경과보고를 게재했지만 그 내용은 표면적인 것뿐으로 사실과 관련된 진상을 알 수 있는 내용은 없었다. 이어서 3월 11일의 제 321호는 산별회의 사무국(세포)원 등 5명에 대한 제명 확인 공고를 게재함과 동시에 호소야 제명에 대한 이유로 추측되는 내용을 함께 발표했다. 그러나 이것도 "이른바 호소야 이론은 노동조합의 일부 활동가에 의한 하나의 기회주의의 전형이다. 공산당의 올바른 노동조합 정책을 거부할 때는 좋든 싫든 호소야 이론의 기회주의로 흘러간다. 그리고 이것은 동시에 반공노선이다"(「日和見主義を排除することで党は強化される」『アカハタ』, 48년 3월 11일, 제321호)고 추상적인 표현에 그치고 있다.

실질적인 원인은 오히려 호소야 자신이 발표한 수기가 보다 구체적으로 서술하고 있다. 그는 산별회의의 기본적인 구상에 대한 도쿠다의 생각에 대하여 논하면서 "도쿠다씨의 착상에 의하면 산업별 노동조합이 강고한 전국적 통일체를 가지게 된다면 공산당에게 이것은 하나의 위협이다. 왜냐하면 미국 영국 등의 국가에서 공산당이 강대한 힘을 가지지 못하는 이유는 노동조합 세력이 강고한 통일조직을 가지고 있기 때문이다. 산별이 전국적으로 통일된 조직체가 된다면 산별 스스로 당과 같은 힘을 가지게 된다. 그렇게 된다면 공산당이 생각하는 대로 진행되지 않는다. 오히려 노조의 전국적인 조직은 가능한 한 느슨한 것으로 해두는 것이 좋다. 단 산업별 단일 조합만을 강하게 하면 된다. 그렇게 해두면 당의 분파활동이 효과적으로 이루어지고 어디에서부터든 생각한대로 산별을 움직일 수 있지 않을까라는 것이었다"고 적고 있다. 아마도 이것이 진실이었을 것이다.

이어서 호소야는 창립 이후 산별의 활동에 대한 당 중앙의 지도를 상세하게 논하고 산별 인사에 대한 당 중앙의 전제적인 지배와 방침이 마침내 "전후 처음으로 이루어진 공산당원 동지간의 대립 투쟁"인 당 중앙과 산별 중앙 집단 대 산별 사무국 세포 측이 정면충돌하기에 이른 사정을 명확히 밝히고 있다. 이렇게 하여 마지막에 "작년 12월에 공산당의 미카제(三風) 숙소에서 통제위원회 주체로 산별 사무국 세포 회의가 열려 당에서 노사카, 하세가와, 이토, 시라카와, 마쓰모토(통제위원)와 산별 중앙 집단의 유력자가 모여 아침부터 밤까지 논쟁을 벌였다. 그러나 완전히 나를 피고 취급하는 일방적이고 암묵적인 비밀 재판인 듯했다. 결국 '산별을 그만두고 당의 기본조직에서 일하라'고 하는 정치국의 결정을 다시금 다수결로 결정하고 끝냈다"(細谷, 「共産党脱党宣言」 『日本週報』, 48년 4월 15일, 제78·79호). 그리고 이 결정을 거부한 사무국의 다수는 탈당하게 된다. 어쨌든 이 호소야 사건은 이후 일련의 대중단체

집단에서 지도적인 당원의 이반을 가져온 전조를 이루었으며 산별민동 결성은 그후 대중단체에서 공산당 집단 배격운동의 확대를 알리는 신호가 되었다.

당의 조직활동 가운데 가장 중대한 실수를 저지른 것은 이토 리쓰의 주도적인 지도로 전개된 '사공합동운동'이었다. 47년에 성립한 가타야마(片山)내각이 당내 좌파의 압력으로 48년 2월 10일에 총사직하고 더욱이 그 후 아시다(芦田) 연립내각이 쇼와전공사건(昭和電工事件) 등 수뢰 사건 폭로로 동년 10월 7일에 총사직 한 것은 사회당에 대한 대중적 불신을 가중시켰다. 공산당에 유리한 조건이 저절로 만들어졌다.

이러한 사회당 내외의 분열·분해 경향이 동시에 공산당에 대한 지지 분위기를 만들어 낸 48년경의 정세를 이용하여 이토 등은 '사공합동'의 대중운동을 제기하였다. 이것은 명목은 '합동'이지만 사실은 사회당 비판을 위한 선거준비 대중운동의 한 가지 수단에 지나지 않았으며 사회당의 해체를 촉진하여 그 하부조직을 당이 장악하려고 한 것이다. 진정한 통일과는 본질적으로 상반되는 통일전선 파괴 성격을 가진 것이었다. 48년 11월 말의 일농 아오모리(青森)현 연락회의 사공합동 결의에 의한 사회당원의 대량 입당을 시작으로 49년 1월 선거를 목표로 주로 농민조합을 중심으로 각지에서 사회당원의 공산당 입당운동이 전개되었다.

실정과 부정사건으로 당 지도부에 비판적 태도를 취한 사회당의 지방조직과 하부기관은 공산당 측의 의도가 어디에 있었든지 그 강력한 호소에 동요하였다. 단순한 당적 이동이 '사공합동'의 이름으로 대대

79

적으로 선전되고 전개되었기 때문에 사회당의 하부는 흔들렸으며 다른 한편 그런 만큼 사회당 전체가 공산당과 대립했다. 농민조합의 사회당 당원 가운데 공산당으로 옮기는 이들이 증가하였으며 오사와 규메이(大沢久明, 青森), 오쓰카 히데고로(大塚英五郎, 青森), 오하라(小原嘉, 長野), 후카자와 요시모리(深沢義守, 山梨), 야마구치 다케히데(山口武秀, 茨城), 기쿠치 주사쿠(菊地重作, 茨城) 등의 유력 지도자가 많은 지지자나 협력자와 함께 사회당을 탈당하여 공산당에 참가하였다. 노동조합에서도 전체[3] 위원장 도바시 가즈요시(土橋一吉) 등이 입당하였다. 특히 49년 봄에 야마구치, 기쿠치가 지도하는 조토(常東) 농민조합 1,500명의 대량 입당이 실현되었을 때는 이 대중운동도 절정에 달하였다.

그러나 사공합동이란 '미명' 아래서 사회당의 전투적 인물을 빼내어 당의 분열을 촉진시킨 이 운동은 당연히 사회당 간부에게 결정적인 반감을 사게 되었으며 이후 통일전선 결성을 위한 깊은 골을 만들었다. 49년 2월 5일의 제14회 확대 중앙위원회 총회에서 이토 리쓰의 「사공합동투쟁과 당의 볼셰비키화에 관한 보고(社共合同闘争と党のボルシェヴィキ化にかんする報告)」는 이 운동의 성격이 진정한 합동운동과 전혀 다르다는 점, 조직방침이 구제하기 어려운 혼란과 무원칙에 빠져들고 있음을 스스로 증명하고 있다.

---

3   역주: 全通, 全通信労働組合의 약칭

11 / 반혁명으로의 이행하의 정권환상

48년 초부터 본격화한 점령군의 대일정책 전환은 10월 아시다내각이 쇼와전공 의혹사건으로 무너지고 제2차 요시다(吉田)내각이 성립하고 나서 완료되었다. 미국의 점령정책은 지금은 일본을 아시아의 반공 기지로 재편성하는 방향으로 완전히 이행하여 공식적으로 일본의 종속화와 군국주의화 정책에 착수했다.

이러한 정세 하에서 49년 1월 23일에 실시된 중의원 선거는 사회당에 대한 대타격과 자유·공산의 좌우 양쪽에 대한 대지지로 나타났다. 대중지지의 지각변동 현상이 일어나 사회당이 한꺼번에 48명으로 감소한 것과 반대로 공산당은 298만 771표(9.8%), 35명의 당선자를 냈다. 특히 도쿄, 오사카, 가나가와, 교토, 효고, 사이타마 등의 중요 도시에서 오사카 5구만을 제외한 모든 선거구에서 당선되어 도시부에서 지지층을 비약적으로 확대시켰다. 당 조직세력도 확대되어 이 49년을 통해 당원 수는 착실히 증가하여 20만 명을 넘었다.

그러나 이에 대하여 전년도부터 새로운 단계로 이행한 점령정책하에서 점령군의 반혁명적 공작은 드디어 표면화되어 노동자 계급과 공산당을 목표로 하나 둘 공격을 가해왔다. 당은 이에 대하여 계급적인 역학관계를 정확하게 파악하여 올바른 대응책을 세워야만 했다. 이 과제는 어떻게 진행되었는가.

당은 1월 선거에서 사회당을 크게 잠식하여 비약적으로 진출한 사실을 가지고 대중의 계급의식이 성장하여 혁명을 위한 주체적인 조건이 크게 성숙했다고 판단했다. 자신에 찬 중앙은 선거의 대승 직후에 보수반동 세력과의 투쟁을 강조한「인민의 통일 제창(人民の統一提唱)」을 발표하고 이어서 2월 5-6일에 실시된 제14회 확대 중앙위원회 총회에서 '정권에 대한 투쟁'을 공식 의제로 제출했다. 노사카의「신국회 대책에 관한 보고(新国会対策に関する報告)」는 정권획득을 제기하여 "민주인민정권은 지금 현실적인 문제"가 되었다고 강조하였다. 이 방침은 그의「정권에 대한 투쟁과 국회활동(政権への闘争と国会活動)」이라는 논문에서 보다 구체적으로 전개되어 이론화되었다(『前衛』, 49년 4월, 제37호). 여기서 지금은 정권에 대한 인민의 투쟁이 일정에 올랐으며 점령하에서도 인민정권을 수립할 수 있다는 점, 국회는 정권획득을 위해 유일하지는 않지만, 주요한 역할을 할 수 있는 기관이 된 점이 강조되었다.

이 '점령하의 평화혁명' 방식에 대한 재확인과 그 현실화에 대한 강조는 지배계급과 노동자 농민과의 계급적 역학관계를 현실과는 전혀 다른 방향으로 평가한 것에 기초하고 있다. 점령군의 의식적인 반동공세에 노동자 농민 대중의 투쟁력·저항력은 점차로 약화되어 49년에는 전면적인 수세로 변하고 있었다. 그러나 당은 이것을 전혀 반대로 평가한 것이다. 선거 결과는 사회당 지지자의 일부가 공산당으로 이동해온 것에 지나지 않으며 사공을 합한 '혁신세력' 전체는 오히려 감퇴하고 있었으며, 민자당(民自黨)이 264명의 절대다수를 획득하여 노동자에 대한 공세를 강화하고 있던 엄연한 사실을 무시하고 당은 이것을 일면적으로 혁명정세의 주체 성숙이라고 판단하였다. 이 때문에 노동자의 역학관계로 정말로 후퇴 – 반격의 전술적인 준비가 필요함에도 불구하고 공격만을 외쳤다. '권력탈취' '혁명접근'이란 공허한 슬로건을 내걸었으며 이 때문에 후퇴기의 혼란을 더욱 확대시켜버렸다.

현실에서 유리된 '점령하의 평화혁명'의 오류가 가져온 영향은 이 시기에 절정에 달하였다. 그리고 전략방침이 현실과의 괴리를 심각하게 노정한 이 시기는 동시에 당내 파벌주의와 관료주의가 만개한 시기이기도 했다. 지금까지와 같이 정세가 상승국면이고 대중적 고양이 계속되고 있는 상황에서 당의 세력은 어쨌든 증대하고 기본적인 전략이나 조직 결함을 가지고서도 지도부가 커다란 파탄을 초래할 것 같은 일은 있을 수 없었다. 그러나 미국의 점령정책이 명확하게 반혁명적으로 변하고 미일 반동세력의 공격이 강화되어 투쟁이 곤란하게 된 이 49년에는 지금까지 표면화되지 않았던 지도와 운영 방식의 가공할만한 폐해가 마침내 나타나기 시작했다. 도쿠다 서기장의 성격상의 부정적인 면은 더욱더 증대되고 가부장적 당 지도방식은 더욱 조악하고 무절제하게 되었으며, 기관의 민주적 운영을 심각하게 저해하는 요소가 되었다. 개인적인 전제와 파벌의 횡행, 관료주의와 권위주의의 침투로 인한 규약 경시, 규약으로 확인된 당 대회나 중앙위원회 역할의 무시, 당내 민주주의와 집단지도의 포기, 상호비판과 자기비판 당풍의 나약함, 엉터리 간부교육, 간부정책과 당원 채용 기준의 혼란 등 온갖 결함과 약점이 한꺼번에 그 영향을 표출시켰다.

엉터리 간부교육과 파벌주의의 횡행 때문에 신구를 불문하고 성실하고 헌신적인 당원이 점차로 배제되고 반대로 이토 리쓰 등 불성실하고 볼품없는 생활태도는 묵인되었으며 이것을 문제시한 자는 부당한 억압을 받았다. 이토의 우쭐대는 생활태도에서 발생한 많은 스캔들은 이미 하부조직에서 회자되어 당원들 간에 소문의 불씨를 낳았다. 미야모토가 의장이었던 통제위원회는 3차에 걸쳐 이토 리쓰의 규율위반과 생활태도를 정치국에 제출하였지만 항상 어물쩍 얼버무렸으며 마지막에는 도쿠다와 그 일파의 압력에 많은 통제위원이 굴복하여 동조적인 태도를 취해버렸다. 파벌주의의 가공할만한 폐해는 이렇게 하여 최고 지도부의 내부 운영을 무규율의 상태로 몰아갈 만큼 극단적으로 되었다. 전략상의 불명확함과 오류는 당 조직의 표면적인 확대의 이면에 축적되어온 결함이나 약점과 결합하여 당 전체를 다음의 파국 단계로 몰고 갔다.

5월에서 6월로 들어서자 18-19일의 제15회 확대 중앙위원회 총회에서도 현실에서 유리된 정권에 대한 환상은 계속되어 이른바 '9월 혁명'이란 풍문을 스스로 이론화했다. 도쿠다 서기장은 "계급적 결전이 가까이 오고 있으며 노동자의 투쟁은 혁명을 지향하는 정치성을 나타내고 있다" "인민의 요구는 신변적인 일상투쟁에서 빠른 속도로 요시다 내각의 타도, 민주인민 정권 수립으로 발전하고 있다. 민주자유당을 9월까지 타도하지 않으면 안 된다는 주장은 이러한 조건에 기초하고 있다"고 자신에 차서 단정하고 있다. 또한 노사카도 "요시다 내각을 타도하면, 우리가 정권을 잡는다"고 강조하였다. 이러한 지도자들의 경솔한 발언은 예를 들어 이것이 조건부 발언이었다 하더라도 하부 대중에게는 '9월에는 인민정권이 성립한다'는 고정화된 예상으로 확산될 수밖에 없었다.

더구나 현실 그 자체는 '9월 인민정권 수립'은커녕 반동세력과 대면한 노동자 대중의 후퇴 현상이 계속 나타났다. 정치투쟁의 기조인 경제투쟁은 퇴조하였으며 그 요구내용도 기업정비 반대, 임금인하 반대 등 소극적인 것이 늘어나고 있었다. 정부는 총사령부의 지원을 배경으로 점차 행정정리를 단행할 것을 결의하였다. 6월 30일에 행정정리에 수반된 퇴직수당에 관한 정령(政令)을 각의에서 결정 발표함과 동시에 7월 1일을 기하여 인원정리를 실시한다는 정부성명을 발표하였다. 물론 조합의 투쟁적 인물, 당원과 그 동조자들이 인원정리의 우선 대상에 올라가 있었으며 정부성명은 이른바 당과 산별 등에 대한 선전포고였다. 그 첫발을 내디딘 국철 9만 5천 명의 인원정리는 7월 1일에 운수성의 논의에서 시작하여 4일에는 제1차 정리 3만 7천 명에 대한 통고가 이루어졌다. 국철의 전조합원은 놀라움을 금치 못했다.

그런데 7월 5일에 시모야마 사건(下山事件) [4]이 일어났다. 이어서 15일 미타카 사건(三鷹事件) [5] 이 일어나고 17일에는 마쓰가와 사건(松川事件) [6]이 일어났다. 정부는 기괴한 이들 일련의 사건은 모두 공산당의 행위인 듯이 선전하여 당과 대중의 반대투쟁의 기세를 꺾고 여론을 자신들이 유리한 방향으로 몰고 가면서 수세적인 입장으로 몰아붙였다.

8월 21일에 당의 제16회 중앙위원회 총회는 정부의 공세에 어떠한 유효한 대응책도 내세우지 않을 것을 분명히 했다. 9월 8일에 단기령[7] 제4조의 규정에 의하여 재일 조선인연맹, 재일 조선민주청년동맹에 대한 해산을 명령하였다. 9월 28일 당은 제17회 긴급 중앙위원회 총회를 열었는데 이것은 적의 심한 공세에 대하여 낙관적인 정권에 대한 환상이 겨우 무너지고 있는 결과였다. 그러나 아직 근본적인 각성은 이루어지지 않았다. 도쿠다의 일반보고에 기초한 결의 「정세의 급속한 발전과

---

4   역주: 1949년에 행방불명된 국철 총재 시모야마 사다노리가 조반선(常磐線) 아야세(綾瀬)역 부근에서 차에 치인 상태의 변사체로 발견된 사건. 총재가 국철 직원의 대량 정리안을 발표하고 노동조합이 반대투쟁을 강화해가는 도중이었기 때문에 자살인가 타살인가라는 논의를 일으켜 노동운동에 커다란 타격을 주었다. 사건은 진실을 밝혀내지 못한 채로 종결되었다.

5   역주: 1949년 7월 15일 밤에 미타카역 구내에서 7량으로 편성된 무인전차가 폭주하여 탈선한 사건으로 6명이 죽고 20명 가까이가 중경상을 입었다. 조합원이었던 공산당원 등 10명이 전차 전복치사죄로 기소되었는데 1심에서 유일한 비공산당원인 다케우치 게이스케(竹内景助)가 최종진술에서 단독 범행임을 주장하여 9명은 무죄 판결을 받았다. 사형이 확정된 다케우치 피고는 무죄를 주장하여 재심을 청구하였다.

6   역주: 1949년 8월 17일 새벽에 후쿠시마(福島)시의 마쓰가와 역 부근에서 열차가 탈선·전복되어 승무원 3명이 사망한 사건. 국철의 노조간부 등 20명이 체포되어 기소되어 1심에서 5명의 사형을 포함하여 피고 전원에게 유죄 판결이 내려졌다. 그 후 피고의 알리바이를 알려주는 메모가 제출되는 등 63년에 최고재판소에서 전원 무죄가 확정되었다.

7   역주: 団規令, 団体等規正令

당의 긴급임무 수행에 대하여 전 당원 제군에 고함(情勢の急速な発展と 党の緊急任務の遂行について全党員諸君に訴う)」은 9월의 중화인민공화국의 성립, 소련의 원자폭탄 보유 사실 공표, 자본주의 국가의 공황 격화라는 3가지 점에서 국제정세가 유리하다는 점을 강조하고 전 당원의 긴급임무로써 "장래에 대한 충분한 준비를 목표로 진정으로 대중에게 뿌리를 내릴 것"을 강조하였다. 9월 인민정권설의 환상적인 기초를 이룬 '정권현실화'론은 겨우 사라지고 있었지만 여전히 국제정세에 대한 일방적인 평가에 기초하여 환상적인 흔적에 향수를 느끼고 있었다.

어쨌든 49년을 통하여 당의 지도 실태는 관민을 통해 44만 명에 달하는 거대한 정리가 단행되었으며, 여기서 전투적 양심적 인물이 희생되고 있는 중대한 사태에 직면하면서 아무런 실질적인 저항을 조직하지 못한 사실을 폭로하였다. 중대한 사실에 직면하여 당은 점령군의 간섭을 염려하여 주저하면서 정권에 대한 환상을 지속하여 현실에 입각한 유효한 지도를 충분히 취하지 못했다. '점령하의 평화혁명'은 이것이 머릿속에서 가장 현실성 있다고 생각했을 때 사실은 정말로 파탄나 있었다.

평화혁명 방식과 반혁명이란 현실 사이의 모순은 당내에서 전략방침에 대한 재검토 움직임을 일으켰다. 특히 이것은 현실적인 대중운동의 지도방침을 둘러싼 논의라는 형태로 우선 제기되었다. 이러한 논의나 논쟁도 당내 민주주의의 올바른 형식과 환경 속에서라면 바르게 조직되고 구 방침의 오류를 수정하여 당을 전진시키는데 기능했겠지만, 파벌적 경향과 관료주의의 강화 상태에서는 단지 무익한 반대의견이나 비판적인 견해에 대한 관료적인 억압으로 끝날 뿐이었다. 도쿠다 파벌의 독선적 지도하에서 같은 중앙부서 내에서도 의견 대립과 비판이 분출하였으며 하부기관 내에도 불만은 점차 커져만 갔다.

정치국 내에서도 문화운동의 형태나 통일전선 문제, 학생운동에 대한 지도 방식 등으로 미야모토와 도쿠다 파의 대립이 표면화하였다. 미야모토의 보다 올바른 견해에 대하여 도쿠다파는 고압적인 공격과 비판을 퍼부었는데 미야모토는 자신의 주장을 굽히지 않았다. 시가도 국제문제에 대한 생각으로 도쿠다 파에 비판적인 의견을 강화하여 자신의 그룹을 만들었다. 그 외에도 조직을 벗어나 자유롭게 그룹을 만들어 의견을 모으거나 발표하거나 하는 형태가 여기저기서 만들어졌다. 이것은 도쿠다·이토 등의 중앙 주류의 무규율에 대한 불신, 정치조직방침의 파산에 대한 반발이 당내 민주주의의 결여 때문에 저절로 내홍화한 결과였다.

중앙의 지도방침에 대한 비판이 관료주의적으로 처리된 전형적인 예를 나카니시 쓰토무의 경우에 잘 나타난다. 참의원에서 정력적인 활동을 보여준 나카니시는 당의 기본방침의 오류가 49년에 마침내 빼도 박도 못하는 실천상의 파단으로 나타났다고 판단하여 9월에 지금까지의 당 방침과 당 지도의 전면에 걸친 비판적 의견을 정리하여 500장에 이르는 방대한 의견서(9월 9일)의 형태로 중앙에 제출하였다. 이것은 주로 49년 상반기 투쟁의 지도 오류에 대한 비판에서 출발하여 종래 당의 전략, 전술, 조직 전체에 걸쳐 계통적으로 검토하고 있다.

나카니시는 이 의견서에서 권력상의 이중체제와 민족문제 등 새로운 중요 사항을 제기하고 있는데 전후부터의 지론이기도 한 사회주의 혁명의 전략방침을 어디까지나 우선으로 하여 독립문제는 "여기에 종속된 전술적인 중심문제"에 지나지 않는다는 원칙적으로 잘못된 규정을 내렸기 때문에 결국 '노사카 이론'과 동일한 수준에 그치고 말았다. 그러나 이러한 한계 속에서도 그는 '권력투쟁' '인민투쟁' '지역인민투쟁' '직장투쟁' '산업방위투쟁' 등 다양한 슬로건과 방식으로 표백화된 당의 전술방침의 혼란과 오류를 지적하였다.

나카니시 의견서에서 가장 평가받아야 할 내용은 마지막 부분에서 그가 지적한 당 건설의 문제였다. 그는 당내 관료주의가 "이미 매우 중대한 상태에까지 이르렀다"고 강조하여 그 구체적인 현상이나 원인으로 "각급 기관의 진정한 선거제가 없는 점" "각급 위원회가 이름뿐이고 실제로는 그 기능을 못하는 점" "책임자나 상급기관이 책임을 지지 않는 점" "진정한 비판 및 자기비판이 없는 점"의 4가지를 지적하였다. 이것들은 가장 통렬한 비판점이었다. 그는 중앙 자신의 관료주의에 대하여 "위로부터의 '관료주의는 안 된다'고 하는 것을 아무리 이야기해도 안 된다. '관료주의를 없애자'고 하는 것이 관료주의적으로 논의되고 있는 점을 각성하지 않으면 안 된다. 각급 기관에 관료주의가 있다고 한다면, 이것은 '하급기관'의 일이라고 생각하여 위에서 전달된 것을 아래로 전달하는 것에 지나지 않는다. 문제는 더욱 근본적으로 해결하지 않으면 안 된다"고 하여 간접적이긴 하지만 정확하게 비판하고 있다.

그런데 역설적이게도 이 경청해야만 할 내용이 많은 독특한 의견서는 가장 '관료주의'적으로 취급되었다. 중앙은 바빠서 이처럼 장황스러

운 의견서를 읽고 있을 여유가 없다는 이유로 10장 정도로 정리해 오라고 대응했다. 의견서는 우선 형식적으로 9월 22일 국회의원단에서, 25일에 일부의 중앙·통제위원·각 전문부 대표 등으로 비판회의가 열려 검토되었다. 그 결과 정치국에서 확인을 한 이후 9월 28일의 제17회 긴급 중앙위원회에서 시가가 「동지 나카니시 쓰토무의 편향에 대하여(同士中西功の偏向について)」라는 형태로 보고하였다. 그 내용은 가혹했다. 처음부터 나카니시는 "자신만이 올바른 이론가라는 자만에 지배되고 있다"고 힐책하였으며, 그 사상은 "좌익 기회주의"라고 간단하게 못박고 마지막으로 "동지 나카니시는 당의 규율과 당내 민주주의와의 관계를 잘 모른다. 이후 당 지도부는 이 점을 충분히 고려하여 동지 나카니시의 지도에 임할 것이다"고 간단히 관료주의적으로 처리해버렸다.

'점령하의 평화혁명' 방식이 실천적으로 파산에 이르렀음을 나타내고 있는 것과 관련하여 당내 민주주의나 집단지도 원칙을 파괴한 관료주의적 지배하의 당 조직도 아래로부터의 불만과 반발로 폭발 직전의 상태에 달하였다. 49년까지의 이러한 실상을 고려하지 않고서는 이후에 당 전체가 대분열과 대혼란에 빠져버린 원인을 전혀 알 수 없게 된다.

제2장

대분파 투쟁의
전개
—1950년에서 51년—

01 / 코민포름의 '노사카 이론' 비판

1950년 1월 5일 자 코민포름의 기관지『영구적 평화와 인민 민주주의를 위하여(永久平和と人民民主主義のために)』는 옵저버라는 필명으로「일본의 정세에 대하여(日本の情勢について)」란 소논문을 게재하였다. 이 익명의 한 논문은 전후 처음으로 정면에서 일본의 운동에 대하여 이루어진 국제적인 비판이며 외국의 동지 정당에서 보내온 직접적인 의견이었다.

이 논문이야말로 당의 전후 기본구상과 전략방침을 뿌리째 뒤집었을 뿐만 아니라 지금까지 어쨌든 통일을 견지해온 당 조직을 근저에서 흔들어 당 역사상 대분열을 불러일으켰으며, 그 후 5년 반에 걸쳐서 참담한 동지간의 항쟁과 상극 상태를 일으키는 원인이 되었다. 이 비판은 직접적으로는 당의 '점령하의 평화혁명' 논의 환상을 폭로한 것이었다. 그런데 실제로 이것이 폭로한 것은 단순한 이론적 약점이라든가 전략적 오류 등 '형이상학적'인 것인 아니라 역으로 논문이 직접 비판의 대상으로 하지 않은 조직의 존재형식이라든가 조직을 구성하는 인간의 상호관계라든가 '형이하학'적인 것이었다. 이것은 당 조직의 존재형태나 인간관계의 형식 그 자체에 이미 그만큼의 커다란 문제점이 존재했었다는 점을 암묵적으로 보여준다. 그렇지 않다면, 머나먼 외국에서 이루어진 익명의 비판이 이후에 지속되는 전면적인 분열과 극단적인 내부항쟁을 불러일으키지 않았을 것이다. 기껏해야 전략상의 방침 수정만으로 그치고 조직의 근간에까지 균열을 가게 하지는 않았을 것이다.

그런데 '논평'은 47년 봄부터 변화한 국제정세에 대한 평가에 입각하여 49년 9월의 중화인민공화국의 성립, 소련의 원자폭탄 보유 사실 공표, 10월의 동독 민주공화국의 수립 등 새로운 여러 사실을 전제로 하고 다른 한편으로 미제국주의 군사계획의 진행, 특히 극동침략계획의 추진과 이에 대한 중소 동맹관계의 긴밀화 등 여러 사실을 고려하였다. 이러한 여러 조건 하에서 일본의 인민이 놓여있는 현실, 수행해야 할 역할을 명시하여 당이 취하고 있는 정책과 활동에 대하여 정면으로 비판을 제기하였다. 즉 이것은 일본이 이미 정치·경제적으로 완전하게 미국에게 종속되어 있다는 점, 미일 지배세력이 블록을 형성하여 공동계획을 추진하고 있는 점, 그렇기 때문에 독립과 공정한 평화, 미군 철수 등의 평화를 위한 결정적 투쟁이 필요한 점 등을 강조한 후 노사카의 '점령하의 평화혁명' 가능론을 "제국주의 점령자 미화 이론" "마르크스·레닌주의와는 인연이 없는 반애국적·반일본적 이론"이라고 격렬하게 비난하였다.

'논평'은 이처럼 '노사카 이론'이란 이름으로 해방 후 일관되게 유지해온 당의 기본방침을 폐기하였는데 동시에 그 비판은 당의 우익 기회주의적인 여러 전술에 대한 근본적인 비판을 의미하며, 49년에 절정에 달한 요시다 내각 타도, 인민정권 수립이라는 환상에 대한 비판까지도 의미했다. 따라서 그 비판 형식은 문제를 포함하고 있었지만, 이론 그 자체로서는 올바르고 이론과 현실의 모순에 직면한 당에게는 적절한 비판이었다. 49년 봄 이후 '9월 혁명'의 환상을 퍼트리면서 실제로는 국철 해고, 관민 대정리, 조총련 해산 등의 일련의 공격에 기회주의적 태도로 일관한 지도부에 대하여 의혹과 불신을 가진 많은 하부 당원도 이로 인하여 눈앞을 뒤덮고 있던 막후를 한꺼번에 걷어 젖힌 듯한 느낌을 받았다.

이 개요가 처음에 특파원 보고로 상업 잡지에 보도되자 당 전체가 충격을 받았다. 당 전체가 도쿠다의 파벌지배에 그대로 휘둘리고 당내 민주주의를 결여한 채로 관료주의, 권위주의, 경험주의를 횡행하게 하였으며 이러한 것에 깊이 빠져 있었던 만큼 이 '논평'의 격렬한 비난과 힐책은 청천벽력처럼 모든 당원에게 충격을 주었다. 전 당원이 동요하고 혼란스러워했다. 더욱 설득력 있고 우호적이며 동지적인 형태로 '평화혁명'에 대한 비판이 이루어졌다면, 당의 지도와 조직의 근본적인 개혁은 언젠가는 피할 수 없는 것이 되었을지라도 이것은 그 후에 전개된 놀라울 만한 상극과 타격의 실상과는 조금 다른 형태를 결과했을지도 모른다. 같은 당의 위기를 구하고, 전략방침의 근본적인 재검토와 조직 형태의 대수정을 가져온다고 하더라도 아마도 보다 자주적인 내부적 해결 방향을 취하면서 그런 만큼 희생을 최소화하였을 것이다. 그런데 이 논평 형식은 분명히 절도와 신중함을 결여하고 동지적인 당으로서의 조언과 권고라는 한계를 넘어서고 있었다. 이것은 전 세계와 전 일본 국민 앞에서 일본공산당의 오류를 철저하게 드러내어 갑자기 외부에서 파멸적인 일격을 가한 것이다. 이 심각한 외과적 수술은 자주적 성격이 매우 약한 당의 골간에까지 메스를 가한 것이기 때문에 당원이 스스로 주체적으로 이것에 대처하고 대결하여 반성, 극복, 재기의 자생적인 길을 취할 수 없게 해버렸다.

1월 8일 혼란한 당 중앙은 너무 졸렬하게도「당 교란 선전을 타파하자(党かく乱のデマをうち砕け)」란 상업지 보도를 거짓인 듯이 취급한 성명을 발표했다. 그런데 '논평'의 내용이 정확하게 알려지고서 11일에 급거 이에 대한 태도결정을 위한 정치국 회의를 열었다. 시가, 미야모토 두 사람만이 '논평'을 무조건 받아들일 것을 주장하고 도쿠다, 노사카, 이토, 시다, 곤노(하세가와는 결석) 5명은 이에 반대하였다. 전후 처음으로 정치국은 원칙문제로 의견대립을 낳았다. 결국 5대 2가 되어 도쿠다파가 승리했으며 오후 1시에 기다리고 있던 내외 기자단 30여명에 대하여 이토 정치국원이「일본의 정세에 대하여'에 관한 소감(「日本の情勢について」に関する所感)」을 발표했다. 이것은 '논평'이 지적한 것과 같은 당의 오류는 이미 극복되었으며 노사카에 대한 비난도 일본의 인민대중으로서 받아들이기 힘들다고 반격을 가한 것이었다. 「소감」의 기본 태도가 '논평'의 고압적인 태도에 간단하게 굴하지 않는 형식을 취한 것은 많은 당원을 우선 만족시켰지만, 그 내용이 이론적으로 올바른 '논평'의 비판까지 얼버무려버리는 언사로 가득찬 것은 역으로 많은 당원을 납

득시키지 못했다. 일반의 저널리즘은 '일본공산당의 티토[8]화' '우선향' '민족주의적 편향' '자주성의 회복' 등 다양한 논평을 첨부하여 '도쿠다 는 역시 대단한데'라는 찬사를 보내는 신문도 있었다. 특히 '소감파'인 중앙 주류에 대한 반대파의 명칭[9]은 여기서 발생했다.

「소감」은 도쿠다의 가부장적 개인중심적 지도와 이것이 쌓아놓은 파 벌주의와 관료주의의 결함을 가장 단적인 형태로 표현하고 있었다. 도 쿠다 파벌은 국제적인 비판에 의해 과거의 잘못을 정정할 수 있는 기회 를 살리기 보다는 자신들의 권위가 손상되고 잃어버릴 것 같은 우려에 관심을 보다 집중하였다. 관료주의자의 내면적인 약점은 이 중대한 시 기에 직면하여 문제를 정당하게 처리할 수 없게 하였다. 격렬한 비판에 직면하여 도쿠다파는 무엇보다 자신들의 권위를 지키는 일에 열중하여 국제적인 비판을 솔직하게 받아들이려고 하는 당원을 마치 자신들을 위협하는 자들인 듯이 착각하고 그들을 적시하여 증오하기에 이르렀 다. 쌓여온 내부조직의 병원은 외부로부터의 강렬한 일격으로 보란 듯 이 상처부위가 덧나고 그 상처를 더욱더 심각하게 하여 가공할 만한 파 국으로 이끌고 갔다.

---

8   역주: 유고슬라비아의 대통령

9   역주: 이른바 '국제파'

02 / 「소감」을 둘러싼 동요와 혼란

1월 18일 제18회 확대 중앙위원회 총회를 열고 중앙위원, 중앙위원 후보, 통제위원, 지방조직의 대표, 국회 관련자 전원, 중요 대중단체 대표 등이 출석하였다. 예상한 것처럼 도쿠다의 서기장 보고와 앞에서 논한 정치국 소감을 둘러싼 격렬한 논쟁이 일어났다. 정치국의 원칙적인 대립은 이제 중앙위원회에서 전후 처음으로 원칙적이고 원리적인 대립으로 확대되었다. 한편에서 「소감」을 지지하는 도쿠다, 노사카, 이토 리쓰, 하세가와, 시다, 곤노, 이토 겐이치, 가스가 쇼이치 등의 중앙 주류, 다른 한편에서 「소감」을 비판하는 시가, 미야모토, 가미야마, 하카마다, 가스가 쇼지로, 후지와라, 기시모토 시게오(岸本茂雄), 하라다 조지(原田長司) 등의 비주류로 갈라졌다.

두 주장의 차이는 코민포름 비판에 대한 해석과 수용방식의 태도에서 연유한다. 도쿠다 등은 평화혁명 방식만을 버린다면 종전과 같은 민족전선전술과 인민정권 요구를 추진하는 것으로 국제적인 비판에 대답할 수 있다고 생각하였다. 반대파는 지금까지의 전략 전술을 근본적으로 쇄신하여 국제적인 연대를 보다 강화하여 국내 정부가 아니라 미제국주의에 공격력을 집중함으로써만 비로소 국제적인 비판에 대응할 수 있다고 보았다. 이러한 의견대립의 밑바탕에는 전후 당 재건 이후 점차로 당 중앙을 독점해온 도쿠다 주류파의 자기 보존 감정과 이에 대한 비도쿠다파의 불만과 반발이 있었음은 분명하다.

이 총회에서 시가가 도쿠다 보고에 대한 전면적인 비판을 개진하려고 결심하고 있었다. 전년도에 나카니시 의견서에 대한 비판자로서의 역할을 다한 시가는 이번에는 자신이 도쿠다파에 대한 직접적인 비판자로서 등장하였다. 전년도부터의 국제정세에 대한 움직임을 살펴서 상당히 '국제의존'적 편향이 강했지만 프롤레타리아 국제주의란 입장을 당내에서 강조하고 있던 시가는 코민포름 비판을 접하고 자신의 의견이 올바르다는 점을 확인했다고 생각한 것이다. 그런데 도쿠다가 국제적인 비판에 대하여 어디까지나 노사카를 옹호하고 기본방침의 변경을 꺼려하고 있는 것을 보고 마침내 중앙위원회 총회에서 대결하려고 결심하였다. 총회를 앞에 두고 15일에 작성하여 정치국에 제출한 의견서는 예정된 도쿠다 보고가 반제투쟁을 논하지 않고 내각타도운동을 부당하게 역설하고 있는 점에서 국제적 비판에 배치된다고 비난하였다. 정치국의 요구로 상당한 문장을 수정한 이 의견서는 모든 총회 출석자에게 배포되었다.

'논평'과 「소감」문제를 둘러싸고 토론은 격화되었는데 처음에는 도쿠다의 분노와 이 파의 다수라는 힘으로 총회를 밀어붙이는 것처럼 보

였는데 토론 석상에 1월 17일 자 북경 『인민일보(人民日報)』의 사설 「일본 인민 해방의 길(日本人民解放の道)」에 대한 내용이 알려지자 형세는 급변하였다. 이것은 코민포름 기관지 논평과는 달리 동지 당으로서의 태도와 충분한 설득력을 가지고 있었지만 코민포름 논평의 논지 그 자체를 지지하고 이것에 반대한 「소감」의 태도를 "매우 한심스럽다"고 비판하였으며 그 태도 변경을 권고하였다. 19일에 회의는 역전되어 도쿠다 등 주류는 태도를 바꾸어 이전의 「소감」을 부정하고 논평을 수용하기로 하였다. 논평의 '적극적 의의'를 인정하는 결의가 만장일치로 채택되었다. 그러나 동시에 도쿠다의 일반보고도 약간의 수정만으로 인정되어 시가 의견서는 토의되지도 못하고 끝나버렸다. 이른바 북경의 권고와 압력하에서 중앙주류도 반대파도 「소감」 수정이란 기본선에서 타협한 것이다. 주목받은 노사카에 대한 책임문제도 도쿠다의 지지로 정치국에서 처리하게 되어, 21일에 이토 리쓰가 「동지 노사카에 대하여(同志野坂について)」를 발표했다. 2월 6일에는 노사카의 「나의 일기 비판(私の日記批判)」이라는 '점령하 평화혁명'의 오류를 인정한 문장이 『아카하타』에 발표되었다.

제18회 확대 중앙위원회에서 「소감」을 근본적으로 수정한 도쿠다파는 그 대신에 중앙의 인사이동을 신속하게 실시하여 자파를 강화하고 반주류적인 비판에 대비하려고 하였다. 앞서 추방된 김천해를 대신하여 시라카와 하루이치(白川晴一)를 정치국으로 승진시키고 서기국도 증원하여 도쿠다파 8명(도쿠다, 노사카, 이토, 시다, 곤노, 시라카와, 다케나카, 마쓰모토 산에키)에 대하여 비도쿠다파 3명(가메야마, 하카마다, 가스가 쇼지로)의 비율이었다. 별도로 서기국 협력자로 니시자와, 시이노 에쓰로(椎野悦朗)의 두 명을 지명했기 때문에 중앙에서 도쿠다파의 우세는 더욱 커졌다. 정치국에 대하여 서기국의 수적인 비중을 높인 부당한 방법으로 도쿠다파는 자신들의 힘을 유지하려고 하였다.

다른 한편 당 전체로는 제18회 확대 중앙위원회의 결정은 '논평'에 의해 발생한 전 당의 동요와 혼란을 수습할 수 있는 힘을 발휘하지는 못했다. 우선 기본방침이었던 종래의 오류가 중앙에서 인정되면서도 이것이 단지 노사카 개인의 오류인 듯이 해석되어 노사카 혼자만의 자기비판으로 끝나버리고 당 전체 특히 당 지도부 전체의 자기비판이 거의 이루어지지 않은 점은 당 하부에 강한 불만을 불러 일으켰다. 단순히 한 마디의 결의만으로 일을 정리하고 전후 수 년에 걸친 전략방침의 오류에 대하여 계통적인 자기비판을 위한 노력도 보이지 않고 지도부의 책임 소재와 수행 방식에 대하여 아무것도 분명하게 하지 않은 점은 너무 당연하게 노사카가 정치국원으로 남아 있다는 사실과 더불어 납득할 수 없는 기분을 전 당원들에게 남기게 되었다. 두 번째로 이 도쿠다 보고가 논평 이전에 작성되어 논평의 비판에 대하여 약간 수정을 가한 정도로 변함없이 '전후 4년간의 축적' 위에서 작성된 것이라고 그 결론에서 강조하고 있기 때문에 마치 4년간의 '오류의 축적'을 비판하고 있는 '논평'의 수용을 무시하고 있는 것으로 중앙과 지방을 불문하고 커다란 불만과 반대를 낳았다. 하부에서는 이 보고를 둘러싸고 '논평' 이전의 사상을 기초로 하고 있기 때문에 오류라고 하는 의견과 총회에서 만장일치로 승인된 것이기 때문에 유효하다고 하는 주류파 지지 의견이 격렬하게 충돌하였다. 지금까지 중앙의 관료적인 통제에 대하여 눌려지내던 지방의 하부기관과 하부 지도자들의 불만이 폭발하여 이것이 서로의 개인적인 반목이나 감정대립과 결합하여 급속하게 내분을 격화시켰다.

이렇게 하여 제18회 확대 중앙위원회는 동요를 수습할 힘을 가지지 못한 가운데 2월, 3월에 차례로 혼란을 확대 심화시키는 여러 가지 사건이 일어났다.

전년의 의견서에 대한 중앙의 고압적 비판에 강한 불만을 가지고 있던 나카니시는 이보다 앞서 '논평'의 내용을 파악하고 이로써 자기주장의 정당성이 국제적으로 확인되었다고 인식하여 곧바로 요미우리(読売)신문과 그 외에 과격한 중앙비판의 담화를 발표하였다. 통제위원이 1월 20일에 '당 혼란자'로 제명 수순에 들어가자 나카니시는 이에 대하여 기자단에 중앙비판을 발표하고 나아가 16일에는 나카니시 그룹이 당 본부에 항의데모를 하기에 이르렀다. 그러나 그 이후에 나카니시는 "지금까지 당 간부의 잘못된 방침과 관료주의에 대하여 철저하게 싸워온" 점은 옳았지만, "국제적인 비판이 나온 이후에 자신이 취한 행동은 잘못되었다"고 하여 자신의 경솔함을 반성하고 깨끗이 참의원 의원을 사임하였다(1월 26일 「참의원 의원 사임에 즈음하여[参議院議員辞職に当りて]」). 3월에 나카니시의 동생은 앞의 의견서 전문에 약간의 수정을 가하여 공간하였다(中西篤編, 『中西功意見書』).

18회 확대 중앙위원회 이후 도쿠다 등은 반대파를 억압하기 위하여 온갖 수단을 동원하였다. 「소감」 노선이 완전히 부정당하자 '권위'가 손상되었다고 본 것인지 그 후에도 「소감」을 자주 변호하였다. 이토도 『아카하타』의 책임 편집자의 지위를 이용하여 「소감」 노선에 대한 옹호와 반대의견에 대한 억압에 진력하였다. 통제위원회에도 촉수를 뻗혀 도쿠다파의 도구로 이용하려고 하였다. 이미 제18회 확대 중앙위원회 이전에도 통제위원의 다수는 「소감」 찬성 입장을 취하고 있었지만, 미야모토는 그 위원장으로서 반대 의견이었기 때문에 그들은 제18회 확대 중앙위원회 이후 미야모토를 소외시키려고 획책하였다. 1월 26일에 미야모토는 '정치국의 다수결에 의해 규슈 지방의장으로 장기 파견'이란 형태로 견제되었다. 출장 기간 동안의 의장대리에 시이노(椎野)가 임명되었다.

이후 통제위원회는 정상적인 운영을 하지 않고 원래의 임무에서 벗어나 도쿠다 파벌에 대한 옹호와 반대파에 대한 행정처분·관료적 배제 업무에 열중하였다. 당의 혼란과 분열을 수습하는 것이 아니라 역으로 혼란과 분열을 바닥이 보이지 않는 상태로 몰아가는 역할을 하였다. 시이노 체제 하에서 통제위원회는 완전히 도쿠다파의 도구가 되어 당 규율을 지키고 당내 통제에 임하는 원래의 기능을 상실해버렸다.

그러나 사태는 도쿠다의 이러한 잔재주를 무시하고 진행되고 있었다. 하부에서 상부기관까지 「소감」에 대한 비판이 아니라 전후의 지도방침과 존재방식 그 자체에 대한 재검토가 진행되어 격렬한 비판이 반주류 감정을 동반하면서 확산되었다. 2월에는 이전의 의견서를 무시당해 불만을 가진 시가가 정치국의 결정을 거부하고 최초의 원문을 노다 야사부로(野田弥三郎)에게 제출하는 규율위반 행위를 저질렀다. 노다는 곧바로 이것을 중앙 주류 비판을 확대시키려고 하는 분위기의 불쏘시개로 이용하였다. 의견서에 '도쿠다 서기장을 추방하자'라는 격렬한 헤드라인을 붙여서 당 내외에 배포하였다. 이즈음에 이미 제18회 확대 중앙위원회 결의에 반대하는 본부노대(勞對), 노동조합 그룹, 국회비서단 등의 일부 분자가 반주류의 독자적인 회합을 조직하고 있었으며 노다 그룹은 이들의 중핵 역할을 담당하고 있었다. 이른바 명백한 분파행동의 발생이었다.

시가 의견서를 이용한 노다의 규율위반이란 분파활동은 신경질적인 도쿠다 파벌을 자극하였다. 도쿠다 등은 우선 시가, 미야모토, 그 외 비판적인 의견을 가진 지도 간부를 매우 위험하다고 보고 이들에 대한 배제, 실각, 감시 등의 공작을 진행하였다. 하세가와는 간사이 지방위원회에서 시가의 실각을 도모하다가 실패하였으며, 시다는 주고쿠(中國) 지방위원회에 시가 배격운동을 요청했다가 거부당했다. 미야모토, 가미야마, 가스가(庄)는 감시당하고 있었다.

그러나 3월에 들어서자 아래로부터의 비판은 더욱 거세어졌다. 다케이 데루오(武井昭夫)를 책임자로 하는 전학련 중앙 그룹 지도부가 장문의 의견서를 중앙에 제출하여 지금까지 학생운동에 대한 당 중앙의 지도를 일관해온 '우파적 편향'과 관료주의적 태도를 통렬하게 비판했다. 도쿄대학 세포·와세다대학 세포 등의 학생조직에서도 계속하여 본부 서기국에 의견서를 제출하였다.

다급해진 도쿠다 주류는 중앙과 지방에서 마침내 비판의 칼날이 강해졌다고 보고 조직적인 조치를 더욱 강화함과 동시에 제18회 확대 중

앙위원회의 결의 노선을 전 당에 받아들이도록 전력을 다했다. 즉 3월 9일의 정치국 회의에서 도쿠다파는 "당내에 분파활동의 맹아가 있다" "이들 책동 분자는 시가·미야모토 라인을 운운하며, 두 사람을 정신적인 지주로 삼고 있다"고 하여 "이들 분파활동을 극복하기 위해 시가·미야모토는 분파와 관계없음을 분명히 하는 성명을 발표할 것"을 결정했다. 통제위원회는 정치국과 협의하여 3월 15일에 「당 강화와 당 규율의 엄숙화를 위하여(党強化と党規律の厳粛化のために)」를 만들어 필사적으로 반대활동을 억압하려고 하였다(『アカハタ』, 3월 17일).

다른 한편에서 도쿠다 자신은 「투쟁은 인민의 신뢰에 기초하여(たたかいは人民の信頼のもとに)」란 글을 『전위』 3월(제157호)에 발표하여 앞의 일반보고의 결론을 인용하면서 여기에서 전 당의 의사를 통일시키려고 하였다. 그러나 새로운 전술로의 전환을 과거 잘못에 대한 인정과 극복과의 관련에서 제기하려고 하지 않고 오로지 코민포름 비판에 의한 '비약'을 경고하고, 비판자 측을 고압적으로 억누려고 하는 의도를 노골적으로 드러낸 이 도쿠다 논문은 역으로 반대 의견을 더욱 자극하였다. 하부에서는 '인민의 신뢰는 투쟁의 토대'라는 반어로 비난의 목소리를 높였다. 그런데 여기에 도쿠다파의 시이노 통제위원장 대리가 「일본공산당이 걸어온 길(日本共産党の歩んだ道)」(『アカハタ』, 3월 31일~4월 3일)이란 식견 없는 논문을 발표하여 중앙의 과거 잘못에 대한 졸렬한 합리화를 시도하였기 때문에 이것 역시 도쿠다 논문과 같이 하부의 반대의견을 더욱 부채질하였다. 가미야마가 『아카하타』지에 날카롭게 비판한 것 외에 간사이 지방위원회 일본자본주의연구회(시가의 적극적인 제의로 만들어졌는데 간사이의 학생=이론가 당원을 망라하여 조직되었다)가「일본공산당이 걸어가야 할 길(日本共産党の歩むべからざる道)」이란 반어적인 제목을 붙인 비판문을 게재하였다. 그런데 후자는『전위』지에서 삭제처분이라는 전전에 내무성이 자주 사용한 것과 동일한 언론 탄압을 당하였기 때문에 역으로 주류에 대한 비난을 확산시켰다. 이렇게 하여 반주류의 분위기는 점차로 전 당의 하부기관으로까지 확산되었다. 다양한 당 활동은 정지상태가 되었으며 주류파와 주류비판파의 논쟁·항쟁이 각급 기관에 만연했다. 3월 22일에 중앙위원회가 내놓은「민주민족전선 강령(民主民族戦線綱領)」은 지금까지의 어떤 것보다도 '논평'의 비판점을 살린 뛰어난 내용을 포함하고 있었지만, 이것도 사태를 진정시키는 데는 거의 역할을 하지 못했다(「民族独立のため全人民諸君に訴う」『アカハタ』, 3월 24일).

이를 전후하여 시가 그룹에 의하여 시가 의견서가 적극적으로 전국의 당 기관에 배포되었다. 그들은 더 나아가 중앙의「민주민족전선 강령」을 비판한「민족주의자의 새로운 기만에 대하여(民族主義者の新しい欺瞞について)」,「민족주의자의 새로운 책모에 대하여(民族主義者の新しい策謀について)」란 문서까지도 배포하였기 때문에 이 명백한 분파활동은 도쿠다파에게 더욱더 반대파를 규율위반이란 이름으로 비판하는 구실을 제공하였다. 도쿠다의 관료주의적 통제와 시가 그룹의 무규율적인 행동이 어울려 당내의 혼란과 상호불신에 박차를 가하는 작용을 하여 정당한 당내 투쟁의 발전과 수습을 점차로 곤란하게 하였다.

4월 7일에 정치국, 서기국, 통제위원의 합동회의가 열렸는데 여기서

도쿠다파는 시가 의견서가 흘러간 루트를 추적하는 동시에 '시가·미야모토 라인'인 반주류 그룹의 존재에 대하여 두 사람이 부정하는 성명을 발표할 것을 요구하였다. 그러나 두 사람 모두 이것을 거부했기 때문에 도쿠다파는 더욱 경직되어 시가 그룹의 분파활동 적발에 나섰다. 우선 시이노가 「동지 시가가 제출한 '의견서'를 중심으로 하는 책동에 대하여 (同志志賀提出の「意見書」を中心とする策動について)」(『アカハタ』, 4월 15일)를 발표하고 3월 이후 시가·미야모토를 중심으로 한 '분파활동'과 시가 의견서의 전국적 배포와 그 주위에 결집된 '책동분자'에 대하여 논하고 당은 "이들 트로츠키적인 당 파괴분자를 철저하게 분쇄해야한다"고 주장했다. 곧 이어서 도쿄도 위원회가 19일 자로 「당면한 분파책동과의 투쟁에 관한 결의(当面する分派策動との闘争に関する決議)」를 행하고, 분파소멸 투쟁을 제안하였다(『アカハタ』, 4월 22일).

그런데 4월 19일에는 『요미우리신문(読売新聞)』지상에 시가 의견서가 게재되고 앞서 제명된 우타가와 게조(宇田川恵三)의 반격 성명문도 신문에 게재되었기 때문에 문제는 일반인에게도 알려졌다. 곤노의 23일 자 「시가 의견서에 대하여(志賀意見書について)」(『アカハタ』, 4월 26일)가 발표되었는데 여기서 시가는 '문헌주의자' '관념주의자'로 치부되고 의견서는 정치적 본질에서 나카니시 의견서와 동일한 경향을 갖는 것으로 단정되었다. 오사카부 위원회와 도카이(東海)지방위원회 등 주류계의 지방기관은 성명을 내고 '분파·파괴 분자와의 투쟁'을 주장하였다. 이렇게 하여 일부의 분파활동은 그 동기에는 고려할만한 것이 있었지만, 도쿠다 주류를 결속시켜 분파란 이름으로 모든 당내 투쟁을 억압하도록 촉진하였다.

　미야모토는『아카하타』4월 20일 자에「당의 볼셰비키적 통일 강화를 위하여(党のボルシェヴィキ的統一強化のために)」를 발표하여 이른바 시가·미야모토 라인에 대한 부정적 변명을 행하였고, 이어서 시가는 24일 자로「전 당의 동지제군에게 호소한다(全党の同志諸君にうったえる)」(『アカハタ』, 4월 26일)을 작성하여 자신의 의견서를 지지해준 사람들의 자중을 요청했다.

03 / 제19회 중앙위원회 총회와 테제 논쟁

4월 28일에서 30일까지 제19회 중앙위원회 총회가 열렸다. 이 총회는 전 당이 이미 격렬하게 동요하고 있는 한 가운데서 과도한 관료주의와 분파적 동향을 억제하고 더 심각한 분열의 위기를 저지하기 위한 마지막 기회였다. 출석자는 이것이 당내 대립의 청산기회가 될지 반대가 될지 기로에 서있다는 점을 나름대로 자각하고 있었다.

총회에서 문제가 된 것은 시가의 자기비판 문제, 도쿠다 서기장의 보고, 도쿠다가 제출한 강령초안 「도래할 혁명에서 일본공산당의 기본임무에 대하여 초안(当来する革命における日本共産党の基本的任務について 草案)」(통칭 50년 테제 초안)의 3가지였다. 총회의 벽두부터 시가의 자기비판 문제로 논란이 있었지만 이것은 의견서 누설에 대한 시가의 자기비판을 확인하고 일단락되었다. 그러나 「50년 테제 초안」은 서기장 보고와 함께 격렬한 논쟁의 출발점이 되었다. 테제 초안은 제6회 당대회의 강령기초위원회의 손을 거치지 않고 서기장의 사안(私案)으로 작

성되었다. 따라서 내용은 도쿠다 주류파의 견해로 채워져 47-49년 시기의 방침을 재현하는데 지나지 않았으며 단순히 거기서 점령하의 평화혁명규정을 삭제하고 코민포름 논평을 형식적으로 수용한 것에 지나지 않았다. 이 때문에 초안은 전략전술의 근본적인 쇄신을 요구하는 '논평'의 정신을 무시하고 있다고 하여 반대론자들로부터 총공격을 받았으며 회의는 격동했다.

그런데 29일에 격렬한 논쟁이 진행되고 있는 가운데 갑자기 전달된 헌법기념일에 발표될 맥아더의 성명서 내용이 전해져 참석자 모두가 충격을 받았다. 이것은 도쿠다 보고 가운데 '관료주의' 문제에 대하여 언급한 부분이 이후의 토론에 부쳐졌는데 여기서 반드시 도쿠다파에 대한 공격이 더욱 거세질 것이라고 본 이토 리쓰가 선수를 쳐서 총사령부의 탄압 위험이 있다는 '정보'를 흘려 교묘하게 회의를 중단시키고 폐회로 가져가려고 한 것이라고 이후에 추정되었다. 어쨌든 그 후 기대하지 않게 통일에 대한 분위기가 강화되어 다음날 총회 명의로 '당 통일의 확보'에 대한 성명을 내는 것에 합의했다. 완전히 변한 분위기 속에서 서기장 보고는 다수의 지지를 얻어 어쨌든 승인되었으며, 50년 테제 초안은 심의미완으로 가을에 예정된 당 대회에서 결정할 때까지 일반 당원들의 대중토론에 붙일 것을 정했다. 이 때문에 초안에 대한 중앙위원의 의견서와 함께 전 당에 발표되었다.

초안에 대한 총회의 조치는 이전에 없던 전혀 새로운 예를 선보인 것으로 미증유의 전 당 내부투쟁의 격화란 대가를 지불하고 달성한 당내 민주주의의 획기적인 진전이었다. 전전의 역사를 보아도 강령으로써의 역할을 한 여러 테제는 이미 코민테른이란 국제조직을 주체로 하여 여기에 일본공산당 대표자가 참가하는 형식으로 작성된 것이었다(1922년 일본공산당 강령 초안, 1927년 일본에 관한 테제, 1932년 일본의 정세와 일본공산당의 임무에 관한 테제). 전후에는 제5회 대회의 대회선언과 제6회 대회에 제출된 강령초안은 처음으로 당 자신의 힘으로 전략방침을 제출한 것이지만, 이것은 아직 정식적인 강령으로 채택되지는 못했다. 이러한 의미에서 볼 때 이번의 테제 초안은 당 창립 이후 처음으로 당 자신만의 힘으로 작성하고 결정적인 강령으로까지 가지고 가려고 한 점에서 획기적인 것이며, 더욱이 이것을 중앙 전체의 공개적인 의견 제출, 전 당의 자유로운 토론으로까지 가지고 간다는 민주적 결정을 내린 점에서도 획기적이었다.

그러나 제19회 중앙총회의 결과는 당내분쟁을 진정시킬 만큼의 힘을 갖지 못한다는 점을 분명히 했다. 5월 2일의 『아카하타』는 시가의 4월 30일 자 「당의 볼셰비키적 통일을 위해 분파투쟁을 그만두자(党のボリシェヴィキ的統一のために分派闘争をやめよ)」란 성명을 발표하여 어쨌든 중앙이 시가 의견서를 둘러싼 일부의 분파활동이 일으킨 혼란을 수습하려고 노력하고 있는 모습을 보였다. 또한 이 『아카하타』는 도쿠다 서기장의 「제19회 중앙위원회 총회 보고(第一九回中央委員会総会における報告)」를 실었는데 이것은 분파주의와 관료주의의 양 편향을 지적하고 이것을 극복하기 위하여 당 기구에 노동자의 비중을 높일 것, 의견 대립을 명확히 하여 극복할 것, 민주주의적 중앙집권제에 의한 의견 통일을 확보할 것 등을 호소하였다. 그러나 이러한 정도로는 다음에 일어

제2장·대분파 투쟁의 전개

난 테제 초안을 둘러싼 전략논쟁이 더 큰 의견대립을 확대시키고 격화되어가는 것을 막을 수 없었다. 5월 5일 도쿄대학 세포, 6일 전학련 서기국 세포가 도쿄도 위원회에서 해산처분을 받았다.

당 중앙은 50년 테제 초안(제19회 중앙총회에 제출된 초안에 전문 수정을 행한 것)과 함께 중앙위원 의견서, 이에 대한 도쿠다 서기장의 간단한 평가를 전 당에 배포하고 토론을 구했다(『党活動指針』別刷 1-4, 5월 18일-6월 6일). 가미야마, 시가, 미야모토, 구라하라, 가메야마, 하카마다, 가스가(庄), 도사카 료이치(遠坂良一)의 8명은 초안에 대한 비판적 의견을 명확하게 제출하였으며, 니시다테 히토시(西舘仁), 마쓰모토 가즈미(松本一三), 마쓰모토 산에키(松本三益), 이와타 에이치(岩田英一)의 4명은 원칙적으로 초안을 지지하는 의견을 제출했다.

반대 의견에는 자신들의 권위를 지키기 위해서인지 도쿠다 서기장이 하나하나 촌평을 달았는데 이것은 비논리적인 두뇌와 오만한 가부장 의식을 그대로 드러내는 것이었다. 예를 들면, 가미야마에 대해서 "그가 알고 있다고 생각되는 공산주의에 관한 일체의 지식을 관념적으로 배치하고……이것으로는 논평이 성립하지 않는다", 시가에 대해서는 "월가적인 국제주의에 기울어서" "즉 껍데기뿐으로 내용이 없다", 미야모토는 "부르주아 학자적으로" "자신이 권위 있다고 생각하는 문헌으로 사물을 처리하고 있다", 구라하라에 대해서는 "그 역시 문헌주의적으로" "명백하게 어린아이 같다", 가메야마에 대해서는 "그는 완전히 정신이 돌았다", 하카마다는 "반간부 활동의 특징"을 가지고 있으며, 가스가(庄)는 "좌익적인 과격파를 대표하고 있다", 도사카는 "소부르주아적인 흔적이 있다" 등등 생각할 수 있는 온갖 핑계를 대고 비판자를 끌어내리려고 했다.

초안과 각 의견서의 내용은 '미제국주의의 일방적 지배'란 코민포름 비판의 기본적 관점을 받아들인 부분에서는 일치하지만, 당면한 인민민주주의 혁명의 의미와 일본에 있어서의 구체적 과제를 규정하는 부분에서는 서로 차이가 있었다. 크게 나누면, 종래의 2단계 혁명(민주주의혁명에서 사회주의혁명으로의 발전)에 민족해방의 과제를 그대로 결합시킨 것으로 도쿠다 주류파의 의견, 정반대로 사회주의혁명의 기본임무에 민족해방의 과제를 결합시킨 시가, 미야모토, 가스가(庄), 구라하라, 가메야마, 도사카(이후에 '국제파'로 총칭되는 사람들)의 의견, 민주주의 혁명이나 사회주의 혁명과 원칙적으로 다른 민족해방혁명의 기본적인 입장을 강하게 강조한 가미야마, 하카마다의 3가지 의견이다.

이들 전략론의 대립은 그 후 조직분열의 이론적 기초를 이루며 더 먼 시기의 분파투쟁의 토대가 되었다. 그러나 이러한 의견 전체에 공통된 점은 모든 논의가 관념적이고 추상적이며 일본 현실에 대한 구체적인 분석, 인민대중의 직접적인 요구에 입각한 설득력 있는 구상을 결여하고 있다는 부분이다. 이처럼 공통적으로 결여된 부분은 단순하게 당 중앙의 저급한 이론수준의 표현일 뿐만 아니라 전후 일본 마르크스·레닌주의 이론전선의 교조주의적인 편향의 반영이었다. 이 때문에 초안 논쟁 속에서 일본이 어떠한 형태와 내용으로 종속화되어 있는가, 구체적으로 어떠한 수단·방법과 과정을 거쳐 민족독립을 달성할 수 있는가, 민족전선을 어떻게 구체적으로 만들 것인가, 여러 계급이나 여러 정치세력의 배치와 동맹관계는 어떠한가, 사회당과의 통일전선이나 노동운동의 통일전선을 어떻게 제기하고 어떻게 만들어갈 것인가, 평화옹호운동이나 전면 강화운동을 어떻게 평가하고 위치지울 것인가, 국제연대와 자국 운동의 민족적 자주적 성격의 유지와 비중관계를 어떻게 올바르게 가지고 갈 것인가 등등 수많은 중요한 문제에 대한 해답은 어느 것 하나도 이끌어내지 못했다. 하부에서의 논쟁도 중앙의 문제제기의 틀내에 제약되어 안타깝게도 추상적인 개념논의·범주논의의 반복으로 끝나버렸다.

04 / 당 중앙의 공직추방과 분파적 행동

테제초안의 전 당 토론이란 조치 그 자체는 획기적인 당내 민주주의화의 전진이었지만, 지금까지 당 조직의 존재형태, 지도방식, 당원의 의식수준 등은 이것을 올바르게 받아들이고 결실을 맺기 위해서는 너무도 편향되어 있었다. 반대로 하부조직의 혼란과 각 지역에서의 분파적 행위는 더욱 박차를 가하고 중앙부의 대립도 전혀 감소하지 않았다. 제19회 중앙총회가 끝나고서 중앙은 정치국, 서기국의 합동회의를 열고 점령군의 탄압에 대비하여 비공개 활동체제의 준비위원으로 시다, 하카마다, 가스가(庄), 곤노를 지명하여 규슈에 있는 미야모토에게도 탄압에 대비하여 특별한 연락방법에 대한 서기국과의 사이에 약속이 있었다.

그러나 다른 한편, 이 제19회 총회 직후 도쿠다는 자택에 노사카, 이토, 시다, 곤노, 하세가와를 불러 예상되는 탄압과 싸우기 위하여 이후부터 시가·미야모토를 제외하고 자신들만으로 비합법화 대책을 포함하여 당 활동 지도를 담당할 것을 제의하였다. 이것은 정치국 다수파의 행동이었다고 하더라도 당 규약과 조직원칙에 위배되는 독단적 행위이며 이른바 정치국 내에 분파를 만드는 것을 의미했다. 중앙 분열 오류의 첫발이 시작되었다. 그들은 그 후 중앙, 통제위, 본부 파벌 계통의 동지들과 연락을 취하고 반대의견을 가진 사람들을 배제하고 비밀리에 비합법체제로 이행하기 위한 준비를 구체적으로 진행하였다.

당은 이 시기에 전체적으로 통일을 향한 의사와는 반대로 분열하려는 의사가 격렬하게 부딪치면서도 어떻게든 균형을 이루고 있었다. 그러나 5월에 전 당을 어떻게든 지탱하고 있던 균형은 5월 30일의 인민광장 데모에서 전후 처음으로 미군병사가 데모대에게 가격당하는 인민광장 사건이 발생하자 이를 계기로 6월 6일 총사령부가 발표한 24명의 당중앙위원 전부에 대한 공직추방이란 일격에 의해 갑작스럽게 무너지고 말았다. 총사령부가 당을 직접 전면적으로 금지하여 비공식적으로 움직일 수밖에 없도록 한 것이 아니라 중앙의 추방에 이어서 『아카하타』 편집자 17명에 대한 추방이란 초치를 취한 것은 극히 교묘한 방법이라고 할 수 있다. 전면적인 비합법화의 경우는 혹시 통일을 향하여 움직였을지도 모르는 당을 중앙만을 추방함으로써 역으로 분열의 방향으로 몰고 갔기 때문이다.

당은 곧바로 「공산당은 인민과 함께 불멸이다(共産党は人民とともに不滅である)」(『アカハタ』, 6월 7일)를 발표했다. 추방명령 집행은 20일간의 사무인계 유예기간을 설정하고 있었기 때문에 그 사이에 정치국원과 중앙위원이 협의하여 이후 지도체제에 대하여 의견을 통일하고 방

전후 일본의 공산당사

침을 세울 수 있었다. 도쿠다 주류 반대의 중앙위원들도 그렇게 생각하여 도쿠다가 뒤에서 보는 것 같은 일방적인 전제적 행동을 계속해서 감행하리라고는 아무도 생각하지 못했다. 그러나 이러한 예상은 너무 낙관적이었다.

6월 7일에 도쿠다를 중심으로 하는 지도자들만의 방침으로 통제위원회의 임명이란 형식으로 8명의 임시 중앙지도부원의 이름이 발표되었다. 시이노 의장 이하 대부분이 도쿠다파로 분류되어 분명하게 규약에 없는 조치를 파벌인사로 감행한 것이다(椎野, 輪田一造, 杉本文雄, 多田留治, 鈴木市蔵, きくなみ克己, 河田賢治, 谷口善太郎의 8명). 임시 중앙위원회 설치 그 자체가 규약에 없는 비상 조치였다는 것뿐만 아니라 이때 통제위원회의는 실제로 열리지 않았기 때문에 실질적으로도 위법행위였다. 또한 중앙위원회의 개최가 합법적으로 가능했음에도 불구하고 이것을 무시하고 갑자기 위법행위를 한 것은 도쿠다파가 이렇게 함으로써 자신들에게 유리한 체제를 조기에 만들려고 생각했기 때문이었다. 여기서 비상사태란 이름을 빌려 도쿠다파의 공공연한 규약 위반의 첫발이 시작되었다. 이들 때문에 당 중앙위원회는 결정적으로 기능을 정지하게 되고 일방적으로 해체되었다.

특히 도쿠다파의 재빠른 행동은 이미 추방 직전에 그들이 독자적으로 분열행위를 시작한 것, 비합법화를 예정한 도쿠다파는 자신들만으로 비공식체제로 이동할 준비를 실행한 것, 이를 위해 중앙 기관을 자신들의 파벌세력으로 완전히 지배할 수 있도록 갖춘 것 등등을 분명히 나타내는 것이었다. 이것들은 계속해서 그 직후를 전후해서 도쿠다파 9

명의 중앙위원(도쿠다, 노사카, 시다, 이토, 가스가 쇼지로, 곤노, 마쓰모토 산에키, 하세가와, 가메야마)을 배제하고 제멋대로 비합법 활동으로 들어간 것으로 인하여 더욱 분명하게 입증된다. 그들은 자신들만의 지도하에서 전국적인 비공식 조직을 만들기 위하여 강령문제에서 비판의견을 낸 7명의 중앙위원을 제외할 계획을 세워 연락을 끊고 독자적으로 지하활동에 들어가버렸다.

이미 본 것처럼 아직 추방의 사무 인계 기간 중으로 합법적으로 중앙위원 간의 논의가 가능했음에도 불구하고 그리고 가미야마·미야모토 등이 멋대로 당을 깰 수 없도록 노사카에게 부탁하여 그러한 짓은 하지 않는다는 약속을 받았음에도 불구하고 도쿠다파 중앙위원만이 독단적으로 합법적인 중앙부(임시 중앙위원회)를 남겨두고 모습을 감추어버리는 전대미문의 규약무시, 규율위반 행위가 행해졌다. 중앙위원회의 기능과 존재가 여기서 완전히 무시되어 내부에서 파괴되었다. 더구나 이 임시 중앙위원회 설치에서 명백한 규약 무시행위도 당시의 혼란한 정세하에서 하부에는 그리 분명하게 전달되지 않았으며 또한 의식하지 못한 채 지나가버렸다.

원래의 규약과 조직원칙에서 본다면, 추방 후 합법적인 지도부는 중앙위원 후보에 의해 구성되어야만 하고 추방되지 않은 중앙위원은 어디까지나 통일적인 기능과 운영을 유지하며 이런 기초 위에서 합법적 지도부를 구성하여 공식 활동의 통일적 지도를 맡겨야 했다. 그러나 이 당연한 조치는 무시되었다. 오랜 동안 가부장적 지도와 관료주의적 경향에 지배되어 온 당 조직은 내부에서 주체적으로 이러한 지도부의 위법행위를 비판하고 명확하게 지적할 만큼의 힘을 아직 가지지 못했다.

중앙위원 다수파의 독단적인 행동은 추방에 이은 당 자체의 비합법화의 위험이라는 특별한 조건을 고려하였다고 하더라도 위에서 본 것처럼 절대로 정당화될 수 없는 것이었다. 도쿠다파의 파벌조직의 존재와 그 본질이 이른바 비상사태적인 새로운 정세하에서 갑자기 표면화한 것이며 대회가 정식으로 인정한 중앙위원회는 이 파벌조직의 표면화에 따라 여기서 완전히 분열했다. 더구나 스스로 중앙위원회를 분열시킨 도쿠다 주류파가 당의 지도를 장악했다는 점은 이후 당의 존재형식을 결정한 중대한 요인이었다. 합법적인 당 지도기관은 차례차례 지하조직화한 도쿠다파의 지도를 받아 그 정책을 실시하는 외래기관이되어버렸다. 특히 임시 중앙위원회는 9명의 잠복한 간부의 지령을 받아이것을 실행에 옮기는 합법적인 가짜 지도부('배후'의 방침 때문에 '창구'라고 모두가 그렇게 불렀다)로 인식되어 종래의 당 기구는 역시 그대로 도쿠다파의 파벌적 지도하에서 운영되게 되었다.

6월 18일에 임시 중앙지도부는 6·6 추방에 따른 당 지도체제 확립을위해란 명목으로 전국대표자회의를 소집했다. 이것 역시 사무 인계 기간 중이었지만 확대 중앙위원회 또는 전국협의회를 대신할 기관으로서임시 중앙위원회, 중앙후보, 통제위원회, 각 지방대표자 등 도쿠다파중심으로 개최된 것으로 이것으로 임시 중앙위원회의 합법적인 지도성을 확인하는 것이 목적이었다. 그렇기 때문에 도쿠다파 주류의 지명대표자가 다수를 점하고 회의를 완전히 지배하여 테제초안 비판자 측에대한 거부 태도를 노골적으로 드러내었다.

시이나는 일반보고 「모든 것을 반파쇼 민주민족 전선으로(すべてを 反ファッショ民主民族戦線へ)」(『アカハタ』, 6월 20일)에서 분파주의자에 대한 철저한 투쟁을 의제로 제출하여 '분파주의자'를 파시스트의 앞잡이로 규정하고, 이들에 대한 시가의 타협적 태도를 해악이라고 비난하였다. 회의는 의도한 대로 비상사태에 적법한 조치로써 임시 중앙위원회 확립을 확인하고 「당 전국대표자회의 결의(党全国代表者会議決議)」와 「분파주의자에 대한 중도적 태도'에 대한 결의(「分派主義者に対する 中道的態度」についての決議)」를 채택하였다. 또한 회의에서는 테제문제에 대한 결정을 위해 시이나, 와다 이치조(輪田一造), 스즈키 이치조(鈴木市蔵), 와타나베 요시미치(渡部義通), 호리에 무라이치(堀江邑一), 다다 도메지(多田留治)의 6명을 테제 기초 위원으로 선출했는데 이것은 이후의 전 당 분열의 소용돌이 속에서 유명무실화되고 휴업상태에 들어갔다.

어찌되었든 이 회의에서 추방후의 도쿠다파 중앙의 일방적인 행동에 의한 당 중앙위원회의 분열은 결정적인 것이 되어 그들이 당의 합법적 여러 기관을 이전과 같이 지배하려고 하는 의도도 '공인'되기에 이르렀다. 여기서 또한 중앙위원회와 정치국 해체, 반대의견을 가진 중앙위원의 조직적인 배제와 정치적 '독살' 계획 등이 구체적으로 도모되고 진행되었다.

추방에서 전국대표자회의, 이에 연속된 반대론자의 제명 활동 준비, 6월 한 달간의 움직임은 완전히 도쿠다파가 주도권을 잡고 사태를 자신들의 뜻대로 움직였다. 반대 측 중앙위원회는 점령군의 강력한 힘에 압도된 채로 고립분산되어 암중모색하는 상태에서 어느덧 조직적으로 배제되어 모든 기관에게 불려다니고 순식간에 합법·비합법 양측의 지도에서 버려졌다. 그들이 이 시기에 적극적으로 정상적인 당 운영의 유지와 합법활동을 최대한 확보하기 위해 전력으로 싸우지 않은 것은 이후의 내부투쟁을 더욱 심각하게 하는 데 작용하였다. 중앙부 분열의 근본적인 책임문제에서 물러나 그들 반대파 중앙도 당 전체에 대한 또 다른 의미에서의 '책임'을 면할 수 없다.

당 중앙(정치국·중앙위원회) 분열의 원인은 어디에 있는가. 그것은 이론상 특히 전략의 원칙적인 대립에 있었는지 아니면 다른 원인에 있었는지. 분열의 직접적인 원인이 코민포름 기관지의 비판을 계기로 한 전략적 의견에서 근본적인 대립이 발생했다는 사실은 누구도 부정할 수 없을 것이다. 그러나 문제는 이러한 이론적인 견해의 대립이 왜 민주주의적인 토론과 설득에 의해 해결되지 못하고 그대로 조직분열이라는 최악의 사태에까지 직행한 것인가라는 점에 있다. 이러한 의미에서 중앙 분열의 가장 근본적인 원인은 공산당으로서의 올바른 지도체제와 당풍이 존재하지 않았다는 점에서 찾지 않을 수 없다. 이미 본 것처럼 전후의 당에는 의견 차이를 집단적 토론에 의해 극복하고 해결해 가려는 당내 민주주의의 초보적인 원칙이 확립되어 있지 않았으며 이것을 간단히 직접 조치로 해결해버리는 비민주주의적인 경향이 강했다. 나카니시 쓰토무가 지적한 것처럼 '비판과 상호비판'은 공염불이었으며, 비판을 통한 문제점의 올바른 발전이나 끈질긴 설득의 습관은 거의 육성되지 않았다.

이러한 서글픈 당풍은 지도면에서 전후에 한결같이 도쿠다 서기장의 가부장적 파벌적 지도가 형성·강화되어 지배적인 경향이 되어 버린 사실과 불가분하게 연결되어 있다. 관료적 가부장적 지도를 위해 진정한 레닌주의적인 집단 지도체제가 존재하지 않았으며 여기에 대응하여 위에서 아래로의 '간부 지명' 기구가 완성된 가운데 간부들 간에 진정한 동지적 신뢰와 규율 존중에 기초한 일치단결이 생성될 리가 없었다. 주체적인 발언에 의한 협력과 단결, 인간적인 상호신뢰에 기초한 연대와 결합을 대신하여 파벌적인 공모와 개인적 정실에 의한 결합, 가부장적 '오야붕 코붕'적 관계와 관료주의적 조직화에 기초한 일치가 상층부를 깊이 지배하고 있었다. 이러한 상태로 있는 한, 외부에서 강력한 압력을 받아 갑자기 위기에 빠졌을 때 일부 파벌 분자들에 의한 공공연한 기관의 독점, '행정권력'을 장악한 관료주의 지배의 강화가 표면에 노골적으로 드러나자 다른 한편에서 이것에 대항하는 극단적인 분파행동으로의 폭주가 분출하는 것은 당연한 것이다. 다수파 중앙은 지금 격렬한 비합법 투쟁의 개시를 위해서 중앙·지방의 전 조직에서 반대자·조정자를 모두 일소하고 당의 통일을 확보해야만 한다고 생각했다. 그들 반대의견자 일소의 결심이 얼마나 민주주의적 중앙집권의 원칙을 파괴하는 것인지 그들은 반성도 고려도 하지 않았다. 그 결과는 당연히 통일은커녕 대혼란을 불러일으켰다.

이리하여 전후 중앙에서 레닌적인 집단지도체제의 결여와 도쿠다적인 가부장적 지도의 횡행은 50년 전후의 계속되는 극적인 사건, 내외로부터의 양면적인 타격을 계기로 하여 도쿠다 파벌의 일방적인 규약무시와 당 기관 장악을 필연화하여 나아가 이토 리쓰, 시다 시게오 등의 부패분자에 의한 전 당의 지배까지 초래하게 되었다. 도쿠다 파벌의 책임은 단지 이 50년 6월의 중앙 분열의 직접적인 책임을 져야만 하는 점 이외에도 지금까지 당의 지도체제를 근본적으로 왜곡시키고 오랫동안 조직운영의 기본적인 원칙을 무시해온 점을 묻지 않으면 안 된다.

05 / 전 당 조직의 분열로

　전국대표자회의 일주일 후인 6월 25일에 한국전쟁이 일어나 세계의 냉전 상태는 부분적이지만 열전의 사태로 돌입했다. 제2차 세계대전 이후 최대의 위기가 발생했다. 6월 26일, 전쟁을 남한의 침략행위로 취급했다는 이유로 총사령부는『아카하타』를 30일간 발행 정지 처분을 내렸다(그 후 7월 18일에는『아카하타』와 그 후계지, 유사지의 무기한 발행정지라는 언론탄압 조치가 내려졌다).

　전쟁 발발과 곧 이은 총사령부의 탄압 강화는 전 당에 사태가 만만치 않음을 예감하게 했다. 앞의 6·6추방도 미국의 전쟁 준비의 일부였다고 인식되어 당면한 투쟁방침, 조직방침을 이 새로운 긴급 사태에 더 잘 적응시키지 않으면 안 된다고 모두가 동감했다. 그러나 이 전 당의 의식통일을 더욱 필요로 하는 시기에 당의 현실은 이것과 반대 방향으로 진척되어 중앙의 분열에서 지방기관의 분열로, 상부기관의 분열에서 하부기관의 분열로 거침없이 확대되었다.

7월 6일의 『당활동지침(党活動指針)』은 통제위원회의 7월 4일 자「분파활동의 전모에 대하여(分派活動の全貌について)」란 문건을 특보로 게재하여 시가, 미야모토, 가스가(庄), 마스다 가쿠노스케(増田格之助), 도사카 료이치(遠坂良一)의 5명에 대한 '분파 책동'이란 것을 폭로했다. 도쿠다의 지시에 의해 니시자와, 와다(輪田), 이와모토 이와오(岩本厳) 등이 집필한 것으로 정식적인 통제위원회의 결정에 의한 문서는 아니었다. 이 문서는 '분파활동' 그 자체보다도 오히려 중앙 다수파 9명의 간부와 그 계통세력의 중앙기관에 대한 독점적 점거, 독자적인 비합법체제로의 이행과 이에 따른 합법기관의 운영, 반주류의 중앙(소수파) 기관에서 배제 등의 여러 사실 그 자체를 스스로 입증한 것이다.

이 통제위원회 명의의 문서를 계기로 임시 중앙위원회 측은 시가·미야모토 등 7명의 중앙위원과 3명의 중앙위원 후보에 대한 전국적인 제명 운동을 선동하고 나아가 반대파를 '분파주의자'로 명명하여 전국에 걸쳐 그 조직적 배제 공작을 공공연히 추진하였다. 50년 체제 초안에 대한 찬반이 '징표(踏み絵)'로 이용되었으며 이것을 비판하거나 반대하는 조직과 개인은 제명하고 그 외의 처분 대상으로 삼았다. 그러나 동시에 반대파도 자신들이 장악한 당 기관을 적극적으로 이용하여 전국에 '소감파' 공격의 공공연한 운동을 개시하였다. 7·8월과 격화하는 한국전쟁을 배경으로 규슈, 시코쿠, 긴키, 간토, 도호쿠, 홋카이도의 각 지방에서 당 기관과 조직을 동원하여 대대적인 내부투쟁이 전개되었다. 여기서는 임시 중앙위원회에 의해 만약 '분파'로 지목된 지방위원회, 현위원회, 지구위원회에서 하부 세포에 이르기까지 다양한 조직 단

위가 잇달아 제명, 활동정지 처분을 받았다. 반대로 반대파가 강한 지역에서는 주류파에 속한 당원과 단위에게 반대로 추방을 실시하여 임시 중앙위원회에 대한 조직적 저항을 형성하였다. 사정을 모르는 많은 당원과 기관은 이 내분 속에서 중립적인 입장을 취할 수 없었으며 상부 기관이나 내부 지도자가 강한 쪽으로 맹목적으로 끌려갔다.

우선 7월 11일에 임시 중앙위원회를 지지하는 규슈 지방위원회 총회가 중앙에 대한 비방, 분파적 활동, 그 외의 이유로 나가사키 위원회를 해산하였다. 그리고 같은 날,「동지 미야모토, 시가, 가스가 쇼지로의 정치적 책임을 추궁하는 결의(同志志賀·宮本·春日庄次郎の政治的責任を追求する決議)」를 채택하였다. 이것에 관한 문서는 7월 21일 자 통제위원회의「규슈의 분파활동을 분명히 밝힌다(九州の分派活動を明かにする)」와 함께 7월 23일 자『당활동지침』제43호에 게재되어 지방의 반주류파 조직에 대한 임시 중앙위원회 측의 강한 공격태도를 드러냈다. 그러나 8월 6일에는 반주류파의 지쿠호(筑豊) 지방위원회가「당내의 우익 기회주의 해당파의 분파활동에 대하여(党内における右翼日和見主義解党派の分派活動について)」를 발표하고 시이나 임시 중앙위원회 의장이 규슈에서 행한 '분파활동'을 자세하게 폭로하여 중앙에 반격을 가하였다. 지쿠호지구 위원회 활동가 회의도 임시 중앙위원회, 규슈 지방위원회, 후쿠오카현 위원회에 대한 의견을 발표하여 주류배격, 주코쿠 지방위원회 지지를 표명하였다.

이른바 '국제파'의 지방조직으로서 마지막까지 가장 강한 저항을 보여준 곳은 주코쿠 지방위원회였다. 여기서는 지방위원회의 압도적 세

력이 반 중앙적 입장을 취하여 일찍이 『혁명전사(革命戰士)』란 기관지를 발간하여 중앙에 대한 비판적 태도와 주장을 전개하고 있었다. 7월 18일에 제30회 확대 주코쿠 지방위원회는 임시 중앙위원회와 통제위원회를 격렬하게 비난한 「임시 중앙지도부에 대한 의견서(臨時中央指導部に対する意見書)」를 채택하였다. 그들은 이것을 전국의 당 기관지에 발송한 이후에 8월 5일 자 『혁명전사』 제18호에 게재하였다. 그리고 주류 지도부의 '분파활동' 상황을 격렬하게 폭로하고 공격한 문장 「우익 기회주의 분파를 분쇄하자! ─ 당의 볼셰비키적 통일을 위해 전 당에게 호소한다─(右翼日和見主義分派を粉砕せよ！一党のボルシェヴィキ的統一のために全党に訴う─)」를 실은 7월 17일 자 『혁명전사』 제17호와 함께 이것을 재차 전국의 현위원회 이상의 각 기관에 배포하였다. 지구위원장 이상의 간부를 포함한 확대 지방위원회가 정식으로 확인한 것, 하나의 지방 조직 전체가 공공연히 임시 중앙위원회와 통제위원회에 불신임을 제기한 것, 모든 규약이나 관습을 무시하고 전국 당원에게 궐기할 것을 발표한 것 이러한 점에서 주코쿠 지방위원회의 행동은 당내 투쟁 개시 이후 '획기적'인 것이었다. 이 지방위원회의 지도적 간부는 중앙위원 후보인 하라다 조지(原田長司), 국회의원 다나카 교헤(田中堯平) 등이었다.

주코쿠 지방위원회의 의외의 강경태도는 역시 임시 중앙위원회를 놀라게 하여 그 대책에 고심하였다. 임시 중앙위원회는 우선 통제위원회와의 공동 성명으로 「주코쿠 지방의 동지제군에게 호소한다(中国地方の同志諸君に訴える)」란 문장을 8월 12일 자 『당활동지침』 제51호에 발표하여 임시 중앙위원회와의 연락하에서 지구, 현, 지방의 전 조직을 '분파주의자'의 지도에서 분리하여 조금씩 재건하라고 지방 당원들에게 어필하였다. 그러나 이 어필도 이미 때 늦은 것이었다. 또한 현실의 힘 관계에서도 이것은 효과가 없었다. 8월 15일에 제31회 확대 주코쿠 지방위원회는 "우익 기회주의 해당파 분파의 극복 청산에 의해서만 볼셰비키적 통일을 이룰 수 있다"고 하는 결정을 내리고 동시에 임시 중앙위원회 측과의 교섭 그 외의 내력을 기록한「혁명적 행동강령하에 전국적 통일의 깃발을 진척시키자(革命的行動綱領の下に全国的統一の旗を進めよ)」라는 문건을 발표했다(8월 25일 자『혁명전사』제20호). 이를 전후하여 8월 16일에 임시 중앙위원회, 통제위원회 측도 하라다 이하 7명의 주코쿠 지방위원회 상임위원의 제명과 주코쿠 지방위원회 그 자체의 해산을 포함한「주코쿠지방의 분파주의자에 대한 결의(中国地方の分派主義者に対する決議)」를 행하고, 26일 자『당활동지침』제56호에 발표하기에 이르렀다. 한 지방위원회 전체의 해산조치는 당 역사에서도 최초의 사례이며, 당내 투쟁이 마침내 어중간한 것에 그치지 않고 심각한 방향으로 치닫는 증거였다.

주코쿠 지방위원회의 공개적인 반중앙 행동은 이미 논한 것처럼 당내 투쟁에 새로운 시대를 가져왔다. 간사이 지방위원회도 이미 6월말에 크게 흔들리고 있었는데 7월에는 지방위원회의 주요한 지도자가 반중앙적인 태도를 명확하게 하였다. 지방위원회 그 자체에서는 이들 반대파가 조금 우세하였으며 결속도 강하였지만, 하부기관도 포함한 전체적인 힘 관계는 다수의 중앙 추수주의적인 권위주의자의 존재로 인하여 주류파쪽이 유리한 형국이었다. 그리하여 7월 15일의 간사이 지방 상임위원회는 반주류의 지방위원 히라요시 노부유키(平葦信行)를 겨우 '악질분파주의자'로 제명하는 데 성공하였다. 이어서 7월 28일의 확대 간사이 지방위원회에서 주류와 반주류의 양 파가 정면으로 충돌하여 대논쟁을 일으켰다. 주류파 측이 멋대로 자파세력과 중앙추수의 맹종 분자를 동원한 덕으로 마침내 전 간사이 지방위원회 의장으로 임시 중앙위원회 지도부원으로 반대파였던 다다 도메지(多田留治, 제명신청), 간사이 지방위원회 의장 야마다 로쿠자에몬(山田六左衛門, 처분은 상임위원회에 맡김), 에비스타니 하루마쓰(戎谷春松), 야나기다 하루오(柳田春夫), 히라요시 노부유키, 게시 준키치(下司順吉), 하마다 진노조(浜田甚之丞)의 4명의 지방위원(平葦는 제명확인, 나머지는 활동정지) 등 7명의 간부에 대한 처분 결정까지 밀어붙였다.

그러나 물론 다다 등은 이러한 결정에 승복할 리가 없었다. 8월 1일에 간사이 지방위원회 의장 야마다 로쿠자에몬 이하 에비스타니, 야나기다, 히라요시, 게시, 하마다 등 지방위원을 포함하여 6명의 연명으로 「당의 혁명적 통일을 위하여 전 당의 동지 제군에게 호소한다(党の革命的統一のために全党の同志諸君に訴える)」란 문건을 발표하여 이전의 7월 28일에 있었던 확대 간사이 지방위원회를 부인하고 '소감파'의 우익 기회주의적 방침을 공격하였다. 동시에 「간사이의 티토적 분파활동의 전모(関西におけるチトー的分派活動の全貌)」란 문건도 공표하여 도쿠다 파와 임시 중앙위원회의 '분파활동'을 맹렬하게 비난하였다. 이때 이들은 간사이 지방통일위원회로서 개별적으로 다수파 지방위원회와 별도로 스스로를 조직하였다. 이에 대하여 이후에 주류파 측이 8월 18일 자의 통제위원회 「간사이에 둥지를 튼 분파주의자의 책모에 대하여(関西に巣食う分派主義者の策謀について)」란 문건을 발표하여 응전하였다(8월 23일 자 『당활동지침』 제55호).

기관 내부에서 그리고 기관 동지들 간의 격렬한 투쟁은 간토, 도호쿠, 홋카이도에서도 전개되었다. 표면화된 것만을 보더라도 간토의 반대파는 7월 11일 미토(水戸)시위원회, 세포대표자회의, 이바라기현 위원회 기관지부의 연명으로 「당내에 둥지를 튼 티토 일파의 책동을 분쇄하기 위하여 전 당의 동지 제군에게 호소한다(党内に巣食うチトー一派の策動を粉砕するために全党の同志諸君に訴える)」를 발표하여 도쿠다파를 공격하였다. 8월 5일에 제8회 후쿠시마(福島)현 위원회 총회의 결의는 우익적 편향에 대한 정치책임 등의 이유로 임시 중앙위원회와 통제위원회를 추궁하였다. 8월 16일에는 도호쿠 지방위원 미쓰바 요시히코(三羽嘉彦) 등 9명이 「당의 혁명적 통일을 위하여 전 당의 동지 제군에게 호소한다(党の革命的統一のために全党の同志諸君に訴える)」 「도호쿠 지방의 분파활동의 개요에 대하여(東北地方における分派活動の概要について)」란 두 문건을 작성하였는데, 이러한 가운데 8월 11일 도쿄에서 주류파가 단독으로 개최한 도호쿠 지방 대책회의를 부인하고 '티토적 분파활동'이라고 공격하였다. 이어서 8월 23일에 이번에는 역으로 홋카이도 지방위원회의 상임위원회가 국회의원 가라사와 도시코(柄沢とし子), 지방위원 미야가와 도라오(宮川寅雄)에 대한 제명신청을 의결하자 이에 대하여 두 사람은 30일에 반박하는 성명서를 발표하였다. 이러한 것들은 겨우 두세 개의 사례에 불과하며 동일한 중앙 다수파(주류파)와

소수파(국제파)의 투쟁은 각 지방, 각 부현의 모든 곳으로 확대되었다.

당 기관뿐만 아니라 내분은 당원이 있는 다양한 대중단체, 대중조직에도 당연히 확대되었다. 전학련의 지도분자가 반중앙의 태도를 표명한 것에 대하여는 이미 서술했지만, 이 8월에는 신일본문학 중앙 그룹이 「당 중앙에 둥지를 튼 우익 기회주의 분파에 대한 우리들의 태도－당의 볼셰비키적 통일을 위하여－(党中央に巣食右翼日和見主義分派に対するわれわれの態度—党のボルセェヴィキ的統一のために—)」란 성명서를 발표하고 전 당 기관지에 배포하였다. 이것은 지금까지 문화정책의 오류가 당 지도부의 관료주의와 분파주의에 결합되어 여기에 규정되었다고 하여 도쿠다 주류파의 지도방식을 비난하고 도쿠다 등 우익 기회주의 분파의 해산을 요구한 것이었다. 이에 대하여 임시 중앙위원회가 8월 30일 자로 「신일본문학회 중앙 그룹 내의 일부 분파주의자의 성명서에 대하여(新日本文学会中央グループ内の一部分派主義者の声明書について)」를 발표하여 대적하였다(9월 11일 자 『당활동지침』 제60호).

위에서 살펴본 것처럼 7·8월에 격화된 조직적 항쟁에서는 반중앙의 이른바 '국제파'가 상대를 '소감파' '티토주의자' '우익 기회주의자' '해당주의자'라고 불렀는데 주류는 이에 대하여 반대파를 '국제파' '분파주의자' '극좌 급진주의' 등으로 부른 점이 특징적이다. 그 밑바탕에는 지금까지의 파벌적, 비민주주의적, 관료주의적인 지도형태에 대한 반발과 여기에 관련된 다양한 감정적인 대립이 있었음에도 불구하고 표면상의 대립 원인은 주로 당면한 투쟁방침의 차이에 있는 듯이 서로 강조하였다. 이것은 그 이후 투쟁방침상의 이론적 대립점의 내용이 모두 바뀌면서 외부에서 당내투쟁의 근원을 살피려고 할 경우 이것을 명확하게 이해하지 못하게 해버렸다.

이 시기 전체로써 도쿠다 주류파의 분열적인 전횡에 반대하여 반제투쟁을 전면에 내세우는데 의견을 모은 '국제파' 가운데 노다 야사부로(野田弥三郎), 우타가와 게조(宇田川恵三) 등 가장 극좌적인 소수 분자는 7월에 공공연히 분파조직을 만들고 '일본공산당 국제주의자단'의 결성 성명을 발표하였다. 이것은 '도쿠다 일파'와의 투쟁을 호소하고 '국제주의자' 그룹의 통일, 이를 통한 중앙과 지방의 지도관계 확립을 호소한 것이었다. 이 국제주의자단은 그 후 「당면한 투쟁에서 일본공산당의 기본적 임무에 대하여(当面の闘争における日本共産党の基本的任務について)」란 강령적 문서를 발표하였다. 이전에 코민포름 비판 직후에 제명된 나카니시 쓰토무 그룹도 8월에 '단결'파를 결성하고 독자적인 활동을 개시하였다.

그런데 7월 7일에 북경의 『인민일보』는 중일전쟁 발발 13주년을 기념하여(이른바 7·7기념) 「일본 인민투쟁의 현황(日本人民闘争の現状)」이란 사설을 발표하였다. 이것은 마침 한국에 대한 미국의 무력간섭이 개시된 현실을 앞에 두고 미제국주의자에 대한 일본 인민의 민족통일전선 결성의 필요와 의의를 논하고 공산당의 단결과 추진에 의한 통일전선의 확대와 발전을 선동하면서 특히 이때 일본공산당의 "내부가 하나로 단결하고 있는" 점에 대한 중요성을 지적한 것이었다. 마치 조직적인 대분열에 직면해 있는 당에 대한 적절한 우당(友黨)적 권고였다.

그러나 이 권고도 실제로는 분열을 저지하는 적극적인 역할을 수행

하지 못했다. 시이노 임시 중앙위원회 의장은 「민족의 통일과 당의 통일 - 중국 동지의 충언에서 배우자 - (民族の統一と党の統一一中国の同志の忠言から学ぶ一)」를 7월 25일 자 『당활동지침』 제44호에 발표하였는데 여기서 그는 "'국제파'라고 불리는 우리 지도부에 반대하는 분파"를 공격하고, 7·7사설은 이 분파의 반제투쟁뿐인 방침과 대립하는 것이라고 역설하였다. 그런데 반대파 쪽에서는 이것을 정반대로 해석하여 7·7사설이야말로 임시 중앙위원회의 오류를 비판하고 자신들의 반제투쟁의 주장을 뒷받침하는 것이라고 하여 맹렬하게 중앙을 비난하였다. 이처럼 양 파가 서로 자신들에게 유리하게 받아들이고 해석하여 이것을 이용하려고 했기 때문에 마침내 이 중국공산당의 논설은 효과를 올릴 수 없었다.

06 / 전국통일위원회의 결성과 '9·3성명'을 둘러싸고

　　혹서 속에서 전 당의 내분이 전개되고 있을 때 당의 외부에서는 국내외 모두 혹독한 폭풍이 불었다. 피투성이의 한국전쟁과 국내에서 미증유의 레드퍼지(공산주의자 추방)가 그것이다.

　　한국전쟁은 북한군이 남한을 밀어붙여 7·8월에 남한의 대부분을 점령하였으며 마침내 연합군의 마지막 저지선인 부산 – 대구의 최남단 교두보까지 몰고 내려왔다. 일본은 완전히 연합군의 기지가 되어 전화가 언제 규슈에서 본토까지 번져올지 모르는 심각한 사태가 되었다. 이것은 그 이후 9월 15일에 이르러 '유엔군'이 갑자기 인천과 그 외 북한 지역에 상륙을 시작하면서 급반전되었다. '유엔군'은 26일에 서울을 점령하고 그 후 10월 1일에는 38선을 돌파하였다.

　　이 전쟁의 긴박함과 중첩되어 총사령부는 국내 주요 산업에서 당원과 동조분자를 일소하는 작업에 착수하였다. 7월 하순에 우선 전국의 신문, 통신, 방송 관계 47개 회사에서 합계 694명에 이르는 '적색분자'를 문자 그대로 헌병의 권총 위협 아래서 직장에서 추방했다. 계속해서 8월 26일에 전원(電源)과 배전(配電)의 질서 확보를 위한다는 명목으로 전기관계 10개 회사에서 2,137명에게 해고통지를 발표하였다. 8월 30일에 특별 심사국은 전노련(전국노동조합연락협의회)에게 반점령군적 폭력단체로 단체등규정령(団体等規正令)에 의한 본부 해산을 명하였으며, 간부 11명을 추방하였다. 정부는 9월 1일에 레드퍼지에 관한 각의결정을 행하고 총사령부의 의향에 따라 관청에서 직장 추방을 결정하였다. 이렇게 하여 그 후 9월부터 11월 상순까지 중요산업과 각 관청에서 대량의 직장 추방이 일어나 11월 10일 현재로 민간 342개 회사에서 9,524명, 공무원 1,177명 도합 1만 701명이 추방되었다. 이것은 전쟁 상황에 이성을 잃은 미제국주의자의 파쇼적 폭력조치에 다름 아니었다. 이에 따라 당은 주요 산업과 관청에 속해 있던 직접적인 조직적 기반을 거의 뿌리째 잃어버렸다. 군사력을 배경으로 하여 작심한 직장 추방 때문에 당원의 탈당과 무력화가 계속되어 지금까지의 동조분자도 크게 감소하였다.

이러한 탄압이 일어나 당에게 가장 중요한 직장 기반이 붕괴하고 있던 시기에 당은 다음과 같은 보다 심각한 분열 항쟁으로 모든 에너지를 소모하였다. 이 때문에 전쟁에 대해서도 직장 추방에 대해서도 유효한 대책을 세우거나 유력한 대중투쟁을 조직하는 것이 거의 불가능했다. 이에 관한 한 분열한 어느 쪽도 책임을 면할 수 없다.

임시 중앙지도부 측이 7·8월과 '국제파'의 각 지방기관이나 일반 당원에게 제명처분을 강행하고 또한 이런 행정조치의 위협으로 중간분자와 동요분자를 억압한 사실에 직면하여, 배제된 7명의 중앙위원과 반대파의 각 지방조직은 임시 중앙위원회에 대항하기 위하여 뭔가 전국적인 통일과 연락을 가질 필요가 생겼다. 도쿠다파에서 제외된 중앙위원, 중앙위원 후보, 통제위원들로서는 "당 중앙위원회의 통일적 운영과 정상적인 기능을 어떻게든 회복시켜 원래의 조직원칙으로 되돌리기 위하여 적극적으로 노력한다"는 점에서 의견이 일치되었다. 이들의 제안으로 8월 31일~9월 1일에 전국의 주요한 반주류파 분자는 오사카에서 전국대표자회의를 열었다. 모인 사람들은 임시 중앙위회에서 조직적인 처분을 받은 주코쿠, 간사이의 두 지방위원회, 나가사키·이바라기·후쿠오카의 3개 현위원회, 후쿠오카현 지쿠호(筑豊)·시즈오카현 중부·사이타마현 서부·미야기현 중부·이와테현 동부의 5개 지구 위원회의 각 대표자, 전학련, 전국금속 중앙, 신일본문학 중앙 등의 각 그룹 대표자, 그 외 등이었다. 이때 국제주의자단 등은 '무원칙적인 극좌분파조직'으로 인식되어 참가를 거부당했다.

중앙위원회 소수파와 각 대표자들은 우선 공식적인 기관을 가질 필요성에서 "당의 통일 촉진을 위한 당 내 논의기구"로써 "모든 분파 해소와 당의 볼셰비키적 통일을 목적으로 하는" 전국통일위원회를 결성함과 동시에 다마, 도사카, 야마다, 미와, 다나카, 쓰즈라(津々良涉), 하라다, 소다, 무로시마(室島豊), 미야가와 도라오(宮川寅雄), 니시카와 히코요시(西川彦義), 나카노 시게하루(中野重治) 등 12명을 전국위원으로 선출하였다. 그리고 이날부로 이들은 처음으로 일본공산당 전국통일위원회 명의로「당의 혁명적 통일을 위하여 성명한다(党の革命的統一

のために声明する)」를 발표하여 우익 기회주의자와 해당주의자에게 점 거당한 당의 주요 기관을 재건할 필요가 있다고 강조하였다. 지금 당은 완전히 둘로 나뉘어 실질적으로 두 개의 당 조직이 존재하게 되었다. 이 전국통일위원회에는 그 후 전학련 중앙그룹, 도쿄대학 세포, 와세다 대학 세포, 도립대학 세포, 호세대학 세포, 주오대학 세포, 메이지대학 세포, 일본귀환자동맹 중앙그룹, 신협극단(新協劇団) 세포 등이 참가하 였다.

반대파 가운데 후쿠모토 가즈오가 이끄는 일파는 역시 이 시기에 일 본공산당 통일협의회란 별도의 분파조직을 만들었다. 이른바 '국제파' 전체로서는 결국 중앙의 소수파와 피처분 각급 기관의 대표자로 구성 된 전국통일위원회가 중심적인 단체를 이루고, 이전에 별도로 제명되 어 8월에 '단결'파를 결성한 나카니시 쓰토무 일파, 7월에 결성된 국제 주의자단, 후쿠모토파의 통일협의회 등의 소수 그룹이 난립하는 상태 가 되었다. 어쨌든 도쿠다 등 중앙의 다수파에 대한 반대파의 각 기관 과 각 그룹이 전국통일위원회에 결집한 것은 당내 투쟁의 결정적인 전 환을 의미한다. 어떤 이유든 양 파는 '분파'적으로 고정되어 독자적인 조직체로써 활동할 수밖에 없었다. 배제된 중앙의 소수파와 부당한 처 분을 받은 각급기관, 대중단체 그룹이 적극적으로 통일 회복을 위해 일 어선 것은 분명하지만, 이것이 정형화된 전국조직으로 자신을 결집시 킨 점은 도쿠다 주류파에게 더욱더 '분파주의' 퇴치란 구실을 주게 된 점만으로도 결코 최선의 방법이라고는 할 수 없을 것이다.

이렇게 하여 반대파의 전국적인 결집에 직면하여 임시 중앙위원회

측의 태도는 더욱더 경직되었다. 9월 1일 발행의 『전위』제52호는 히로야 순지(広谷俊二)의 「분파의 본질과 그에 대한 투쟁(分派の本質とそれへの闘争)」, 나카무라 신타로(中村新太郎)의 「진정한 프롤레타리아 국제주의란 무엇인가(真のプロレタリア国際主義とは何か)」 등의 논문을 게재하여 반대파에 대한 비판을 가하고 나아가 9월 8일 자 『당활동지침』 제59호는 임시 중앙위원회의 「당은 분파를 일소함으로써만 강화된다(党は分派を一掃することによってのみ強化される)」를 발표하여 격렬하게 반대파를 공격하였다.

그런데 반대파들이 전국통일위원회라는 전국적인 통일조직을 만들어 주류파와 대결하려고 하는 바로 그때 중국공산당의 동지에게서 재차 강력한 권고가 전달되었다. 이전의 7·7 사설에서 일본공산당이 취해야만 하는 정치과정을 시사한 북경의 『인민일보』는 7월 14일에도 당 중앙의 단결을 희망하는 내용을 발표하였는데 9월 3일에 「지금이야말로 일본 인민은 단결하여 적에 대항해야 할 시기이다(今こそ日本人民は団結し, 敵にあたる時である)」(9·3사설 또는 9·3성명)를 발표하였다. 이것은 1월의 제18회 확대중앙위원회 이후 중앙의 방침이 옳았음을 인정하여 전당이 이 중앙의 주위에 단결할 것을 요청하여 '국제파'의 극좌 모험주의적 슬로건과 적당하지 않은 조직적 요구를 부당하다고 하여 이것을 포기할 것을 권고함과 동시에 임시 중앙위원회 측의 성급한 조직처분과 행정조치의 집행방식까지도 비판하여 이를 정지할 것을 권고한 것이었다. 이른바 양비론적인 것으로 '국제파'에게는 임시 중앙위원회 하의 단결을 재촉하고 주류파에 대해서는 지금까지의 태도에 대한 반성을 촉구한 것이다.

북경에서의 연이은 직접 권고는 커다란 충격을 안겨주었다. 특히 반대파로서는 어디까지나 자신들이 올바르다고 하여 전국통일위원회를 막 결성한 시점으로 어쨌든 주류파의 방침을 지지한 이 성명의 충격은 더 컸다. 주류파의 방침 그 자체를 비판하여 전국적 조직을 만든 당위성에서 볼 때, 시간적으로 약간 앞서간 반대파는 심각한 모순에 빠질 수밖에 없었다. 문맥상으로는 양자를 대등하게 취급하고 있는 북경의 충고도 일본의 현실 속에서는 반대파(국제파) 전체에게 불리하게 작용하는 기능을 가지고 수용되었다. 내용적으로는 적절했지만, 시기가 우연적으로 약간 빗나간 탓에 내용에 준하는 비중을 가지고 기능하지 못한 이 9·3성명은 다음에서 살펴보는 것처럼 당을 통일시킬 수 있는 힘을 충분히 발휘할 수 없었다.

어쨌든 9·3성명은 곧바로 반응을 낳았다. 전국통일위원회는 「북경 인민일보' 9·3사설의 충고를 접하고(『北京人民日報』九·三社説の忠告をうけて)」를 발표하여(『統一情報』, 9월 15일, 제1호) 주코쿠지방에서는 9월 5일의 제33회 확대 주코쿠지방위원회가 충고를 받아들일 것을 서약하였으며 임시 중앙위원회도 시이노 의장의 5일 자「북경 인민일보 사설 발표에 즈음하여(北京人民日報社説発表に際して)」란 문장을 「동료 정당의 비판에 답하여(友党の批判に答えて)」란 문장과 함께 9월 11일 자『당활동지침』제60호에 발표하였다.

북경의 직접적인 권고가 양측에 어떠한 작용을 했는가는 양 파의 다음 행동에 나타나있다. 국제주의를 강조하는 시가는 가장 크게 충격을

받은 것으로 보이며 이 발표 직후부터 반대파 중앙위원의 공동행동에서 이탈하여 독자적으로 임시 중앙위원회에 복귀할 길을 모색하였다. 전국통일위원회 측도 우선 자신들의 주장을 원래의 상태로 되돌리고 주류파 측으로 통일할 결심을 굳히고 9월 11일에 다다, 하라다, 도사카, 미야카와, 니시카와, 마쓰모토 소(松本惣) 등 지도분자는 당 본부에서 시이노와 회견하고 모든 분파의 해소와 기결처분의 취소를 상호조건으로 통일할 것을 제안하였다(全国統一委,「党統一のための申しいれ」『統一情報』第一号, 9月 15日, 제1호).

그런데 이에 대하여 임시 중앙위원회 측은 단호하게 거부하여 전국통일위원회를 비롯하여 모든 반대파의 즉각적인 해산을 선결조건으로 제시하였다. 9월 11일에 시이노의 「전 당을 통해 분파활동을 분쇄하자 (全党あげて分派活動を粉砕せよ)」가 20일 자 『당활동지침』 제61호에 발표되었는데 시이노는 여기서 위에서 본 반대파의 제안을 공격하고 통일위원회의 즉각적인 해산과 전 당을 통한 분파 분쇄를 단호하게 선언하였다.

9월 18일에 전국통일위원회는 「9·3사설의 전면적인 승인을 전제로한 무조건적인 대동단결을 위하여 – 다시 통일을 위해 호소한다(九·三社説の全面的承認を前提とする無条件大同団結のために一再び統一のために訴える)」를 작성하여 시이노 위원장의 조건을 받아들일 수 없다고 강조하면서 양쪽의 분파해소와 중앙의 단결이라는 '기본적인 주장'을 반복하였다. 임시 중앙위원회 측은 이에 대하여 아무런 반응도 보이지 않았다. 그 이후 앞에서 본 시이노의 「동료 정당의 비판에 답하여」란 성명

이 9월 27일 자 북경『인민일보』와 10월 6일 자『영구적 평화와 인민민주주의를 위하여』에 전재되었기 때문에 주류파는 마침내 자신들에게 유리한 정세라고 확신하기에 이른다.

　전국통일위원회는 어떻게 하든 통일의 기회를 잡기 위하여 10월 3일에 「양 파의 편향 극복과 당의 통일을 위하여(両翼の偏向の克服と党の統一のために)」(『통일정보』10월 상순, 제2호)를 발표하고 나아가 10월 6일에 「곧바로 모두 원칙으로 돌아가자 – 세번째로 당의 통일을 위하여 호소한다 – (直ちにみんな原則に立ち返ろう一三たび党統一のために訴える)」란 격문을 발표하여 대회에서 결정한 중앙 지도부체제의 회복, 임시 중앙지도부의 쇄신, 해산과 제명처분의 철회, 전국통일위원회의 해산이라는 4가지 점을 제안하였다. 주류파의 태도여하에 관계없이 9·3 사설의 선에서 통일을 꾀하기 위하여 자신들을 해체하기 위한 명분을 만들어 내려고 조급해 하는 듯한 인상을 주었다.

　그러나 이에 대하여 자신들이 국제적인 조직으로부터 지지를 받고 있다고 확신한 임시 중앙위원회 측은 응할 기색도 없었으며 어디까지나 "악질적인 분파를 고립시키자"고 주장하였다(椎野, 「10月10日五周年にさいして全党の同士諸君に訴える」『党活動指針』, 10月10日). 이렇게 되자 전국통일위원회 측의 입장은 더욱더 난처해졌다. 각지의 통일위원회 계통의 조직과 통일위원회 외의 '국제파' 조직이 시기상조라고 하여 반대하자 마침내 전국통일위원회의 이름으로 10월 22일 자「당의 통일 촉진을 위하여 우리들은 먼저 원칙으로 돌아간다! – 전국통일위원회의 해소에 즈음하여 – (党の統一促進のためにわれわれは進んで原則に返る!

一全国統一委員会の解消に際して一)」란 성명을 발표하고 스스로 해산하였다. 이것은 당 중앙의 통일화와 기능회복, 임시 중앙위원회의 쇄신과 강화, 부당처분 철회란 3가지 목표를 향하여 전 당원이 노력하고 전진하자고 호소하였다. 결성으로부터 2개월도 지나지 않은 상태에서 9·3사설을 둘러싼 혼란과 고뇌에 찬 짧은 역사였다.

전국통일위원회의 자발적인 해산에 직면하여 임시 중앙위원회 측은 더욱 힘을 받았다. 11월 1일 자 임시 중앙위원회와 통제위원회의 연명으로「분파조직의 '신청서'에 대한 회답(分派組織よりの「申し入れ書」に対する回答)」을 11월 17일『당활동지침』제69호에 발표하였는데 이것은 '국제파'와의 "조직으로서의" 통일에 대한 대화를 현실적으로 거부하고 각 개인이 "과거의 반당적 언동에 대하여 철저하게 자기비판하고 모든 분파조직에서 탈퇴하며 이후 임시 중앙지도부 하에서 충실히" 당 활동을 수행할 것을 표현한다면, 복귀를 허용하겠다는 내용이었다. 도쿠다 등 주류파는 통일위원회를 해체하고 정규의 중앙 회복을 교섭해온 반대파 중앙위원에 대하여 "중앙위원회의 해체는 기정사실이며 이것을 우선 승인하자"고 마지막까지 뿌리쳤다. 반대파가 희망하는 조직적인 통일의 길은 여기서 완전히 막히고 말았다.

10·11월은 이처럼 '9·3사설'을 둘러싼 혼란, 임시 중앙위원회 측의 의도에 따른 강경태도가 다른 다양한 분야에서도 보인다. 앞의 통일위원회의 기본방침에 의거하여 10월 8일에 주코쿠지방위원회는 임시 중앙위원회·통제위원회 앞으로「주코쿠지방위원회의 해산 및 동 상임 지방위원의 제명에 대한 이의신청(中国地方委員会の解散並に同常任地方委

員の除名に対する異議申請)」을 하고 이것을 10월 30일 자『혁명전사』제 24호에「조직원칙을 지키고 당 통일을 싸워나가자!(組織原則を守り党統一を闘い抜け!)」라는 문장과 함께 발표하였다. 이 10월의 주코쿠지방위원회 제33회 확대지방위원회는 임시 중앙위원회에 통일 신청 결의를 천명한 것이다. 그러나 이에 대한 임시 중앙위원회 측의 태도는 앞의 전국통일위원회에 대한 것과 동일하였다. 10월 15일과 29일에 임시 중앙위원회의 직접지도 하에 히로시마와 오카야마의 양 현위원회를 새롭게 조직하고 11월 1일에는 임시 중앙위원회·통제위원회 연명으로「히로시마·오카야마의 전 동지는 새로운 지도부 하에서 굳건하게 결집하자(広島·岡山の全同志は新指導部のもとに固く結集せよ)」를 발표하고 히로시마·오카야마의 구 현위원회의 해산과 그 산하 기관이 새로운 현위원회로 결속할 것을 지시하였다.

이것 외에도 10월 13일 자로 임시 중앙위원회의 방침을 비판한 전농 하야시 중앙 그룹의「의견서」가 발표되고 각 당 조직에 배포되었다. 10월 25일에 임시 중앙위원회는 여기에 반박내용을 붙여 비판점을 거부한「전농 하야시 그룹의 의견서에 대한 회답(全農林グループの意見書に対する回答)」을 발표하였다. 내분은 의원단에게도 파급되었다. 11월 17일 의원단은 가미무라 스스무(上村進), 다카다 도미유키(高田富之), 다시로 후미히사(田代文久)의 3명의 반대, 와타나베 요시미치(渡部義通)의 보류로 주코쿠지방위원회의 지도분자 다나카 교헤(田中尭平)의 제명을 결의하였다. 그 후 51년 3월 상순에 이르러 가미무라, 다카다, 다시로 3명의 의원은 자기비판을 통해 당 활동 정지처분을 해제받았던(11

월 16일) 가라사와 도시코(柄沢とし子)와 함께 활동정지 처분을 받았다.

이렇게 하여 반대파의 중심체가 '9·3성명'을 계기로 하여 동요와 혼란을 반복하여 마침내 자기해체의 길을 걸으면서 임시 중앙위원회에게서 더 큰 압박을 받고 있을 때 다른 '국제파' 그룹(국제주의자단, 통일협의회, 나카니시파 등)은 역으로 전국통일위원회와 다른 길을 선택하여 스스로 해산하는 방법을 피했다. 9월 하순에 조합문제연구회의 이름으로 나온「북경 인민일보 사설(9·3사설)을 어떻게 이해하며 행동해야만 하는가? – 중국공산당의 9·3사설과 일본공산당(北京人民日報の社説〔九·三アピール〕をいかに理解し, 行動すべきか? ―中共の九·三アピールと日本共産党)」은 나카니시 그룹의 통일에 대한 태도를 나타내고 있다. 이것은 9·3사설에 대한 임시 중앙위원회 측과 전국통일위원회 측의 태도가 모두 반드시 옳지만은 않으며 9·3사설의 의도를 정확하게 이해하고 받아들이지 않았다고 비판한 이후에 양 파에게 곧바로 9·3사설의 비판점을 인정하고 통일할 것을 요구하였다. 이것은 또한 현재 "당의 단결이란 공식적(동시에 합법적)으로는 우선 먼저 임시 지도부를 중심으로 한 단결이다"고 인정하고 그렇기 때문에 "이 대동단결 성사의 열쇠를 쥐고 있는 것은 임시 지도부이다. ……임시 지도부 인사들은 분명하게 인식하지 않으면 안 된다. 임시 지도부의 잘못된 제명 정책이 얼마나 당을 혼란에 빠트렸으며 당을 위기로 몰아넣었는지를 진정으로 이해하지 않으면 안 된다"고 강조하였다. 그러나 이 호소도 앞에서 본 11월 1일의 임시 중앙위원회의 전국통일위원회에 대한 최종적인 대답으로 인하여 실질적으로 거부당한 것이 되어 버렸다.

10월 하순에 후쿠모토파의 통일협의회는 「당내 투쟁의 목표와 방향(党内闘争の目標と方向)」이란 팸플릿을 발표하였다. 이것은 종전 이후 후쿠다 및 도쿠다 일파의 '티토적' 정책과 당 운영 방식을 비판하였다. 특히 당 기관 선출에 "위에서부터 아래까지 선거제"라는 볼셰비키적이고 민주주의적인 중앙집권의 원칙이 "전후 우리 당에서 제기될 때마다 도쿠다 일파에 의해 '폐해'가 있다는 이유로 강하게 거부되어온" 점을 혹독하게 비판하였다. 나아가 이 문서는 이번의 분열문제와 관련하여 전국통일위원회 측에 합법주의의 오류, 대중이 사상된 간부주의의 편향, 이러한 곳에서 유래하는 '각 기관 쟁탈 방식'의 잘못 등을 범하고 있다는 비판을 덧붙이고 진정한 통일을 위한 길로써 아래로부터의 실천에 기초한 여러 그룹과 여러 지방 조직의 연계와 결합을 제창하였다.

　　여기에 나타난 것처럼 도쿠다 주류파의 가부장적 관료주의적 지도 방식을 역사적 근원에서 추궁하고 있는 점, 그리고 전국통일위원회의 간부주의적 편향까지도 날카롭게 비판하고 있는 점에서 이 통일협의회의 의견은 당시의 분열과 내홍 속에서 의미있는 것으로써 경청해야 할 바가 적지 않았다. 이 내분 전체의 결합이었던 대중의 입장을 무시한 양 파 지도부의 공통된 문제점을 날카롭게 지적하고 독단적인 행동으로 기울어진 점을 비판한 것으로 후쿠모토의 오래되고 풍부한 경험에서 우러난 관찰과 견해가 반영되어 있었다. 그러나 이 비판 역시 오로지 당 중앙 상부의 입장에서 통일문제에 집중해온 임시 중앙위원회와 전국통일위원회의 양 측에 대하여 현실적으로 영향력을 미칠 수 있는 힘을 가지지 못했다. 통일협의회 그룹은 이것 외에도 「강령·규약문제의

토론을 위하여(綱領·規約問題の討議のために)」「당면한 농민 투쟁 방침(当面の農民闘争方針)」 등의 문건을 내놓았다.

초기 전국통일위원회 건설 당시 다른 중앙위원과의 공동행동에 나선 가미야마는 이 통일위원회 해산 시점부터 반대파 중앙과의 공동행동에서 떨어져 이 그룹과 함께 도쿠다파 비판이란 독자적 행동을 계속하였다.

07 / 통일 실패와 반대파의 재결집

전국통일위원회가 스스로 해체하고 도쿠다 주류파에게 통일을 제의했음에도 불구하고 도쿠다파가 기관의 장악과 국제적 지지에 대한 자신을 등에 업고 지금까지의 부당한 조직적 처분을 철회하지 않고 '국제파' 분자의 개인적 비판에 의한 복귀방식을 인정했을 뿐으로 통일에 대한 논의를 거부해 버렸기 때문에 이번 가을을 통해 실질적으로 어떤 조직 통일은 진전되지 못했다. 9·3사설 방식의 통일이 실패했다는 점은 점차 명확해졌다. 이 때문에 연말이 다가옴에 따라 전국통일위원회 계통의 분자들 사이에서는 재차 반대파 기관과 당원에 대한 전국적인 지도의 중심조직을 만들어야 한다는 요구가 높아졌다. 각지에서 중심체를 재건하자는 움직임이 활발해지자 중앙위원회 소수파 이외에 구 전국통일위원회의 지도분자들은 무엇인가 새로운 태도를 보일 수밖에 없다.

우선 12월에 가스가 쇼지로가 익명으로 「당의 통일과 볼셰비키화를

위해 – 우리들이 가야할 길 –（党の統一とボルシェヴィキ化のために一わ
れわれの進むべき道一）」이란 논문을 발표하여 반대파에게 호소하였다.
그는 이 논문에서 앞의 전국통일위원회의 해산이 '비현실적'이며 시기
상조였음이 임시 중앙위원회의 태도로 실증되었다고 지적하고 "당 그
자체를 붕괴시키고 있는 소감파 분파는 드디어 가장 유해하고 위험하
게 되었으며……이 소감파 분파의 해악에서 당을 지키고 당의 볼셰비
키적 통일을 위해서 신속하게 우리 스스로 일치단결하지 않으면 안 되
다"고 하여 반대파의 재결집을 희망하였다.

　이렇게 하여 재결집 요구를 보다 정식화한 「새로운 정세와 일본공
산당의 임무(新しい情勢と日本共産党の任務)」란 논문이 12월에 작성되
었다. 구 전국통일위원회 계통의 지도분자와 지방기관도 이 두 문건을
통해 전국통일위원회의 제안을 임시 중앙위원회가 거부한 사실이야말
로 앞의 해산이 시기상조였음을 증명하고 있다는 사실, 지금은 우익 기
회주의에서 좌익 모험주의로 넘어가고 있는 '소감파 분파'를 단호하게
비판하지 않으면 안 된다는 사실, 새롭게 '당 전체의 이익과 전 당의 볼
셰비키화와 통일을 목표'로 한 재결집이 필요하다는 사실 등에 일치하
였다.

　이렇게 하여 12월 중순에는 재차 전국적인 통일조직을 만들려고 하
는 경향이 강화되어 연말에 걸쳐 미야모토, 구라하라, 가스가(庄), 하
카마다, 가메야마, 도사카, 하라다 등 구 전국통일위원회의 지도분자가
중심이 되어 새롭게 공식기관으로 전국적인 사무국을 설치할 것, 기관
지『해방전선(解放戦線)』『당활동(党活動)』등을 발간할 것, 그 외의 것들

을 정하였다.

다음해 1951년 1월 1일 자로『해방전선』제1호가 창간되었으며, 동 20일 자로『당활동』제1호가 당내 지령지로 발간되었다. 전자의「발간에 즈음하여(発刊に際して)」란 문장은 새롭게 반대파가 제기한 조직원칙을 옹호하면서 다른 한편으로 '소감파'가 최근에 제기한 봉기주의적 좌익편향을 극복해야만 한다고 강조하였다. 이 잡지에는 앞에서 소개한「새로운 정세와 일본공산당의 임무」가 게재되었다.

이렇게 하여 구 전국통일위원회 계통의 분자는 재차 전국적인 당의 재결집을 행하고 독자적인 지도기관, 기관지, 강령적 방침 등을 가지게 되었다. 이러한 사실은 다시금 조직적인 분열이 결정적이고 고정적으로 되었으며 '두 가지 당' 또는 '두 가지 대분파 조직'의 병존과 대립 사태가 발생했음을 의미했다. 이 경우 최초로 분열의 계기를 만든 책임이 누구에게 있는가라는 문제와는 별도로, 서로 독자적인 기관과 기관지 그리고 방침을 가지고 논쟁하는 한 이것이 완전한 분파투쟁임을 부정할 수는 없다.

구 전국통일위원회 중심분자의 재결집은 다른 반주류와 '국제파' 분자들 사이에서 다양한 반응을 낳았다. 특히 구 전국통일위원회 계통에서 '극좌적 분파주의'로 취급된 국제주의자단 그룹은 새로운 반대파의 방침이 더욱 도쿠다 주류파에 대한 잘못된 타협적 태도로 관철되고 있다고 격렬하게 공격하였다. 노다는 그 기관지『불꽃(火花)』지상에「도쿠다파와 우리들의 근본적인 대립점에 대하여(徳田派とわれわれの根本的対立点について)」를 발표하여 도쿠다 주류파와의 타협이 있을 수 없는 논리적 정치적 근거를 설명하였다. 나아가 51년 1월의 『불꽃』 제4호에 「당의 통일을 단순히 의제화해서는 안 된다(党の統一を単なるお題目に化してはならない)」를 발표하였는데, 여기서 앞의 가스가 논문과 「새로운 정세와 일본공산당의 임무」를 예를 들면서 비판적 검토를 첨부하였다.

그는 정통파 중앙위원회의 확립을 유일한 목표로 하여 "도쿠다파의 도당적(徒黨的) 관료적 조직"과 타협·교섭을 꾀하려고 하는 반대파 중앙의 태도를 기회주의적이며 잘못되었다고 비난하였다. 즉 그는 "도쿠다파의 기회주의, 민족주의를 시작으로 '전국통일위원회 코스'의 중도주의와 그 외의 다양한 형태로 개입하는 타협적 편향을 괴멸시키지 않고서는 당의 진정한 통일과 규율을 보전할 수 없다"고 하여 통일의 전제로 도쿠다파의 분쇄와 타협분자의 괴멸을 강조하였다.

08 / 4전협과 군사방침

　그런데 앞에서『해방전선』창간호의「발간에 즈음하여」란 문장이 '소 감파의 봉기주의적 극좌편향의 극복'을 강조하고 있다는 사실을 논했는 데 사실은 이보다 앞서 50년 10월경부터 도쿠다파의 지하 지도부가 갑 자기 '무력혁명' 문제를 제기하자 여기에 국제파와 주류파의 기본방침 에 대변화가 발생하기 시작하였다.

　즉 도쿠다파는 10월 7일 자 자파의 비합법 기관지『평화와 독립(平 和と独立)』과 10월 12일 자 자파의 비합법 기관지『내외평론』특별호 (제4호)에「공산주의자와 애국자의 새로운 임무 – 힘에는 힘으로 싸우 자 – (共産主義者と愛国者の新しい任務ー力には力を以てたたかえー)」란 익명의 논문을 발표하여 9·3사설 이후 처음으로 행동 슬로건으로 무장 문제를 제기하였다. 이 논문은 아시아태평양 노동조합회의의 유소기 (劉少奇) 테제와 7월 17일 자 북경의『인민일보』에 게재된 소논문「무장 한 인민 대 무장한 반혁명은 중국만의 특질은 아니다(武装した人民対武

装した反革命は中国だけの特質ではない)」 등의 여러 결론을 일본에 기계적으로 적용한 것으로 일본혁명은 러시아, 중국, 동유럽 혁명의 특징을 다소간 가지고 있기 때문에 이들 혁명의 다양한 경험을 섭취하여 독자적인 진로를 모색해야만 한다고 주장하였다. 그리고 현실적인 혁명 과정으로 러시아 도시 노동자의 무장봉기와 중국 농촌 유격대의 조직과 결합을 예상함과 동시에 군사적 지식의 습득을 요구한 것이다.

실제로 이 안이한 비합법 중앙부의 무장문제 제기가 그 후 극좌편향의 일반화와 당 자멸의 위기로 가는 최초의 출발점이 되었다. 이것과 관련하여 합법면에서도 임시 중앙위원회의 기관지 『당활동지침』 10월 15일호가 위의 방침을 합법적인 문장으로 발표하여 적이 민주주의의 가면을 벗어던지고 그 지배를 유지하기 위하여 무력을 사용하고 있는 이상 더 이상 평화적이고 합법적인 방법에만 의존할 수는 없다고 처음으로 비합법 활동의 필요성과 무력투쟁으로 전환의 필요를 시사하였다.

그 후 지하 지도부는 나아가 51년 1월 24일 자 『내외평론』 제6호에 익명의 논문 「왜 무력혁명이 문제시되지 않았는가(なぜ武力革命が問題にならなかったか)」를 발표하였다. 식민지적 일본의 특수성에서 중국과 달리 도시와 농촌에서의 노동자·농민의 투쟁을 혁명으로 준비하면서 농촌에서 무장투쟁을 준비하는 것이 새로운 방침이 되어야만 한다고 하여 "무장의 문제는 원칙상의 논의가 아니라 당면한 실천적인 문제가 되었다"고 강조하였다. 또한 이 논문은 '소감파'의 우익 기회주의를 강렬하게 비판하는 국제파가 중심문제인 무장혁명 문제를 전혀 언급하

지 않은 것에 대하여 조소를 보내고 있다.

이처럼 '우익 기회주의'적 주류파 방침의 갑작스러운 대전환은 양측의 당원 대중을 놀라게 하였다. 반대파 측은 이에 대하여 비판적인 견해를 표명하여 앞의 「새로운 정세와 일본공산당의 임무」란 논문에서도 "일본의 정세가 마치 혁명적 위기의 성장기에 있으며 결정적인 투쟁의 전야인 것처럼 말하여 권력획득을 위한 무장투쟁 혹은 무장훈련적인 투쟁을 당면한 행동 슬로건인 양 논하는 것은 결정적인 오류"로써 이점을 비판하였다. 이 논문에 의하면, 현재 무장투쟁을 행동슬로건으로 하는 것은 소수정예분자의 극좌 모험주의에 빠지는 것을 의미하며 당과 혁명운동을 파괴로 내모는 것이었다. 그 외에 가미야마 시게오와 나카니시 쓰토무 등도 무장봉기 코스가 갖는 원칙적인 정당함은 인정하지만, 이것을 직접 당면한 문제로 제기하는 것은 시기상조이며 도발적이라고 반대하였다.

이렇게 하여 50년 9월까지의 주류파와 '국제파'의 전술방침은 50년 10월 이후부터 51년을 걸쳐서 완전히 정반대로 역전되었다. 이전에는 '국제파'가 주류파의 반제국주의 투쟁 회피를 우익 기회주의·해당주의로 비판하였다. 예를 들면 「전학련 의견서(全学連意見書)」에서 제국주의 그 자체에 대한 직접투쟁을 주장하였으며, 「나카니시 의견서(中西意見書)」도 무장봉기 조직 이외에 폭력혁명은 있을 수 없다고 강조하였다. 그리고 이것을 주류파는 극좌주의·과격주의로 비난하고 있었다. 그런데 지금은 서로의 입장이 완전히 반대가 되었다. 주류파쪽이 '극좌주의'적 주장을 내세워 갑자기 무장투쟁 문제를 실천적으로 제기하기

153

시작하자 '국제파' 쪽이 이것을 극좌 모험주의라고 공격하게 되었다. 배후에서 어떠한 구체적인 움직임의 결과로 이 반전이 나타나게 되었는지는 불분명하지만 어쨌든 여기서는 원칙적으로 무장투쟁을 승인하면서도 당면한 행동 슬로건, 실천적 과제로 이것을 제안한 것은 극좌적 도발적 폐해를 낳는다고 하여 반대한 측이 절대적으로 옳았다는 점은 의심할 여지가 없다. 만약 반대파의 이 정당한 비판이 힘을 가지고 당원 대중을 설득할 수 있었다면 다음 단계에서 보는 듯한 당의 역사 이래 최대의 비극적인 실패는 일어나지 않았을 것이다.

그런데 도쿠다 주류파는 이 새로운 방침을 결국 결정적인 형태로 정리하였다. 이즈음에 일상적인 지도는 도쿠다가 지명한 소수 분자만으로 행해지고 있었는데 51년 2월 23－27일까지의 5일간 그들은 비밀리에 제4회 전국협의회를 소집하였다. 대회를 대신하는 것으로써 중대한 의미를 가지는 이 4전협은 주류파 이외에 모든 기관과 당원을 배척하고 지하 지도부의 일방적인 운영만으로 시종일관한 완전한 규약위반 조치였다. 이것은 주류파의 기본방침, 전술, 조직방침, 당 규약 등의 대전환을 확인한 것으로 '국제파' 모든 그룹의 좌 성향을 넘어서서 다음해부터 전국적으로 개시된 극좌 모험주의 행동으로의 첫 기초를 놓은 것이다.

4전협은 우선 전 조직에서 '국제파' '중도파' 분자의 일소를 결정하고 앞에서 그들을 단순한 분파라기보다는 스파이·도발자·매국노·민중의 적으로 취급하기로 한 임시 중앙위원회·통제위원회의 새로운 방침(「スパイ·挑発者との闘争」『前衛』, 51년 2월, 제55호)을 정식으로 확인하였다. 또한 4전협은 당 규약의 개정을 행하여 당내 민주주의에 중대한 제한

을 가하였다. 즉 당 대회의 권한을 중앙위원회로 이양하고 지도기관의 선거제에 제한을 가하여 당원에 대한 처분방법을 단순화하여 일방적인 처분을 가능하게 하였으며 통제위원회도 대회가 아니라 중앙위원회의 임명으로 선정하게 하였다. 그리고 당원 후보제도를 신설하였다.

4전협은 새로운 지도부를 선출했는데 동시에 당 조직의 중대한 재편도 결정하였다. 조직의 중심을 급속하게 비합법적인 체제로 옮기기로 하여 단일 지도부로 뷰로조직(V조직)을 확립하기로 하였다. 구체적으로는 중추적인 지도부로 지하 지도부(중앙위원회 다수파)의 정치국·서기국으로 비공식적인 중앙 뷰로를 만들고, 하부기관에도 지방·부현·지구·세포군·세포에 각각의 비공식적인 뷰로를 만들어서 여기에 각급 위원회의 운영권을 집중시켰다. 이 뷰로가 중앙지도부 이하의 공식적인 각급 기관대표부로서 공적인 면의 지도를 담당하게 하였다. 이것은 합법면 – 공식기관의 지도부, 비합법면 – 뷰로라는 이중구조가 아니라 뷰로 – 조직으로의 단일 지도권의 집중이었다.

4전협 최대의 결정은 '군사방침'이었다. 이것은 저항 자위투쟁의 발전과 중핵 자위대·유격대 조직의 문제를 초보적이지만 처음으로 전 당적으로 제기하였다. 즉 이것은 미군을 몰아내고 폭력적인 억압기관을 분쇄하는 인민의 무장투쟁이 혁명에서 필요하다고 강조하고, 노동자의 다양한 저항 자위투쟁을 발전시켜서 중핵 자위대로 결집할 것, 노동계급의 지도하에 농어민과 시민 사이에 각종의 저항투쟁을 일으켜 의식적인 자위대 조직을 형성할 것, 또한 자위투쟁을 발전시켜 그 내부에서 유격대를 만들어낼 것 등을 당면한 임무로 하였다. 그리고 노동계급은

소규모의 유격대를 조직하여 대경영지역과 산촌지역에 근거지를 확보할 것, 인민 자위대 운동을 토대로 하는 유격대 활동은 인민 해방군으로의 발전을 지향할 것 등을 규정한 것이다. 구체화된 무장투쟁 방침의 제1보가 시작되었다. 4전협의 「조직문제에 대하여(組織問題について)」란 결정은 위의 군사방침에 대응하여 비합법 활동의 강화, 자위대 활동의 강화, 무장투쟁의 계획적인 준비에 대하여 논하고 있다.

이 4전협의 결정은 『내외평론』 제14, 제16호에 「일본공산당의 당면한 기본적인 행동방침(日本共産党の当面の基本的行動方針)」으로 발표되었는데 그 내용은 제1 일반 투쟁방침(일반보고), 제2 전면 강화투쟁에 대하여(일반보고의 보완), 제3 군사방침에 대하여, 제4 조직문제에 대하여, 제5 정책수행을 위하여(결론을 대신하여)의 5개 부분으로 이루어져 있다. 단 일반에게 발표된 것은 군사방침을 제외한 나머지 부분이었다.

주류파의 위법적인 4전협의 소집과 여기서 결의한 당 분열의 고정화 방침, 규약의 관료주의적 개악, 극좌 모험주의로의 경도 등은 모든 반대파에게 충격을 주었다. 특히 구 전국통일위원회 분자는 연말에 재결집 방향을 취한 것이 정당했음을 확인하였다. 이들은 4전협이야말로 당 분열의 일방적인 합법화 시도이며 이에 따라 통일에 대한 투쟁은 새로운 단계로 들어갔다고 판단하여 공식기관으로 전국통일회의를 본격적으로 발족시켰다. 이를 통하여 주류파의 극좌 모험주의와 투쟁하며, 당의 통일을 임시 중앙위원회와의 교섭에서 모색하려는 입장을 포기하고 대중투쟁에 대한 지도를 적극화하는 태도로 이행하려고 하였다. 이를 위해서 전국통일회의 존재방식을 구 전국통일위원회처럼 머리뿐인 연락회의가 아니라 전국적으로 지방·도부현·지구·세포의 각급 뷰로를 갖는 통일조직으로 만들어서 이를 적극적으로 대중의 조직화와 투쟁지도를 수행하는 것으로 기획하였다.

4전협에 대한 통일회의파의 비판의견은 도쿄도 통일회의가 4월 20일 자 기관지『프롤레타리아 통신(プロレタリア通信)』제5호에 발표한「확신을 갖고 당 통일의 대도를 가자! - 제4회 전국협의회는 무효다 - (確信をもって党統一の大道を進め!一第四回全国協議会は無効である一)」에 대표적인 형태로 나타나있다. 특이 이 문건은 규약초안을 예시하여 당내 민주주의의 유린이며, "당사에 유래가 없는 음모"라고 비난하였다. 동일한 입장에서의 공격은 통일회의가 5월에 창간한 기관지『건설자(建設者)』에 게재된 익명의 성명문「소감파 분파의 규약개악과 우리들의 태도(所感派分派の規約改悪とわれわれの態度)」에도 나타나있다. 이 성명은 4전협이 "규약상 비합법"이며 규약개정은 "주류파 분파 활동의 합리화"에 지나지 않는다고 공격하고 "이로써 프롤레타리아 민주주의도 민주적 중앙집권도 존재하지 않는다"고 단정하였다.

그러나 다른 한편으로 동일한 통일회의 계통에서도 가스가 쇼지로 일파는 4전협의 부정에 대한 문제에는 회의적으로 동요를 보이고 있었다. 이 때문에 미야모토 겐지 그룹이 점차로 통일회의 내에서 발언권을 강화해갔다. 통일회의의 이론 기관지로써 3월 1일『이론전선(理論戦線)』이 창간되었는데, 그 제1·제2호(6월1일)에서 미야모토가 세가와 요조(瀬川陽三)란 필명으로「당의 통일을 방해하고 있는자는 누구인가 - 당 통일의 코스를 둘러싼 여러 문제 - (党の統一を妨害しているのは誰か

一党統一のコースをめぐる諸問題一)」를 작성하여 통일에 대한 기본적인 구상을 자세하게 전개하였다. 미야모토는 여기서 전국통일위원회의 결성과 해체에 즈음하여 발생한 반대파 내의 좌우 양 파의 편향에 대하여 논하고 특히 앞에서 본 노다 야사부로(野田弥三郎)의 비판에 "이전의 극좌 관념주의의 합리화"에 지나지 않는다고 반박하고 노다를 "전형적인 극좌 분파주의자"로 공격하였다. 그리고 기본적으로 구 중앙위원회의 회복이야말로 모든 전제조건이라고 하는 자신의 주장을 옹호하면서 4전협의 규약개악에 관해서도 비판을 가하였다.

어쨌든 4전협의 규약개정과 반대파에 대한 스파이 공격은 모든 반대파에게 강한 충격을 주어 전국적인 결집과 지도체제의 강화를 적극화시키는 작용을 하였다. 그들은 당내투쟁의 '새로운 단계'를 외치면서 대중투쟁의 조직과 지도에 나서기 시작하였다.

09 / 지방 선거전과 두 개의 공산당 — 분파투쟁의 절정

51년 4월 23일에 전국 30곳의 지방선거가 실시되었다. 이 선거전에서 분파투쟁은 어떤 의미에서 가장 심각한 양상을 나타내면서 그 절정이라고도 할 수 있는 모습을 보였다. 여기서 처음으로 주류·'국제' 양파의 대립항쟁이 대규모로 공공연하게 대중투쟁 속으로 들어와 지금까지 당 내부의 실상을 잘 알지 못하고 있던 일반 대중에게 사태의 심각함을 분명히 보여주었다.

임시 중앙위원회 측은 '통일후보'에 의한 선거방침을 결정하고 도쿄도 지사에 사회당의 가토 간주(加藤勘十)를, 오사카부 지사에 사회당의 스기야마 모토지로(杉山元治郎)를 추천하였다. 그러나 반대파는 임시 중앙위원회의 이러한 일방적인 사회당과의 통일전선 결성 방침을 무원칙적이라고 비난하여 가토·스기야마 모두 반제국주의에 대한 태도가 분명하지 않기 때문에 통일후보로 적합하지 않다고 하여 별도의 독자 후보를 추천할 방침을 정하였다. 즉 도쿄도 통일회의가 중심이 되어 도쿄에서 '국제파' 계통의 전학련·신일본문학회 등의 추천으로 야마타카 (山隆)를 '공산당 후보'로 내세웠으며 또한 오사카에서는 간사이지방 통일위원회 야마다 로쿠자에몬(山田六左衛門)을 출마시켜서 독자적인 선거전을 치루려고 하였다. 전전 전후를 통해서 처음으로 '두 개의 공산당'이 별도의 선거전을 치르는 획기적인 사태가 발생했다.

이 선거전을 둘러싸고 양 파의 항쟁은 점점 더 격화되어 결국 진흙탕 싸움으로 번져 서로에게 비판을 가하였다. 이번에는 모든 것이 대중의 눈앞에서 공공연하게 전개되었기 때문에 그런 만큼 대중에게 불신, 의혹, 혼란, 실망을 강하게 안겨주었다.

도쿄를 중심으로 하는 반대파와 통일회의는 이 선거 전후에 「혁명적 의회주의와 당면한 지방선거 투쟁(革命的議会主義と当面の地方選挙闘争)」(『당활동』, 3월 10일 자), 「곧바로 평화옹호 투쟁을 개시하자—도쿄도 지사 선거의 여러 임무(直ちに平和ようご闘争を開始せよ—東京都知事選挙の諸任務)」(『프롤레타리아 통신』, 4월 5일 자), 「민족통일전선과 지방선거(民族統一戦線と地方選挙)」(『학생평론(学生評論)』 제9호) 등의 여러 문건을 발표하였다. 여기서 임시 중앙위원회 측의 지방선거방침을 비판하고 독자 후보를 위한 이론적인 정당성을 주장하였다.

통일회의 계열의 독자후보 방침에 대해서는 같은 '국제파' 내에서도 다른 의견이 있었다. 예를 들면, '단결파'(기관지 『단결[団結]』이란 이름에서 나카니시 쓰토무 그룹을 이렇게 불렀다)는 야마타카와 가토를 하나로 통일해야만 하는 필요성을 강조하여 기관지에 「지방선거투쟁의 기본문제(地方選挙闘争の基本問題)」(『단결』 제23호), 「다시 지방선거투쟁의 근본문

제에 대하여(再び地方選挙闘争の基本問題について)」(『단결』제26호) 등을 발표하였다.

이와는 달리 후쿠모토 그룹의 통일회의는 국회의원선거 이외의 지방선거는 모두 거부하자고 주장하였다. 그런데 노다 그룹의 국제주의자단은 또 다른 방식으로 기관지 『불꽃(火花)』에 편집국 「지방선거와 일본 프롤레타리아의 임무(地方選挙と日本フロレタリアートの任務)」를 발표하고 '평화강령'을 승인하는 후보자만을 지지하자고 제안하였다.

이처럼 지방선거전이라는 현실문제를 앞에 두고 주류·비주류 양 파의 대립은 마침내 가혹하고 공개적이며 최고조에 달한 형태가 됨과 동시에 '국제파' 내부에서도 통일회의파(미야모토 계열은 '이론전선파'라고도 불렀다), '단결파', 통일협의회, 국제주의자단 등 각자 다른 방침을 취하는 형세가 보다 분명해졌다.

4월의 지방선거 결과는 외부의 탄압과 내부의 심각한 대립으로 인하여 당연히 의석수가 대폭 감소할 수밖에 없었다. 통일후보의 탓도 있어서 지사 선거에서 47년 4월의 25만 8,044표에서 20만 4,937표로 감소했으며, 도도부현 의회, 시구정촌 의회 선거에서는 47년 4월의 110만 525표가 83만 7,042표로 줄었다. 감소한 표는 당 지지자뿐만 아니라 당원 자신도 있었다. 전년도의 제18회 확대 중앙위원회 당시의 23만 6,000명은 8만 3,194명(6월 『당주보』)으로 줄어서 겨우 1년 사이에 탄압과 내분으로 조직력의 2/3를 한꺼번에 잃어버렸다.

10 / 주류파의 '자기비판'과 '국제파'의 분열 경향

그런데 4전협 후에 주류파의 대 '국제파' 방침이 더욱 엄격하게 변하여 '중도주의자'까지를 포함하여 스파이 분자로 배격하는 한편 이 3–5월의 기묘한 현상이 주류파 내부에서 일어났다. 그것은 주요한 지하 지도 분자와 시이노 임시 중앙의장의 '자기비판' 경쟁이었다.

최초로 작성된 것은 3월 25일 자의 시가 요시오의 「자기비판서」였다. 이것은 이미 전년도 가을부터 주류파로의 단독 복귀 의사를 분명히 표시한 시가가 4전협의 결정에 따라 명확한 '자기비판'을 요구받고 작성한 것으로 1–2월경에 구 전국통일위원회가 기관지『해방전선』을 발간하여 '해방전선파'로서 명확하게 분파행동에 나선 것을 알고서 이것과 완강하게 싸우겠다는 의사를 가지게 되었다고 기록하고 있다.

다음으로 3월 29일 자 우치야마 하루오(内山春雄) 명의의 「자기비판」이 4월 5일 자『내외평론』2권 8호, 통권 제17호(또는『造林』제17호)에 발표되었다. 이것은 군사문제에 대한 지금까지의 잘못된 지도에 대하여 자기비판하고 있는 점에서 지하 지도부에서 군사조직의 최고책임자인 시다 시게오(志田重男)가 작성한 것이라고 일반적으로 생각되었다. 이것은 이후부터는 4전협의 「군사방침에 대하여」에 따라서 투쟁할 것을 강조하고 있다.

다음으로 5월 20일 자 모리 고이치로(森浩一郎) 명의의 「자기비판」이 5월 31일 자 『내외평론』 2권 12호, 통권 제21호(또는 『短波』 제21호)에 발표되었다. 이것은 종래의 기관지 활동의 오류에 대하여 자기비판한 것으로 봐서 처음에 당의 비합법 기관지의 최고책임자 이토 리쓰에 의해 작성된 것이라고 일반적으로 믿고 있었으나 그 문장은 기관지 책임자로서의 틀을 벗어나 전 당 활동의 책임자로서 자기비판을 행하고 있는 듯한 내용을 포함하고 있었으며, 당 활동의 전체적인 자기비판까지도 표현하고 있는 점에서 이후에 도쿠다 서기장 자신의 자기비판이 아닐까하고 생각되기도 했다.

이들 지하 지도부의 자기비판은 마침내 합법 지도부로 확대되었다. 7월 5일 자 임시 중앙위원회 의장 시이노 에쓰로의 「당의 이론적 무장을 위하여 – 나의 자기비판(党の理論的武装のために－私の自己批判)」이란 문건이 합법 기관지 『전위』 8월 제61호와 7월 30일 자 『당활동지침』 제101호에 발표되었다. 이것은 자기 자신의 이론적 수준이 일천함을 반성하고 지금까지의 이론 경시 경향과 경험주의 조장 경향을 솔직히 자기비판한 것이다.

4전협에 의해 '국제파' '중도파'에 대한 강경한 태도를 정하고 거의 실질적으로 통일을 위한 논의를 포기한 듯이 보였던 도쿠다 주류파가 이 합법·비합법의 최고 책임자의 자기비판을 갑자기 연속적으로 발표한 것은 도대체 어떠한 이유에서인가. 그 원인은 어디에 있는지, 지금까지 여전히 불확실한 채로 남아 있으나 당시는 4전협의 강경한 태도 직후의 이 태도 변화를 아마도 중대한 국제적인 압력이 가해진 결과가 아닌가 하고 추측했다. 중국공산당과의 직접적인 연락, 그 외 의견 교환을 통해서 중대한 의견이 전달되어 적어도 통일에 대한 새로운 길을 열어두는 계기로써 이 최고 책임자들의 잇단 '자기비판' 발표가 있었던 것은 아닌가 하고 생각된다.

예상대로 이들 '자기비판' 발표는 '국제파'의 여러 그룹에게 영향을 미쳤다. 4전협 그 자체의 충격도 적지는 않았지만, 연이은 지방선거의 진흙탕 내분이 대중에게 전해준 불신과 실망의 역작용, 계속되는 4-5월의 주류파 책임자의 자기비판 성명은 '국제파' 전체에 심각하고 복잡한 반향을 일으킬 수밖에 없었다. 이리하여 5, 6, 7월에 '국제파' 각 그룹 내부에는 새롭게 주류파와의 통일문제를 둘러싸고 활발한 논의가 일어났는데 이것은 나아가 '국제파' 자체의 분열과 해체의 경향으로까지 고조되었다.

4전협에서 동요하고 4월 지방선거에서 더욱더 동요한 가스가(庄)파는 이 때문에 통일회의 내에서 발언력을 급속하게 상실하고 있었다. 5월경에는 미야모토파가 통일회의의 중앙과 전국 뷰로를 장악하고 주도적인 지위를 확보하여 동요하고 있는 가스가파와 대립하여 독자적인 통일 노선을 정하고 진출을 꾀하기 시작했다. 이들은 어디까지나 통일회의 전국 뷰로를 정통 공산당, 정통파의 혁명적 중앙부로 규정하고

6·6 이전 즉 제6회 대회 당시의 지도체제를 기준으로 하여 중앙위원회를 부활할 것, 그에 따라 전 당의 통일을 실현할 것을 주장하였다. 이에 대하여 가스가파는 우선 임시 중앙위원회로의 복귀를 고려하기 시작했다.

5·6월에 '국제파' 각 그룹은 통일문제에 대하여 각자의 견해를 분명히 했다. 미야모토파의 영향하에 있는 그룹과 도쿄도 통일회의 등은 대체로 구 중앙위원회를 우선 회복시키자고 하는 '위로부터의 통일'론에 동의하고 있었다. 예를 들면, 5월의 『프롤레타리아 통신』 제8호의 논문 「굳게 단결하여 당 통일을 위해 투쟁하자!(固く団結して党統一のために闘わん!)」는 제6회 대회에서 선출된 중앙의 인물로 복귀하고 그 아래서 전 당이 단결하자고 주장했다. 5월 28일 자 마스다 가쿠노스케(増田格之助)의 의견서 「당의 통일에 대하여(党の統一について)」는 조직을 형성하고 책임 있는 기관을 설치하여 반주류파 활동을 조직적으로 통일할 필요가 있다고 강조하였다. 별도로 도쿄도 유지(有志)의 이름으로 「일본공산당 통일을 위하여(日本共産党の統一のために)」란 팸플릿도 출판하였다.

이러한 것에 대하여 나카니시 그룹의 '단결파'는 「당 통일투쟁의 새로운 단계와 우리들의 당면한 기본방침(党統一闘争の新段階と吾等の当面の基本方針)」「당 통일투쟁의 기본방침에 대하여(党統一闘争の基本方針について)」 등의 여러 논문에서 '국제파'를 통일하여 임시 중앙위원회와의 '아래로부터의 통일을 추진하자'고 주장하여 앞서 논한 미야모토파(통일회의)의 '위로부터의 통일'론과 대립하였다(『団結』, 51년 5 - 6월, 제

28호·제30호 등).

이에 대하여 노다 등 국제주의자단은 주류파는 제국주의의 첨병이기 때문에 이들과 완전히 결별하고 분리하여 진정한 당을 만드는 것 외에 방법이 없다고 기관지 『불꽃(火花)』을 통해 주장하였다. 예를 들면, 국제주의자단의 이름으로 6월에 발표된 「당의 통일에 대하여 동지 제군에게 제안한다(党の統一について同志諸君に提議する)」란 문건은 "불만을 토로하지 말고 주저할 것 없이 소련과의 동맹을 지킨다는 프롤레타리아 국제주의의 입장을 견지"하기 위해서 어디까지나 도쿠다파 민족주의자와 단호하게 싸우지 않으면 안 된다. 그들을 분쇄하는 것만이 통일을 달성할 수 있다 - 고 강경하게 주장하였다. 이것은 '국제파'의 다른 그룹이 주장하는 '대동단결'론, '정통파 중앙위원회 재건'론, 혹은 '제3세력(Another Party)'론 등 모든 것을 부정하였다. 통일협의회도 대체로 국제주의자단에 가까우며 도쿠다파를 '티토 파시스트'라고 규정하고 당의 볼셰비키적 재건을 주장했는데 모리 고이치로(森浩一郎) 명의의 「자기비판」이 나오고부터는 이것을 도쿠다 자신에 의한 것이라고 보고 그 획기적인 의의를 인정하려고 하는 강한 반응을 보였다.

가미야마 시게오를 중심으로 한 그룹은 지금까지 '국제파'와 의견을 달리하고 있었기 때문에 전국통일위원회 - 통일회의 전국 뷰로 노선과는 접촉을 가지면서도 직접 참가는 하지 않는 독자적인 입장을 유지해오고 있었다. 이들은 신중한 활동태도를 견지하고 적극적인 조직 활동을 행하지는 않고 있었다. 그러나 4전협, 지방선거와 분파투쟁이 재연된 것을 보고 양 파에게 통일을 제안하는 절호의 기회라고 판단하여 여

기서 통일회의 내의 건전한 그룹을 원조하여 좌우편향과 투쟁하는 것이 통일을 실현하기 위해 가장 유효한 방법이라고 판단하게 된다. 7월 14일 자 하야시 히사오(林久男)의 이름으로 발표된 가미야마 그룹의 『당 통일의 도표 – 전국의 애당 동지 제군에게 호소한다(党統一の道標－全国の愛党の同志諸君に訴える)』란 팸플릿은 "전국통일위원회의 해산을 승인하고 주류·국제 양측이 대표를 추천하여 일정한 기관 혹은 회의를 설치하여 일정한 협의를 거친 뒤에 위에서부터 아래까지의 조직을 통일해야만 한다"고 하는 구체적인 방법을 제안하였다. 하지만 가미야마 그룹의 활동은 어디까지나 집필활동에 한정되어 그 후에도 조직적인 방법에 의한 활동은 자제하고 있었다.

이처럼 반주류파 그룹의 통일에 대한 의견이 '위로부터의 통일'(미야모토파), '주류에 합류'(가스가파), '아래로부터의 통일'(후쿠모토파·나카니시파), '주류파지도부 분쇄에 의한 통일'(국제주의자단), '위에서 아래까지의 조직적 통일'(가미야마파) 등 다양한 대립을 보이고 있을 때 주류파 책임자들의 자기비판이 곧바로 앞에서 본 7월의 시이노 에쓰로의 자기비판으로 확대되었을 때 나아가 이것을 둘러싸고 반주류파 내부의 더욱 결정적인 의견분열이 일어나게 되었다.

문제는 시이노의 자기비판을 어떻게 평가할 것인가라는 점이다. 통일회의의 중심은 시이노의 자기비판을 속임수이며 거짓말에 지나지 않는다고 평가하였다. 예를 들면, 7월에 미야모토파의 통일회의 전국 뷰로가 제출한 「기만과 왜곡의 서 – 동지 시이노의 자기비판에 대하여 – (偽瞞と歪曲の書―同志椎野の自己批判について―)」는 이 자기비판이 당을 해체시킨 주류파 '음모'에 대하여 아무런 자기비판을 행하고 있지 않은 점, 변함없이 분파를 교조주의로 규정하고 시가의 교조주의와 일부의 극좌분파주의를 반대파 전체에 덮어씌우고 있는 점, 이와 관련하여 어디까지나 미야모토의 주장과 입장이 정당하다는 점 등등을 지적하였다. 또한 도쿄도 통일회의 지도부가 7월 16일 자로 제출한 시이노 자기비판에 관한 통달 「당 통일투쟁의 호기에 즈음하여(党統一闘争の好機にあたって)」도 시이노의 자기비판의 불충분함, 기만적인 내용과 왜곡을 추궁하자고 강조하였다. 나아가 7월 18일 자 간토지방 통일대표자회의 「지금이야말로 일치단결하여 당 중앙의 통일을 투쟁으로 쟁취하자! – 동지 시이노의 '자기비판' 발표에 즈음하여 전 당원 제군에게 호소한다 – (今こそ一致団結して党中央の統一を闘いとれ!ー同志椎野の「自己批判」発表に際し全党員諸君に訴うー)」도 대체로 위와 같은 입장을 취하고 있다. 이것은 시이노의 자기비판이야말로 "사실을 왜곡하고 본질을 은폐하여 당원 대중을 기만하는 것"이라고 단정하고 "당의 빛나는 통일을 회복하기 위해서는 이러한 부분적인 자기비판에 의해 성취되지는 않는다. 즉 당 중앙을 분열시키고 해체를 낳은 것에 대한 솔직대담한 자기비판 위에 서서 그 책임의 소재를 분명히 하고 그리고 솔선하여 당 중앙의 단결을 위하여 헌신적으로 노력하는 것"에 있다고 주장하였다.

그러나 이에 대하여 간사이지방 통일위원회 그룹은 역으로 반대의 평가와 태도를 보였다. 미야모토와 도사카의 영향력이 강한 간토지방·도쿄도 통일회의파와 비교하여 간사이지방·오사카부 그룹은 후술하는

가스가(庄)나 야마다(로쿠자에몬)의 영향력이 강하였다. 7월 18일에 야마다가 간사이지방 통일위원회 의장의 자격으로 작성한 「동지 시이노의 자기비판과 우리들의 태도(同志椎野の自己批判と我々の態度)」는 시이노 자기비판의 적극적 의의를 크게 인정하려고 하는 태도를 보이고, 시이노의 "자기비판은 이미 귀중한 싹을 포함하고 있다. 그렇기 때문에 우리들은 이것을 환영하고 이것을 올바르게 발전시키기 위하여 모든 힘을 모아 원조하고 협력하지 않으면 안 된다"고 역설하였다. 다음 7월 19일에 간사이지방 통일위원회는 주류파의 공적인 당 기관·간사이지방위원회에 통일 '신청서'를 결정하고 곧바로 통일을 위한 전면적이고 구체적인 협의를 실시하고 싶다는 의향을 전달하였다.

이렇게 하여 반대파의 중심분자들 사이에서 간토와 간사이에서 커다란 차이가 발생했다. 이보다 앞서 오사카의 참의원의원 보궐선거가 실시될 때 양 그룹의 생각 차이가 이미 나타나기 시작했다. 이때 임시 중앙위원회 측이 결정한 가와카미 간이치(川上貫一)를 반대파로서 추천할 것인지 말 것인지로 도쿄와 오사카에서 의견이 상충되었는데, 미야모토파의 독자 후보주의에 대하여 간사이통일위원회 측은 가와카미 추천을 결정하였다. 이것은 곧바로 통일에 대한 기본방침의 차이로까지 발전하였다.

주목할 점은 시이노의 자기비판 문제에 대한 가스가 쇼지로의 평가이다. 그는 7월 25일 사카기하라(榊原宗一郎)라는 필명으로 발표한 「당 통일투쟁의 발전을 위하여(党統一鬪争の発展のために)」에서 시이노의 자기비판에 대한 간사이 측과 야마다의 태도는 올바르며 도쿄 측(전국

뷰로)의 태도를 오류라고 하였다. 그리고 처음으로 전국 통일위원회 –
통일회의 전국뷰로의 기본 노선이며 미야모토파의 근본적인 주장이었
던 "제6회 당대회의 중앙위원회 회복"에 대하여 "형식적 정통주의"라
는 비난을 퍼부었다. 그는 여기서 미야모토파가 인민대중의 현실 투쟁
과 전국 동지들의 통일에 대한 치열한 노력도 무시하고 단지 형식적으
로 중앙회복·정통주의를 입으로만 되뇌는 살롱적 집단으로 타락했다고
격렬하게 공격하였다. 그리고 "통일위원회를 해체한다고 하면서 실은
뒤로는 케른(ケルン)이라는 전국적인 조직을 가진" 이중적인 태도야말
로 자신과 타자를 속이는 것이라고 비난하였다.

이상에서 본 것처럼 통일회의 내에서 미야모토와 가스가의 대립이
단순하게 임시 중앙위원회에 대한 태도가 강경한가 타협적인가의 차이
가 아니라는 점은 명확하다. 앞에서도 보았지만, 이미 전년도에 소수
파 중앙위원회의 지도하에 전국통일위원회가 결성될 당시부터 그 속에
는 두 가지 다른 기본방향과 태도가 흐르고 있었다. 하나는 어디까지나
주요한 목표를 '구 중앙의 정상기능 회복'에 두고 이를 위한 주요방법으
로써 '통일을 위한 위로부터의 중앙교섭'을 취하는 것이며, 다른 하나는
통일달성의 전제를 전국적인 대중투쟁의 지도에 두고 대중활동의 활성
화를 기초로 통일요구를 높여나가 전 당적인 통일을 실현하려고 하는
것이다. 나카니시와 후쿠모토 그룹이 주장한 '아래로부터의 통일' 방식
이 이 후자의 방향과 일치한다는 점은 말할 필요도 없을 것이다. 가스
가가 구 전국통일위원회 계통의 재결집을 제창하면서 점차로 미야모토
그룹과 의견이 대립하기에 이른 것도 1–7월 사이에 4전협·지방선거·

주류파의 자기비판 과정에서 통일회의의 주요 인물이 점차로 위로부터의 중앙교섭 방식으로 고정화하여 대중투쟁에서 완전하게 멀어진 사실에 더욱더 실망하고 불만을 가지게 되었기 때문이다. 가스가의 미야모토 비판에는 당내 투쟁을 광범위한 대중 활동의 기초와 대중투쟁에 대한 지도의 장으로 설정하려고 하지 않는 반대파 방침의 근본적인 결함에 대한 많은 당원의 반성과 고뇌가 집중적으로 표명된 것이다.

그러나 이러한 정당한 동기도 이것이 주류파에 대한 태도결정의 문제가 되자 반드시 올바른 결과를 도출하지는 못했다. 대중활동의 무시와 분파투쟁의 진흙탕화에 실망한 결과가 다음에서 보는 것처럼 가스가 등의 임시 중앙위원회에 대한 무조건 굴복의 방향으로 결착되었을 때 그것은 어디까지나 강경한 미야모토에 비교하여 결코 올바르다고 할 수 없었다. 즉 이 문제에 한정한다면, 동기에 있어 가스가가 올바르지만 결과는 미야모토가 옳았다.

어쨌든 가스가와 가메야마는 시이노 문서를 임시 중앙위원회 측의 자기비판 개시로 판단하고 "전국뷰로에서 탈퇴하고 분열원인에 대한 비판적인 태도를 견지하면서도 간사이지방 통일위원회와 보조를 맞추어 4전협에 의한 지도부하에서 통일 신청을 행한다"는 것을 결정하였다. 이에 대하여 이후 8월 10일 『건설자』 제9호에 게재된 미야모토 논문 「당 통일의 촉진을 위하여(党統一の促進のために)」는 재차 "동지 시이노의 지기비판은 불철저하고 적지않은 속임수가 있으며 이 때문에 당 통일을 위한 초점을 흐리게 하고 있다"고 비판하여 곧바로 6·6추방 이전의 상태로 돌릴 것을 요구하였다.

어쨌든 반대파의 중심은 크게 분열되어 중대한 귀로에 서게 되었다. 구 중앙의 회복을 고집할 것인지 임시 중앙위원회로 즉시 복귀 논의를 진척시킬 것인지 – 출발점 이후 가지고 있던 대중적 기반의 결여라는 결점은 마침내 이러한 형태로 반대파를 궁지에 몰아넣었다.

11 / 코민포름 판결과 대분파 투쟁의 종결

  반대파의 중심이었던 통일회의가 임시 중앙위원회의 통일방침으로
분열되고 마침내 간사이통일위원회와 가스가·가메야마 등이 임시 중앙
위원회에 통일 신청을 하기에 이르자 전국뷰로도 여기에 대처하기 위
해 어떠한 방법을 취하지 않으면 안 되었다. 그래서 8월 중순에 통일회
의의 전국대표자회의를 열고 통일방침에 대한 근본적인 검토를 행할
것을 전국의 반대파 조직에게 제안하였다. 이에 미야모토파는 간사이
파와 가스가파에게 나타난 타협적 방침과 대결하고 가능하면 '당의 통
일에 대한 결의'까지 진척시켜 재차 전국뷰로의 기본방침과 통일회의의
전국조직을 강화하려고 결심하였다. 이를 위해 장문의 「전국대표자회
의 보고 안(全国代表者会議の報告 案)」 작성에 착수하였다.

  그런데 사태의 추이는 점차 빨라졌다. 8월 13일에 야마다 등의 간사
이지방 통일위원회는 앞의 야마다 의장의 시이노 자기비판에 대한 성
명을 발전시켜 무조건 복귀를 통한 전면적인 조직적 통일의 태도를 결

정하고 자파를 통해 해소에 대한 결의를 해버렸다. 더구나 다음날 8월 14일에 결정적인 보도가 '모스크바 방송'을 통해 전해졌다. 그것은 8월 12일 자 코민포름 기관지 『영구적 평화와 인민민주주의를 위하여』가 이전 2월의 4전협에서 도쿠다파의 일방적인 「분파주의자들에 대한 투쟁에 관한 결의(分派主義者にたいする鬪爭にかんする決議)」를 직접적이고 결정적으로 지지하고 '분파활동'은 미일반동을 이롭게 할 뿐으로 어디까지나 이 결의를 지켜나가야 한다는 주장을 게재하였다는 놀라운 내용이었다. 이 방송은 '국제파'의 모든 집단에게 마치 청천벽력이었으며 치명적이라도 할 수 있는 대타격이었다.

8월 16일, 간사이지방 통일위원회는 「코민포름 논평에 관한 결의(コミンフォルム論評に関する決議)」를 행하고 이 논평을 전면적으로 받아들여 "무조건 복귀를 통한 당 통일의 완료"를 이룰 것을 약속하였다. 8월 18일에는 간토지방 통일위원회 지도부가 임시 중앙위원회 지도하에 각각의 기관과 절충을 개시하고 이 경우의 통일행동 확보, 통일파 조직의 해소를 주장한 「당 통일에 관한 코민포름 논평과 우리들의 태도(党統一に関するコミンフォルム論評とわれわれの態度)」를 결정했다.

이보다 앞서 중앙위원회 소수파와 '국제파'의 여러 그룹을 대표한 형태로 국제조직에 당 분열의 실상을 알리고 그 권고와 원조를 바라고 있었다고 회자된 하카마다 사토미(袴田里見)가 무조건 자기비판 한 사실이 밝혀졌다. 즉 그의 「나는 분파와 모든 관계를 끊고 분파근절을 위해 투쟁한다(私は分派と一切の関係を断ち分派根絶のために鬪爭する)」는 자기비판서가 8월 9일 자 주류파 측의 「동지 하카마다 사토미의 자기비판에 대하여(同志袴田里見の自己批判について)」란 문건과 함께 8월 23일 자『내외평론』2권 17호·통권 제26호(또는『건강법〔健康法〕』제26호)에 발표되었다. 같은 8월에 가스가 쇼지로에 의한 것이라고 보이는 아키즈키 지로(秋月二郎) 명의의「나의 자기비판-정말로 당과 혁명에 충실하기 위하여-(私の自己批判一本当に党と革命に忠実であるためにー)」,「××동지 제군에게 자기비판서 작성을 마무리 짓고(××同志諸君へ自己批判書を書きおえて)」의 두 문건이 작성되었다.

통일회의는 이제 지리멸렬한 혼란 상태에 빠졌다. 코민포름의 주류파에 대한 결정적인 지지와 이어진 간사이파, 가스가파, 하카마다의 무조건 굴복은 이미 예정된 8월 중순(17일경)의 전국대표자회의를 한꺼번에 날려버렸다. '국제파'의 중심에서 2월 이후의 동요와 혼란은 여기서 최후의 마침표를 찍었다. 분파투쟁의 결말은 이제 시간 문제였다.

코민포름 판결로 분파투쟁에 마지막 결정이 정해졌다고 판단한 주류파는 8월 19-21일의 3일간에 걸쳐 도쿄에서 비밀리에 제20회 중앙위원회를 열었다. 도쿠다의 50년 테제초안이 제출된 전년의 제19회 중앙위원회 총회 이후 실로 1년 4개월만에 더구나 완전히 도쿠다파의 일방적인 전제적인 운영에 의해 열린 원칙적으로는 규약 위반의 '중앙위원회'였다. 지하의 지도간부들과 시이노 임시 중앙위원회 의장도 참가하였으며 앞에서 자기비판한 시가도 여기에 참가하였다고 생각된다.

이 '중앙위원회'에서「어디까지나 샌프란시스코회의에 반대하며 전면강화를 위해 투쟁하자(あくまで桑港会議に反対し，全面講和のために闘おう)」「민족해방·민주통일전선에 대한 결의(民族解放·民主統一戦線

についての決議)」「대중공작에 대한 결의(大衆工作についての決議)」「당의 통일에 관한 결의(党統一にかんする決議)」「학습운동과 간부양성에 대한 결의(学習運動と幹部養成についての決議)」 등이 채택되었으며, 나아가 2월의 4전협에서 채택된 개정 「당 규약 초안(党規約草案)」도 승인되었다.

「당의 통일에 관한 결의」는 코민포름 기관지에 발표된 「분파주의자에 대한 투쟁에 관한 결의에 대하여(分派主義者にたいする闘争にかんする決議について)」와 함께 임시 중앙지도부의 이름으로 『전위』 9월 제62호에 게재되어 실질적으로 약 1년에 걸친 격렬한 전 당 분열, 대분파 투쟁에 종지부를 찍는 역할을 하였다. 결의는 도쿠다 주류파가 절대적으로 옳았다는 전제에 입각하여 간토지방 통일회의 지도부 등이 요구한 복귀를 위한 단체교섭이나 집단적 복당 방법을 완강하게 거부하고, 철저한 자기비판과 분파에 대한 투쟁을 서약하도록 하여 '무조건 굴복'의 길만을 인정하였다.

주목할 점은 회의가 당의 실질적인 지도 중심은 도쿠다파가 장악한 비공식적인 지도부에 있어야 한다는 점, 이 비공식 중앙이야말로 전 당 유일의 지도기관이지 않으면 안 된다는 점을 확인한 다음에 앞의 50년 테제 초안의 처리에 대하여는 전혀 언급하지 않고 「일본공산당의 당면한 요구─새로운 강령 초안(日本共産党の当面の要求─新しい綱領 草案)」을 제출하여 이것을 전 당의 토론에 부치기로 결정한 사실이다. 신강령의 작성은 공론화되지 못했으며, 단지 그 토의가 2월의 4전협 즈음부터 시작되었던 점, 국제조직의 지도와 원조가 이루어졌다는 점, 그 과정에서 도쿠다 지도 분자의 자기비판 경쟁이 이루어졌다는 점, 여름에 들어서서 완성된 안이 만들어졌다는 점 등을 추측할 수 있는 정도였다. 회의 후 이것은 「민족해방·민주통일전선과 당의 통일 발전을 위해(民族解放·民主統一戦線と党の統一の発展のために)」라는 제20회 중앙위원회의 기나긴 서문을 붙여서 전 당에 제시되었다.

이렇게 하여 1년에 걸친 당의 역사상 공전의 분열 투쟁은 조직적으로는 반대파 측이 임시 중앙위원회에 무조건 굴복하는 형태로 복귀하고, 사상적 정치적으로는 신강령을 토대로 한 이론적 통일이라는 형태로 수습됨으로써 겨우 틀이 잡혔다. 제20회 중앙위원회를 중심으로 한 논의를 통해 미야모토파, 가스가파, 간사이·주코쿠 그 외의 통일회의계 조직, 국제주의자단, 나카니시 등의 '단결파', 가미야마 그룹 등 모두 8월 하순에서 10월 사이에 자기비판·조직해산을 완결 짓고 개별적으로 복귀(사실은 굴복)하였다.

가장 일찍이 분파조직을 결성하고 가장 격렬하게 주류파를 공격한 국제주의자단은 가장 빨리 복귀를 결의하여 8월 23일 자로 임시 중앙위원회에 제출한 「신청서」에서 "자신들의 분파를 자그마한 흔적조차도 남기지 않고 해소시킬" 결의를 피력하고 임시 중앙위원회가 이를 위해서 "마음에서 우러나온 원조를 해주기를 절실히 요청하"였다. 9월에는 '단결파'가 해산대회를 열고 보고서 「당 통일의 승리적 발전과 우리들의 태도(党統一の勝利的発展とわれわれの態度)」에서 '논평'이 지지한 임시 중앙위원회의 기본적인 정당성과 반대파의 오류를 무조건 인정하고 4전협과 임시 중앙위원회를 승인하여 스스로 그룹해체와 무조건적인 복귀

신청을 확인하였다. 10월에 통일회의의 지도부는 「당의 단결을 위하여 (党の団結のために)」란 성명서를 내고 자신들의 주관적 의도와는 관계없이 "미일반동에 이용당한 결과를 낳은" 점을 인정하고 엄중한 자기비판하에 "여기서 자신들의 조직을 해산한다"고 선언하였다. 이 해의 4월에 쓰즈라·니시카와 등을 중심으로 노동조합운동에서 반대파 조직으로 결성되어 그 후에 활동을 확대해온 전통회의(전국노동조합통일정보위원회)도 10월 5일의 제4회 대표자회의에서 국제비판에 순응하여 해소할 것을 결의하였다.

이리하여 시시비비에 대한 일방적인 판결하에서 실질적으로 분파활동은 종결되었다. 반대파에 속한 사람들은 이 일방적인 판결하에서 우선 복귀조건으로 신강령과 4전협 규약에 대한 승인, 분파로서 일으킨 잘못에 대한 철저한 고백과 사죄 그리고 그 '극복'을 강요받았다. 단 이 가운데 '국제파' 각 그룹의 일부 분자는 사상적으로도 조직적으로도 납득할 수 없다고 하여 자기비판과 복귀를 거부하였다. 그러나 그 반대파로서의 힘은 다케이 데루오(武井昭夫)의 전학련 그룹 외에는 더 이상 실질적인 힘을 발휘하지 못했다.

어쨌든 극히 부당하고 불완전한 형태이기는 하지만, 근 1년에 걸친 당내 투쟁에 마침표가 찍혔다. 코민포름의 익명의 논문으로 시작된 분열항쟁은 중국공산당으로부터의 3차에 걸친 권고로 크게 휘둘리고 마지막으로 동일한 코민포름의 판정에 의해 종결되는 운명을 맞이하였다. 여기서 일관되게 보이는 특징은 전 당 및 전 당원의 사상성의 나약함과 자주성의 결여이며, 대중적인 조직력의 부족과 실천적 기반의 취

전후 일본의 공산당사

약함이었다. 이러한 약점을 가지고 실현된 통일은 필연적으로 진정한 내부적 결속과 통일을 만들어 낼 수는 없었다.

무엇보다 문제였던 것은(최초의 코민포름 비판도 형식적으로 잘못된 것이었지만) 이 최후의 코민포름 판정이 사태를 근본적으로 착각하고 있었기 때문에 잘못된 해결방향을 결정한 점이다. 지금까지 보아온 것처럼 분열과 그 후의 통일저지에 대한 최대의 책임은 도쿠다 등 중앙위원 다수를 점하고 있는 일부 파벌 분자의 독단적인 행동이며 그 후의 일관된 가부장적 관료적 태도와 규약을 무시한 행동이었다. 여기에 대처하면서 중앙위원 소수파와 반대파 여러 분자의 태도도 뒤에서 논하는 것처럼 결코 정당했다고는 할 수 없다. 그러나 스스로 분열을 일으키고, 그 후 통일을 위한 3차례의 기회를 무너트린 정치책임이라는 점에서는 도쿠다파의 행위는 절대로 용서할 수 없는 것이었다. 그런데 코민포름은 이 부적절한 비판형식으로 인하여 당내 분열에 대한 하나의 계기를 제공한 커다란 오류에 이어서 또다시 일국의 당내 문제에 직접 개입하고 잘못된 시비 판단으로 부당한 판정을 내렸다는 이중의 커다란 실책을 저질렀다. 어떤 의미에서 즉, 이전에 분열의 원인을 제공한 것에 대한 책임을 진다는 의미에서 그리고 임박한 샌프란시스코 조약체결을 앞두고 한시라도 빨리 당의 통일을 도울 필요가 있다는 의미에서 동지 당으로서의 입장에서 판정한 것이라고도 생각할 수 있을 것이다. 그러나 그렇다 하더라도 더욱 심각해진 당내 투쟁에 외부에서 직접 개입하여 편파적이고 경솔하게 가담한 점은 본질적으로 잘못된 태도이다. 더구나 이 판정이 잘못되었다고 한다면, 이것을 변호할 여지는 거의 없다.

더구나 이 결정적인 잘못에 대하여 반주류파의 대부분이 무조건 굴복하고 자신들을 분파로 인정하고 일방적으로 자기비판하여 규약을 위반한 측인 임시 중앙위원회에 무조건 복당을 신청하는 비극이 이어졌다. 이처럼 일관되게 역전된 '통일'이 순조롭게 완료될 수 있을까. 과연 이 잘못된 국제적 개입과 잘못된 수용이라는 지점에서 이루어진 '통일'은 매우 불건전하고 부자연스러운 것이 되어, 실질적으로 아무런 진정한 통일을 가져오지 못했을 뿐만 아니라 이어지는 전 당적인 극좌모험주의의 비극을 만개시키는 결과를 낳았다.

즉 코민포름 판결을 기준으로 하여 수습된 대분파 투쟁은 그 통일이 극히 왜곡된 형태가 될 수밖에 없었다. 단순히 외부의 힘을 절대적인 기준으로 하여 이에 대한 굴복이라는 형태로 형식적이고 표면적인 통일이 이루어졌을 뿐이었기 때문에 결과적으로는 "주류파의 승리에 의한 독재화, 소수파의 굴복에 의한 무력화"라는 실질적으로 통일이 아닌 사태가 전개된 것에 지나지 않았다.

그런데 과거 1년여에 걸친 '분파투쟁'은 전체적으로 적대 계급의 직접적인 공격이나 압력에 비하여 수백 배에 해당하는 매우 심각한 타격을 당과 대중에게 안겨주었다. 그것은 어떠한 탄압과도 비교할 수 없는 놀랄만한 힘을 가지고 철저하게 당과 일본의 혁명세력과 노동대중의 힘을 약화시켰다. 특히 분파투쟁의 동지 서로가 처참하게 비난한 방식은 많은 대중단체와 노동조합에 직접 전달되어 이들을 분열 혼란시켰으며 파괴하고 붕괴시킴으로써 헤아릴 수도 없는 손실과 해악을 남겼다. 산별(産別)·일농(日農)은 물론이요 전학련, 신일본문학회, 부인민주클럽, 민주주의 과학자 협회, 역사학연구회, 학생사회과학연합회, 귀환자동맹, 평화옹호일본위원회, 일소친선협회, 신극클럽 그 외 대개 당원 집단과 세포가 유력한 지도력을 발휘한 다양한 대중단체에 가혹하고 비인간적인 분파투쟁의 진흙탕 싸움이 이전되었다. 당내 투쟁을 완전히 대중단체 속으로 가져가 스스로를 폭로하고 당내 투쟁의 결과에 따라 대중단체에서 조직적인 배제를 행하는 등 잘못된 조치가 여러 곳에서 이루어졌다. 당과 대중단체는 완전히 혼란에 빠졌다.

이 분파투쟁의 실상은 패전후 사상적으로 눈뜨고 이상과 정열에 불타서 당 활동에 참가한 많은 젊고 순수한 당원들, 착하고 성실한 노동자 당원들에게 심대한 타격을 주었으며, 이들 중 다수를 실의와 절망 속으로 밀어넣었다. 많든 적든 육체적이고 정신적인 희생을 헛되게 소모했으며 당에 대한 그들의 신뢰는 급속하게 약화되었고 혁명운동과 공산주의 그 자체에 대한 회의와 혐오를 가지게 만들었다. 많은 청년들이 다시는 회복될 수 없는 정신 상태에 내몰렸으며, 일생동안 치유받지 못할 만큼 치명적인 상처를 받았다.

뿐만 아니라 분파투쟁은 당과 친숙하여 당의 주변에서 활동하고 있던 많은 동지들, 양심적 인물, 진보적 청년들 가운데서도 당에 대한 심각한 의혹과 불신을 낳아 그들을 급속하게 당에서 멀어지게 했다. 패전 이후 전체적으로 당이 활동을 통해 만들어 놓은 성과도, 이를 통한 사상적 영향력도 이 1년 사이에 급속하게 소멸했다. 당내투쟁에 전 에너지를 빼앗겨 당은 이 시기에 일본의 대중이 당면한 다양한 일상적이고 정치적인 문제에 충분한 힘도 지도도 발휘할 수가 없었다. 한국전쟁에서 샌프란시스코 회의의 준비에 이르는 이 전후의 가장 중요한 전환기에 당은 안타깝게도 내분에 에너지를 전부 소모하여 상극과 증오에 지쳐서 적절한 대중투쟁 조직, 유효한 정치투쟁의 지도에 전력을 쏟을 수가 없었다. 전년도의 레드퍼지 그 외 계속되는 권력의 비민주적 강압이 있었다고는 하지만, 이전에 강대함을 자랑하던 산별회의는 이해 말에 3만 수천 명이라는 약소한 세력으로 변하였다.

이러한 모든 사실에 대하여 주류파든 반대파든 관계없이, 당 지도자이든 하부 당원이든 관계없이 전 당 및 전 당원이 각자의 입장에서 각자의 지위와 역할에 상응하는 책임을 져야만 한다.

제3장

극좌모험주의의
비극
─1952년에서 54년─

01 / 신강령에 대한 토의와 5전협

1951년 8월에 코민포름 판정에 의해 왜곡되기는 했지만 '통일'의 길이 실현되고 동시에 신강령의 제시에 의해 이론적이고 전략적인 통일을 향한 기초가 놓임과 동시에 새로운 '재출발'의 시기가 시작되었다. 이 시기는 미국 주도하의 샌프란시스코 강화회의가 준비·실현되어 전후 일본의 정치·경제체제가 새로운 단계를 향하여 발족한 시기와 일치했다.

강화회의는 9월 4일에 열렸는데 8일에는 49개국과 강화조약의 조인이 이루어졌으며 동시에 일본을 군사적 전략적으로 미국에 묶어두는 미일안전보장조약도 조인되었다. 9월 3일에 점령군과 정부는 당의 합법지도부에 탄압을 가하여 점령군 정책위반이란 카드로 임시 중앙지도부원과 국회의원들에게 부당한 체포영장을 발부하였다. 즉 시이노, 가와다, 스즈키, 스기모토, 와다, 호사카, 후쿠모토 가즈오, 이와다, 야마베, 니시자와, 오카다 후미오, 이와모토 이와오(岩本厳), 우에무라 스스

제3장·극좌모험주의의 비극

무(上村進), 스나마 이치로(砂間一良), 호소가와 가로쿠(細川嘉六), 호리에 무라이치(堀江邑一), 가와카미 간이치(川上貫一), 기무라 사부로(木村三郎)의 18명에게 체포장을 발부하고, 6일에는 니시다테 히토시(西館仁)를 추가하여 19명에게 공직추방을 명하였다. 또한 경찰은 전국 300곳에 걸쳐 당의 기관을 조사하였다. 이에 대하여 시이노 등 임시 중앙위원회의 인물들은 일찍이 비공식 활동에 들어가 있어서 이와다, 호리에, 호소카와, 야마베, 후쿠모토, 스나마, 우에무라, 가와카미 등 8명만이 체포되었다.

샌프란시스코 체제의 확립에 대응하여 당은 이제 자그마한 합법적인 활동무대조차도 빼앗기고 너무도 좁은 틀 안으로 내몰렸다. 외면적이고 제도적이라고는 하더라도 일본이 '독립'상태로 변환함에 있어서 점령군 당국이 무엇보다 당을 철저하게 탄압하려고 생각하고 있었던 것은 분명했다. 임시 중앙위원회의 괴멸 이후 당은 일시적으로 본부 대책위원회를 설치하여 대처하였지만, 중앙에 대한 탄압이 확대되지 않는다고 판단하여 10월 22일에 지도부 의장에 고마쓰 유이치로(小松雄一郎)를, 부원에 쓰카다 다이간(塚田大願)을 선출하여 합법적인 중앙기관의 모양새를 갖추었다.

통일 그 자체가 불완전하고 명목적인 것에 지나지 않았을 뿐 아니라 외부에서 연속적인 탄압을 받아서 주류파 당 기관의 활동은 현저하게 퇴조했다. 구 반대파의 복귀도 무리한 자기비판의 요구와 '죄상 고백식'의 반성 강요 때문에 제대로 진척되지 않았다. 그래도 9-10월 사이에 전 당을 통하여 신강령의 토의에 즈음하여 10월 16-17일의 이틀간 재

전후 일본의 공산당사

차 지하 주류파의 주도하에 비밀리에 제5회 전국협의회를 개최하였다.

　5전협도 이것이 적법하지 않은 4전협의 기초위에 서서 6·6추방 이전의 중앙위원회와 규약을 완전히 무시하고 개최된 점에서 정상적인 것은 아니었다. 단지 불완전한 해결이었다고는 하더라도 우선 분파투쟁의 수습과 통일화를 전제로 하고 있는 한 제19회 중앙위원회 총회 이래 처음으로 통일된 '지도부'하에서 개최된 당 회의였다. 그러나 그 토론은 반대파에 대한 일방적인 판정을 통한 도쿠다파의 강제적인 '통일'을 기반으로 하고 있었기 때문에 민주주의적인 운영이 충분히 이루어질 리는 없었다. 코민포름 등의 국제적인 지지와 신강령의 권위를 배경으로 하여 개인중심적인 지도는 더욱 강화되었으며, 서로 다른 의견과 주장은 '분파주의자'란 낙인을 붙임으로써 관료주의적으로 압살되었다. 강령문제를 전제로 한 군사방침의 더 한층의 구체화 등 그 후의 모든 활동을 결정하는 중요한 문제가 상정되면서도 이것을 당내 민주주의에 기초하여 솔직하고 철저하게 검토하고 토론하는 길은 봉쇄되어 있었다.

　5전협의 중심문제는 신강령의 채택과 이것에 근거한 전술방침의 결정이었다. 구 규약에서는 강령의 결정과 당 규약의 개정은 당 대회에 제출할 필요가 있었지만 주류파는 자파의 우위에 의한 통일로의 길이 결정된 점에 편성하여 당시 권력의 압박 상태하에서 전국대회를 개최하는 것은 합법적으로도 비합법적으로도 불가능하다고 판단하여 신강령 초안을 거의 결정안과 동일하게 취급하여 채택으로 몰고 갔다. 5전협의 결정은 「신강령 초안의 검토를 종결함에 즈음하여(新綱領草案の討

議を終結するに当たって)」「일반보고」「규약의 수정」「결론」으로 이루어졌으며 그 외에 「오키나와·아마미오시마·오가사와라제도의 동포에게 호소함(沖縄·奄美大島·小笠原諸島の同胞に訴える)」 등을 채택하였다. 5전협 결정은 11월 1일 자 『내외평론』 2권 21호 통권 제30호에 모두 발표되었다.

신강령의 기조를 이루는 이론은 중국혁명에 대한 중국공산당의 전략방침으로 앞의 도쿠다의 50년 테제초안을 둘러싼 논쟁에서 드러난 중앙의 여러 가지 이론 가운데 가미야마 시게오의 이론에 가장 가까운 것이었다. 즉 이것은 당면한 혁명을 인민민주주의 혁명이 아니라 민족해방을 일차적으로 하고 여기에 부르주아 민주주의적 과제를 결합시킨 '민족해방 민주혁명'으로 규정하였다. 단지 이것은 국내적으로는 혁명적인 토지개혁, 즉 반봉건적 농업혁명의 임무를 강조하고 반독점적 사회주의적 요구를 모두 철회해버렸다. 또한 반제국주의 투쟁에 있어 민족자본가 분자의 일정한 역할을 인정하여 이것을 포함한 '민족해방 민주통일 전선'을 기본적인 조직형태로 제창하였다. 이것과 연결하여 전술적 투쟁형태로써는 평화적인 방법이 아니라 국민의 '진지한 혁명적 투쟁' 방법을 주장하였다.

신강령이 민족해방혁명의 기본적인 입장을 제출한 것은 아직 군사점령체제가 온존하고 있는 한에서 결정적으로 타당했다. 그러나 이것이 군사적 점령에서 지금은 강화회의를 거쳐 특수한 종속체제로 이행하고 있는 일본의 현실을 무시하고 구 식민지 종속국의 고전적인 규정을 적용하여 고전적인 식민지 혁명 특유의 무력투쟁전술을 도출하는 가능성을 끌어낸 점은 커다란 약점이자 위험이기도 했다. 단 이 위험성도 아직 신강령 자체의 전략방식의 틀 내에 한정되어 추상적으로 제기된 채로 멈추어 있었더라면, 실제적으로 해악은 없었을 것이다. 그러나 5전협 이후 이 식민지 혁명 특유의 무력투쟁방식이 전술적 조직적으로 구체화되어 세목화되었기 때문에 당연히 여기서 수없이 많은 무시무시한 실천행동을 낳게 되었다.

신강령은 11월 23일의 『항구적 평화와 인민민주주의를 위하여』지에 전문이 발표되었으며 이어서 11월 24일 『프라우다』지에 전제되었다. 그리고 12월 1일에는 북경방송에서도 방송되었으며 완전히 국제적인 확인을 통해 지지를 획득하였다. 그 뒤에도 신강령은 전후 마르크스·레닌주의 이론의 발전에서 이것을 현실적으로 적용한 모범적인 실례의 하나로 세계 공산주의운동에서 칭송받았다.

다음해 1952년 2월 15일의 코민포름 기관지에 도쿠다 서기장의 「일본공산당 신강령의 기초(日本共産党新綱領の基礎)」란 논문이 발표되어 그 이론적인 기초를 설명했다. 도쿠다는 여기서 민족 부르주아지의 혁명적 역할과 농업혁명의 중요성을 강조하였다. 또한 신강령에는 스탈린의 신민지 종속국의 혁명형태에 대한 규정이 직접 적용된 사실을 명확히 하여 실질적으로 이것이 중국혁명의 성격 규정에 따라 제출된 것임을 증명하였다. '노사카 이론'으로 강조되었던 일본의 내외 정치경제 정세의 특질은 모두 말살되었으며 오로지 미국의 제국주의적 지배라는 측면에서 일본의 전략규정을 중국의 경우와 거의 구별하지 않은 상태로 제출하였다.

02 / 무장행동과 중핵 자위대 조직

　5전협은 신강령을 채택한 것뿐만 아니라 4전협의 '군사방침'을 더욱 진척시켜 구체화한 무력투쟁방침을 신강령 실시의 전술적 제1보로 토론에 부쳐 사실상 이것을 결정하였다. 즉 5전협에서는 무장투쟁방침을 구체화한 중요한 논문 10월 3일 자「우리들은 무장 준비와 행동을 개시하지 않으면 안 된다(われわれは武裝の準備と行動を開始しなければならない)」가 제출되어 5전협 이후 전 당에 걸쳐 이것을「일반보고」와 함께 토론할 것이 요청되었다.

　이 발표에 있어서 특히 "이 군사문제에 대한 논문은 우리들이 불충분하면서도 실행해온 이 문제에 대한 실천적인 발표임과 동시에 새롭게 채택된 강령에 기초한 구체적인 지침이다.……따라서 전 당이 이 논문을 새로운 강령과 제5회 전국협의회의 일반보고와 합쳐서 토의하고 이것을 단순한 논문으로 마감하는 것이 아니라 실천을 위한 무장으로 나갈 것을 희망한다"고 하는「군사문제 논문을 발표함에 즈음하여(軍事

問題の論文を発表するにあたって)」란 서론이 부가되었다. 이것은 11월 8일 자『내외평론』(球根栽培法) 2권 22호·통권 제31호에 게재되었다. 이어서 이 방침에 따라「예비대 공작의 당면한 중점(予備隊工作の当面の重点)」「경찰공작의 낙후를 극복하기 위하여(警察工作の立ちおくれを克服するために)」 등의 예비대·경찰에 대한 공작을 지시한 논문이 11월 12일 자『내외평론』(球根栽培法) 2권 23호·통권 제32호에 발표되었다.

이를 전후하여 당은 점령군 당국과 정부에 의해 심하게 추궁당하였으며, 거의 합법적 활동의 여지를 가질 수 없을 정도로까지 내몰렸던 것은 이미 논하였다. 이것은 앞에서도 논한 것처럼 우선 외면적이고 제한적이라고는 하더라도 강화조약이 체결되어 위로부터의 독립이 이루어져 곧이어 조약발효와 함께 총사령부도 철수하여 한정적인 정치지배권과 통치기능이 일본정부의 손으로 넘어오며 군사점령하에 제한되었던 정치적 자유의 일정한 틀이 부여된다는 정세하에서 점령군 당국이 혁명세력과 혁명조직을 미리 철저하게 약화시켜두고 총사령부 폐지 후에도 쉽게 강력한 정치진출을 이룰 수 없도록 한 결과였다. 따라서 이 시기의 탄압조치는 한국전쟁 전후의 군사적 위기에 당면하여 이루어진 것과 성질도 목적도 달랐다. 이전은 전략적인 위험을 앞에 둔 군사적 예방조치였으나 이번은 아래로부터의 독립요구에 대응하여 위에서 제공할 수밖에 없는 '독립'을 유지하기 위한 정치적 예방조치였다. 따라서 이 조치 뒤에는 당연히 합법적 활동 가능성의 확대, 정치활동의 일정한 자유, 군사적이고 직접적인 억압의 철폐 등이 예상되었다. 그러나 도쿠다파의 지하지도부는 이것을 근본적으로 오판하여 역으로 사태를 역의 방향으로 예상하였다. 샌프란시스코 체제와 안보조약은 점령제도를 영구화·제도화한 것으로 강화발효에 따르는 군사적 관리와 재군비, 경찰의 단속과 당의 비합법화 방침 등은 더욱 강화되는 면은 있어도 느슨해지는 면은 절대로 있을 수 없다고 예측하였다.

이러한 잘못된 예측 때문에 신강령의 꼭 필요한 전술적 보완 혹은 구체화로써 무장투쟁방침은 점점 더 발전되었다. 12월 중순에 도쿠다 주류 지도부는 전국조직회의를 열고 5전협 이후의 새로운 정세에 대처함과 동시에 신강령의 구체적인 행동방침을 토의하였다. 여기서 결정된 중심문제는 '당면한 전술과 조직문제'였는데 신강령의 방침을 실현하기 위하여 필요하다고 생각되는 실제적인 전술과 조직을 규정하였다. 이 전국조직회의의 결정에 관해서는 『내외평론』(球根栽培法)지에 「당면한 전술과 조직문제에 대하여(当面の戰術と組織問題について)」(12월 20일 자, 2권 24호·통권 제33호), 「전국조직회의의 결정을 실행하기 위하여(全国組織会議の決定を実行するために)」(52년 1월 8일 자, 2권 25호·통권 제34호), 「전국조직회의의 결정을 전 당의 토의에 부쳐(全国組織会議の決定を全党の討議にうつせ)」(2월 8일 자, 2권 27호·통권 제36호) 등의 여러 문건이 연속적으로 발표되었다.

1952년에 들어서자 이렇게 하여 현실의 발전방향과는 반대되는 모험주의 전술이 강력하게 추진되었다. 2월 1일 자 『내외평론』 2권 27호·통권 제36호에는 익명의 「중핵 자위대 조직과 전술(中核自衛隊の組織と戰術)」이 게재되었다(이것은 1월에 열린 제21회 중앙위원회에서 결정되었다고 추측된다). 지금 당은 무장투쟁으로의 실질적인 이행을 꾀하기 시작하

였다. 이 결정에 의하면, 당은 무장혁명을 3개의 단개로 나누어 제1단계에서는 혁명위원회의 지도하에 중핵 자위대를 조직하고 대중투쟁에 무장행동의 필요를 인식시키면서 이것을 혁명적 투쟁으로 끌어올린다. 제2단계에서는 중핵 자위대의 지도하에 광범위한 대중을 저항 자위조직에 조직해간다. 제3단계에서는 대중투쟁을 국민적인 규모로까지 확대하여 저항 자위조직을 인민군으로 상승시켜 무력혁명에 돌입한다고 하는 지도 구상을 세웠다.

'무장행동'과 '저항 자위조직' 사상은 노동조합과 농민조합에서 시작하여 다양한 대중단체에 공공연히 도입되고 선전되었으며 조직화의 기도가 시도되었다. 그러나 기괴한 것은 이들 군사방침의 구체화와 조직 행동으로의 발족이 당의 공식·비공식의 양 측면에서 좀처럼 통일적으로 추진되지 못하고 공식적인 기관이 자주 외부에서 비공식적인 방침과 지도를 전달받는 사태가 발생한 점이다. 예를 들면, 11월 8일『내외평론』의「우리들은 무장 준비와 행동을 개시하지 않으면 안 된다(われわれは武装の準備と行動を開始しなければならない)」는 52년 1월 15일 발행의『일본주보(日本週報)』제196호에「일공의 무장행동강령 전문(日共の武装行動綱領全文)」으로 폭로되어 지방의 공식적인 기관과 당원들은 이를 통해 처음으로 알게 되었다. 또한 52년 2월 1일『내외평론』의「중핵 자위대의 조직과 전술(中核自衛隊の組織と戦術)」전문도 4월 1일 자『일본주보』제203호에 잽싸게 보도되어 지방의 기관에서는 이것을 경쟁적으로 구매하였다. 이러한 것은 비공식 조직이 가진 중대한 결함을 보여주는 것으로 또한 별도로 비공식 조직과 공식 조직의 연락과 통일의 부

제3장·극좌모험주의의 비극

족함을 나타내는 것이었다.

어쨌든 중핵 자위대 논문이 나온 2월경부터 무장행동에 대한 준비는 활발해졌다. 이 2월에는 후술하는 군사위원회의 전국회의가 열렸는데 그 결론은 팸플릿『벚꽃조개(さくら貝)』로, 그리고 그 결정은 팸플릿『라디오 모음(ラジオの集い)』이란 표제로 정리되었다. 익명의 논문「군사행동의 전진을 위하여(軍事行動の前進のために)」는 3월 1일 자『내외평론』(工学便覧) 2권 28호·통권 제37호에 발표되었으며 이어서『맹자초(孟子抄)』『영양분석표(栄養分析表)』『요리헌립표(料理献立表)』『V노트(Vノート)』 등의 실질적으로 기술적인 문제를 해명하고 설명한 여러 문건이 아마도 군사위원회 조직에서 지속적으로 제시되었다. 예를 들면,『영양분석표』에서는 (1)시한폭탄, (2)탄산탄, (3)화염 수류탄, (4)타이어 펑크기, (5)속연지·초화지(速燃紙·硝化紙) 등 각각의 구조와 제조법이 소개되었다. 후술하는 메이데이 사건 이후에는『군사노트』가 월 2회 정도로 간행되고 기관지『국민의 무장을 위하여(国民の武装のために)』도 간행되었다.

당을 통하여 무장화의 방향으로 진행한 이 시기를 전후하여 이른바 당 군사조직이 모든 비합법적 과정에서 확립되었다. 지하의 단일 지도부, 중앙 뷰로를 기초로 하여 중앙군사위원회가 설치되고, 이하 각급의 뷰로에 입각하여 그 지도하에 놓인 각급의 군사위원회(지방 군사위원회, 부현 군사위원회, 지구 군사위원회, 필요한 경우에는 세포 군사위원회)의 조직계통이 만들어졌으며 이들 가운데 지방 군사위원회가 중핵 자위대에 대하여 지도와 통제의 책임을 갖는(단, 저항 자위조직에 대해서는 지도하지 않고 협력함) 것으로 되었다. 지방 군사위원회는 홋카이도, 도호쿠, 간토, 주부, 서일본, 규슈의 6곳으로 나뉘었다. 중앙 군사위원회의 최고 책임자에는 시다 시게오가 임명되었다고 추측된다.

군사위원회와 중핵 자위대 조직은 52년의 춘투부터 서서히 표면화되기 시작하였다. 2월 21일, 반식민지 날에 도쿄 우라다(浦田)의 집단 데모행동은 커다란 무력투쟁의 시운전처럼 보였다.

03 / 노동절 사건 전후의 '무장투쟁'

　당이 5전협을 전기로 하여 52년 봄에 걸쳐서 무장투쟁의 준비와 조직을 한길로 내몰고 있는 것에 비하여 점령군과 일본의 지배층도 4월 28일에 예정된 강화 안보 양 조약의 발효와 GHQ의 폐지에 대비하여 계속적으로 적극적인 수단을 강구하였다. 2월 28일에는 미일행정협정이 조인되어 미일합동위원회가 설치되었으며 새로운 종속체제의 형식으로 이행준비가 이루어졌다.

　그 다음 29일에는 당의 관계 기관지 가운데 발행금지 처분을 받은 것이 818개나 되었으며 계속하여 3월 28일에는 비합법 기관지 『평화와 독립을 위하여(平和と独立のために)』탄압 때문에 인쇄소, 배포처 등 전국의 1,850곳이 조사를 받았다. 29일에는 경찰이 산촌공작대에 대한 일제 검속을 행하였으며 이제 점령군과 일본 경찰 당국은 강화발효를 앞에 두고 전국 당 기관을 약화시키고 무력화시키기 위하여 전력을 다하는 것처럼 보였다. 3월 17일에 경시청의 기구개혁이 단행되었으며 27일

에는 전전의 치안유지법을 생각나게 하는 악법인 파괴활동방지법안 요강이 발표되었다.

그러나 이 최후의 당국의 선제적 조치는 너무 분위기에 편승하여 역효과를 일으켰다. 그 목표가 당의 극좌 모험주의적 경향을 오히려 잘되었다고 하면서 공산주의운동 전체에 강력한 예방조치를 취하였다고 하더라도 이 법안은 전전의 치안유지법의 암울한 경험을 가진 모든 민주주의 세력을 격분시켜 총반격을 일으키는 계기가 되었다. 3월 28일에 총평, 노투(勞鬪)의 합동 전술위원회는 곧바로 파방법안 반대 파업을 결정했다. 이 때문에 4월에는 노동단체를 중심으로 지식층, 학생, 부인 등 다양한 조직이 파방법안 반대를 위해 궐기하였다. 4월 12일의 총평, 노투의 파방법안 반대 제1차 파업은 약 30만 명이 참가했을 뿐이지만, 18일의 제2차 파업에는 335만 명이 참가하여 전후 최대 크기를 보여주었다. 이에 대응하여 이 전후에 일본저작가조합, 문화인단체협의회, 전학련, 일본문예가협회, 일본학술회의, 일본펜클럽, 각 대학 교수 간담회, 각 출판사, 부인단체연락위원회 등 광범위한 대중단체가 반대성명을 내고 파업을 지지하였으며 또한 여기에 협력 참가하였다.

이러한 정세 속에서 당 지도부는 점점 더 무장투쟁 조건의 고양, 대중적 군사행동의 성공과 필연을 확신하기에 이르렀다. 4월 28일에 예정대로 양 조약의 발효와 동시에 총사령부의 폐지가 발표되었으며, 머피(Robert Daniel Murphy) 대사가 부임하였다. 점령 중의 모든 법령도 효력을 상실했으며『아카하타』와 그 외의 정지조치도 자연적으로 해소되었다. 이러한 새로운 정세 속에서 모든 국민의 가슴속에는 당연히 기나긴 시간 동안의 군사적 점령에서 솟아나는 해방감과 독립에 대한 희망이 피어났다. 어쨌든 이 직후의 노동절에 참가하려고 하는 대중은 지금까지는 볼 수 없었던 해방적인 정신 상태에 빠져들었다. 당은 이 기회를 이용하여 대중을 조금이라도 실력투쟁의 방향으로 인도하여 가능하면 이것에 의하여 형식적이고 기만적인 독립을 대중이 무력으로 타파하고 모든 점령군의 철수라는 목표까지 밀고 가도록 훈련시키려고 생각하였다. 이를 위해 약간의 기술적인 초보적 계획과 준비행동을 진행하였다.

5월 1일 제23회 통일 메이데이는 강화조약 발효 후 최초의 노동절로 이전에 없었던 고조된 분위기 속에서 개최되어 전국적으로 470곳에서 약 128만 명의 대중이 데모에 참가하였다. 재간된 『아카하타』 제1호가 처음으로 공개적으로 대중에게 살포되었다. 도쿄 메이데이는 황거 앞 광장으로의 진출을 둘러싸고 일부 데모대와 경찰의 대충돌이 일어났으며, 무장한 경찰대에 대하여 수천 명의 대중이 그 자리에 있던 도구나 물건을 무기로 하여 난투를 벌여 쌍방 모두 수백 명씩의 부상자를 내었다. 이 때문에 당국은 그 이후 사건 관계자로 1,200명을 체포하였다.

이 도쿄 메이데이 사건은 지금까지 당의 일관된 무장투쟁방침의 추진 자세에서 당의 비합법 군사위원회와 중핵 자위대가 전면적으로 준비·계획하여 이것을 실행에 옮긴 듯한 인상을 주었으며 이 때문에 총평도 2일에 여기에 대한 비난 성명을 발표했을 정도였다.

그러나 메이데이 사건을 종합적이고 객관적으로 살펴보면, 이것을 당 군사방침의 직접적인 실천적 성과로 파악하는 것은 완전한 오류였다. 분명히 메이데이의 데모대 중에는 당원과 그 영향하에 있는 다수 대중이 참가하고 있었으며, 그 가운데 일부는 군사방침에 기초한 계획과 조직을 만들고 있었지만, 그날의 대충돌은 결코 그들의 일정한 계획의 결과는 아니었다. 오히려 참가대중의 전체적인 해방감에서 오는 행동에 대한 고양이 경찰 당국의 도발행위(이것이 처음부터 계획적인 것인지 사태의 발전에 따른 우발적인 것인지는 지금도 분명하지는 않다)에 추동되어 누구도 예상하지 못한 커다란 물리적 저항을 낳았다고 보아야 할 것이다.

그런데 총평과 그 외의 당 외 세력이 이것을 당 군사방침의 직접적인 표현으로 완전히 오인한 것처럼 당 지도부와 하부조직 자체도 이 사건을 완전히 잘못 평가해버렸다. 총평과 일반 여론이 지나치게 걱정할 만큼 당 군사조직이 완비된 것은 아니며 메이데이의 군사적 계획도 극히 부분적이며 더구나 불충분한 초보적인 것에 지나지 않았다는 것을 너무 잘 알고 있을 지하지도부와 군사위원회는 사건이 예상외로 크게 폭발한 것에 역으로 놀라고 있었다. 지도부는 물론 전 군사조직이 이 예상하지 못한 폭발적인 대중행동을 눈앞에서 보고서 주류파의 4전협 이후의 군사방침·5전협 이후의 무장준비방침 결정과 추진의 정당성이 완전히 실증되었다고 판단하였다.

단 무장방침의 정당함이 입증되었을 뿐만 아니라 자신들의 이에 대한 노력이 아직 불충분하다는 것, 대중의 혁명화가 당의 조직적 준비에 비하여 더욱 앞서가고 있다는 것을 이것은 실증하고 있다고 착각했다. 예를 들면, 메이데이 사건을 분석한 당의 논문은 공공연히 다음과 같이

제3장·극좌모험주의의 비극

적고 있다. "인민광장에서 대중이 보여준 영웅적 행동은 미일 반동세력에게 심각한 타격과 동요를 안겨주었다" "이 공공연한 대중의 영웅적 행동은 점령제도와 직접 투쟁해야만 하는 국민의 혁명적 의지를 고취하였다. ……우리들의 군사 활동 지도에는 여러 가지 실패나 결함이 발생했지만, 군사행동이 국민대중에게서 발생하고 대중행동으로 발전함과 동시에 이들의 편향은 일소될 수 있는 것이다. 인민광장에서 투쟁한 대중의 영웅적 행동은 군사행동을 취하는 대중조직을 비약적으로 발전시킬 수 있는 조건이 충분히 성숙되어 있음을 나타내고 있다"(山中育雄, 「メーデー！闘争について」『国民評論』, 52년 5·6월 합병호, 제39호).

어쨌든 여기서부터 그들은 이 성숙한 조건에 대응하기 위하여 당의 무장준비를 급속하게 진행하여 전력을 다해 중핵 자위대의 강화에 매진하지 않으면 안 되었다. 당이 선두에 서서 용기를 발휘하여 무장투쟁을 준비·실천한다면, 반드시 성숙한 대중의 혁명적 행동욕구는 폭발하여 전국에 무력혁명의 기운을 드높여 급속하게 실현되어가는 것은 필연적이라고 하는 결론을 도출하였다. 총평과 일반여론은 메이데이 사건으로 우연히 폭발한 대중의 자연발생적인 반점령군 감정을 마치 공산당 군사조직의 의식적인 계획의 결과인 양 오인했다고 한다면, 당은 반대로 이것을 대중의 진실한 혁명적 행동력의 성숙·전국적인 혁명의 주체적 조건의 성숙 증거인 양 오해해버렸다. 이렇게 하여 메이데이 사건은 당의 비극적인 극좌모험주의 행동으로 돌입하는 계기를 제공하였다.

강화발효를 앞두고 점령군과 일본 지배층의 지나친 탄압조치, 이에 대한 노동자·지식인층의 광범위한 반발, 그리고 그 이후에 계속된 미증유의 메이데이 사건 이러한 일련의 정세 전개는 앞에서 본 것처럼 이미 출발점에 있던 당의 무장투쟁방침의 정당함을 입증한 것이라고 인식되었으며 나아가 이것에 박차를 가하였다. 그러나 사실 이것은 현실의 대중의식에서 더욱 유리되게 하는 것에 지나지 않았다. 파방법안 투쟁에서 대중의 민주주의적 고양이 간접적으로 보여준 것은 형식적이라고는 하지만 독립발효를 앞둔 국민의 오랫동안 억제되어 온 해방감과 독립감의 표현이며 부자유스러운 군사적 점령에서 탈출하여 원래의 민주적 자유로 향할 수 있는 가능성이 열린 것에 대한 커다란 기대감과 만족감의 표현에 다름 아니었다. 무력과 실력으로 군사적 탄압과 투쟁하려고 하는 투쟁의욕의 고취가 아니라 오히려 반대로 이 군사적 점령의 중압에서 조금이라도 벗어나서 조금이라도 독립적인 자유를 향수할 수 있는 가능성이 발생한 것에 대한 기쁨과 이를 수용하려고 하는 해방감의 고양이었다.

따라서 대중은 내면적으로는 당이 말하는 자위투쟁이나 조직 방향을 요구한 것이 아니라 반대로 이러한 것을 필요로 하는 암울한 정세가 더욱 완화되고 소멸해가는 방향을 희구한 것이었다. 메이데이 사건은 이러한 대중의 현실적인 감정이나 요구가 경찰력으로 억압되는 듯이 보였기 때문에 청년층을 중심으로 일반대중이 이에 대결하려고 한 것에 지나지 않았다. 따라서 이것은 지속적이고 일반적인 것이 아니라 국부적이고 우연적인 것이며 사태가 지나가자 다시금 평화적인 자유화·독립화 요구의 방향으로 진행된 점은 필연적인 것이었다.

이렇게 하여 대중의 진정한 요구와 의식을 거스르고 주류파 지도부와 그 당 조직은 군사방침으로 중심을 이동하여 극좌모험주의 방향으로 돌진하였다. 5-6월에 화염병 전술이 일시적으로 표면화하고 군사위원회나 중핵 자위대의 지도에 기초한 '무력행동'이 여러 곳에서 대두하였다. 5월 30일에 도쿄 5·30기념집회에서의 신주쿠역 사건, 이타바시(板橋)의 이와노사카(岩之坂) 파출소 습격사건이 일어났다. 6월 25일의 한국전쟁 2주년에는 오사카 스이타(吹田)에서 민전(在日朝鮮統一民主戦線)·조방(祖国防衛隊) 등 조선인 조직이 커다란 역할을 한 수많은 집단과 경찰대의 충돌사건이 일어났으며(吹田事件), 같은 날 오사카 히라카다사건(枚方事件), 히메지사건(姫路事件), 도쿄 신주쿠역 황산병 투척사건이 일어났다. 7월 7일에는 나고야에서 대규모의 경찰관과 충돌하는 사건이 일어나 다수의 사상자가 발생했으며 117명이 검거되었다(大須事件).

그 외 6월 7일, 17일, 20일의 3일에 걸쳐서 반 파방법 제3차 파업에 맞춰 전국 각지에서 수많은 화염병 투쟁이 전개되었으며 일반의 많은 대중 집회도 이 화염병 투쟁의 이용대상이 되었다. 더구나 전국에 걸친 화염병 투쟁은 결국 일부의 청년, 학생, 조선인, 노동자의 참가를 이루어낸 정도의 '무장투쟁'에 그쳤으며, 결국 진정한 대중적 군사행동이 되지 못했고 하물며 전국에 걸친 인민무력혁명 기운의 고양 등은 일으키지 못했다. 경찰관과의 충돌도 대중적 항의나 투쟁을 확대 격화시키지 못하고 점차로 고립화하는 방향으로 귀결되었다. 7월 4일에는 파방법이 성립되고 21일에는 공안조사청이 발족했다.

유해무익한 화염병 투쟁이 5월에서 7월 상순에 걸쳐 상당히 맹위를 떨치고 있을 즈음, 7월 4일 자『항구적 평화와 인민민주주의를 위하여』지에 도쿠다 서기장의 논문「일본공산당 창립 30주년에 즈음하여(日本共産党創立三〇周年にさいして)」가 발표되었는데 그 내용이 일본에 전해지자 화염병 투쟁은 겨우 가라앉았다. 이 논문은 파업과 데모에 몰두하여 선거투쟁 등을 무시하는 일부 간부의 지나침을 비판하고 당원은 합법·비합법을 구분해서 사용하는 기술을 배워야만 한다고 경고함으로써 과도한 군사행동에 대한 비판적 주의를 환기시켰기 때문이다.

임시 중앙위원회는 발 빠르게 이 방침을 구체화하기 위하여 7월 15일의 당 창립 30주년 기념일에 전국에 걸쳐서 평화제를 개최한다는 내용을 발표함과 동시에 임시 중앙위원회 대변인은 선거운동·평화운동 등의 합법 활동을 개최할 것을 역설하였다. 7월 15일에 지도부는『아카하타』지상에 전 당의 노력을 선거투쟁에 집중하는 것이 현재의 급선무임을 강조하였다.

그러나 이 도쿠다 논문도 단지 일부의 과도한 부분을 비판하고 있을 뿐으로 근본적으로 군사방침·무장투쟁전술 그 자체를 부정한 것은 아니었다. 따라서 지도부는 무력투쟁을 기본적인 투쟁형태로 하고 군사위원회-중핵 자위대를 기본적인 투쟁조직으로 하는 군사방침 그 자체를 확인하고 나아가 이것을 전면적으로 강화하려고 하는 태도를 보였다. 예를 들면, 7월 1일 자『국민평론』제40호의 오하시 시게루(大橋茂)의「메이데이 사건의 군사적 교훈(メーデー事件の軍事的教訓)」에서 필자는 "일본의 노동자 계급은 이 투쟁에 의해 승리의 확신을 공고히 하고 무장행동을 추동하여 실력투쟁을 진척시키고 있다. 이 실력투쟁·무력투쟁에 의해 광범위한 국민의 민족해방 민주통일전선은 전진하고 있다"고 결론내렸다. 또한 「도쿠다 서기장의 논문에 답한다(德田書記長の論文にこたえる)」에서도 무력투쟁 방침을 확인하고 나아가 군사위원회에 의한 것이라고 생각되는 『군사노트』에서도 군사방침의 기본방침 위에서 과거의 무력투쟁에 대한 검토를 시도하였다.

예를 들면, 7월 28일 자 『군사노트』 제5호에서 "우리들은 거점경영에서 노동자의 정치적 경제적 요구를 파업 위원회에 결집시키고 이것을 무장화하기 위하여 투쟁하여야만 한다. 이것은 당면하고 있는 군사위원회의 임무의 하나이다. 이것과 함께 독립유격대를 포함하여 중핵 자위대를 이 경영투쟁 속에서 조직하여 빨치산 인민군의 방향으로 발전시키려고 지도하여야만 한다"고 하여 파업 무장화, 유격전, 빨치산 인민군으로의 발전이라는 기본방식을 강조하였다. 8월의 『군사노트』 제8호는 중핵 자위대의 필요성을 인정하면서 단지 각각이 파업 무장화라는 기본적인 역할을 경시하고 "거점 노동자 대중을 거리로 몰고 나와 유격전을 행하는 것은 잘못이다" "노동자가 독립 유격대로 참가하고 있다고 해서 노동자 계급 일반의 중핵 자위대의 기초가 유격전에 있다고 하는 것은 잘못이다"고 정정하였다. 10월 6일 자 『군사노트』 제10호에서 마침내 화염병이 적의 반소·반공 선전의 중심이 되고 있는 점을 인정하고 "우리들은 더욱 대중에게 밀착하고 대중의 요구와 행동 속에서 행동한다는 원칙에 입각하여 이 화염병 봉기주의를 극복해가지 않으면 안 된다"고 하여 조금 반성하는 듯한 태도를 보였다.

앞에서도 논한 것처럼, 50년 봄 이후 1년 이상에 걸친 가혹한 분파투쟁은 젊고 성실하며 여린 마음의 당원·당 동조자 대중을 당에서 멀어지게 하였으며 여기에 스파이니 제국주의의 앞잡이라는 경솔한 낙인을 붙이는 진흙탕 싸움은 많은 이들에게 두 번 다시 회복할 수 없는 심각한 타격을 안겨주어 영원히 당에서 멀어지게 하였는데, 이것이 겨우 진정되자 이번에는 1년도 지나지 않아 더 많은 폐해를 가져온 화염병 투쟁의 모험주의적 발전으로 인하여 얼마간의 청년동지를 평생 돌이킬 수 없는 파멸로 내몰고 나아가 결정적으로 광범위한 대중을 당에서 내몰았으며 그들로 하여금 당을 경원시하고 두렵게 하여 혐오하도록 하였다. 여기에는 비공식 조직의 결함 때문에 많은 경찰·도발주의자가 쉽게 침투하여 내부에서 조직을 파괴하고 모험주의를 선동하여 마침내 대중에게서 당을 격리시킬 수 있게 하였다. 이러한 모든 것에 대하여 이 시기의 당 지도부는 모든 책임을 져야만 한다. 극좌 모험주의가 만개한 반년 동안의 비참한 결과는 뒤에서 논하듯이 전년의 분파투쟁에 대한 수습 형식의 근본적인 오류와 불가분의 것이었다.

제3장·극좌모험주의의 비극

04 / 화염병 투쟁의 정지와 일농문제

    52년 5월 1일 메이데이 투쟁의 의의와 교훈을 완전히 잘못 파악한 곳에서 촉진되고 격화된 5-7월의 화염병 투쟁은 이것이 광범위한 국민층의 지지를 얻는 것도, 더구나 여기에 각종의 대중투쟁을 집중시켜가는 것도 불가능하다는 사실이 분명히 실증되었다. 전후의 '위로부터의 민주적 개혁'을 이미 하나의 기초로 하여 국민대중은 이후 부여된 '위로부터의 독립'을 직접적인 무력투쟁이나 군사행동이라는 수단에 의해서가 아니라 보다 합법적인 비유혈적인 방법과 수단으로 '아래로부터의 독립'으로 변경시키려고 생각하고 있다는 것이 당 지도부에게도 겨우 인식되었다. 군사방침과 중핵 자위대조직이 대중의 현실에서 괴리되어 있었던 것은 이제는 분명해졌다. 그러나 지하 지도부와 여기에 지도받는 합법적인 당 기관도 이때 과감하게 무력투쟁의 기본방침을 정정하려고 하지 않았으며 또한 이것을 필요로 하는 정세가 있다고 하여 원칙적으로 5전협에서 결정한 코스를 고집하고 있었다.

5전협 이후, 군사방침의 일관적인 실천화와 5-7월의 화염병 투쟁의 격화에 대하여 분파투쟁 시대에 군사방침을 반대하고 이에 비판적이었던 구 반대파의 여러 분자들이 강력한 반대의견을 제출하였는데 이것을 저지하기 위하여 힘쓰지 않은 이유는 무엇일까. 이것은 근본적으로 전년도의 부자연스럽고 불완전한 '통일' 방식 그 자체에 원인이 있다. 구 반대파의 대부분이 조직을 해체하고 복귀하였다고 하더라도 이것은 도쿠다 주류파를 일방적으로 정당화시킨 '통일'방식이었기 때문에 그 후에 결코 자연스럽게 통일이 진행되지는 않았다. 우선 복귀하였지만 그들은 거의 실질적으로 무시되어 당 활동에 실제로 참가할 수 없었다. 어정쩡하게 추방되거나 감시가 붙은 상태로 중요하지 않은 부서에서 임무를 수행하게 되어 발언권을 갖지 못하는 것이 실상이었다. 이러한 상태에서 반대의견 표명이나 행동은 거의 불가능했다.

　그러나 그 이상으로 '통일' 후의 신강령이 이론적 전략적 통일의 요점으로써 가진 현실적인 작용, 5전협이 일단은 통일된 지도부에 의해 정식적인 것으로 인정된 것에 대한 압력 등이 비판자들을 침묵시키는 커다란 이유였다. 따라서 화염병 투쟁의 효과에 대하여 의문을 가진 모든 당원들도 화염병 투쟁을 규정한 신강령의 '무력투쟁'의 기본방침과 여기에 기초한 5전협의 전술적 여러 방침까지도 단호하게 부정하려고 할 만큼의 기력은 없었다. 다른 한편, 당시 한국전쟁이 완전히 종결되지 않았으며 국제적인 긴장이 계속되는 가운데 기지 주변의 지구나 군사공장에서 계급투쟁이 어느 정도 첨예화하고 있어서 자연발생적인 또는 의식적이고 계획적인 소규모의 '실력투쟁'을 발생시킨 사실도 비판자들에게 군사방침에 대한 근본적인 재검토나 화염병 투쟁의 근본적인 부정을 제기할 수 없도록 하는 데 작용하였다.

어쨌든 다양한 원인이 결합되어 이 비합법 체제와 극좌 모험주의 방침을 일찍이 청산하지 못하게 한 것은 당에게도 최대의 불행이었으며 최대의 손실이었다. 근본적으로 '막후' 지도부가 여기에 대한 책임을 져야함은 말할 필요도 없으며 동시에 이 방침의 수정을 늦추고 연기시켰다는 점에서 반대파의 수정의견의 나약함도 포함하여 전체의 연대책임이 없다고는 말할 수 없다.

이 잘못된 방침과 실천의 영향은 대중적인 형태에서도 당내 조직의 문제에서도 여기저기서 나타났다. 6월 7일에는 전전부터의 오래된 운동가의 한 사람이면서 전후에 국회의원으로서도 활약한 나카니시 이노스케(中西伊之助)가 제명되었다. 나아가 더욱 커다란 조직적인 분열이 일본농민조합(통일파)의 당 그룹에게 일어났다. 이 8월 21일부터 일농통일파의 제6회 전국대회가 도쿄에서 열렸는데 여기서 구보타(久保田)위원장이 기초하고 상임중앙위원회가 제출한 운동방침 원안에 대하여 당의 주류파 지도부가 부결하도록 지령을 내렸기 때문에 대회는 상당히 혼란하였다. 주류 직계분자에게서 격렬한 공격이 제출되어 마침내 원안이 부결되었으며 수정 방침서가 채택되기에 이르렀다.

양 파의 쟁점은 농지개혁에 의한 농업생산관계 특히 지주제의 근본적인 변화를 인정하는 의견과 반대로 농지개혁으로 구 지주제가 그대로 온존 강화된다고 보는 의견 대립에 있었으며, 현재 내외 독점자본에 대한 새로운 투쟁과 이를 위한 조직을 필요로 한다는 의견과 반대로 어

전후 일본의 공산당사

디까지나 반봉건 지주투쟁과 이를 위한 빈농주체의 투쟁조직을 필요로 한다고 보는 의견 대립에 있었으며, 자위 실력투쟁의 모험주의화에 대한 위험을 경계해야 한다는 의견과 반대로 단호한 대지주 실력행동 방침을 주장하는 견해의 대립이었다. 이들 두 가지 기본적인 견해의 대립은 이전의 '국제파' 대 주류파의 이론적인 대립을 원칙적으로 계승하고 있으며 이것이 기본적인 전술면의 차이에까지 특히 농민운동의 분야에까지 전형적으로 나타난 것이었다.

일농 통일파의 중심은 야마구치 등이 이끄는 조토(常東) 농민조합으로 야마구치 등은 농민을 혁명세력으로 보고 빨치산 투쟁을 포함한 군사방침에 의한 지도방식에 비판적인 태도를 보였으며 화염병 투쟁의 전성기에도 공상적인 모험적 지령을 거부하였다고 전해진다. 그들은 또한 당의 농산어촌 공작대의 활동에도 부정적인 태도를 취하였다. 그 결과가 일농 제6회 대회에서 당 중앙의 지령으로 나타나고 직계 분자의 총공격으로 나타난 것이다.

대회는 난투와 혼란을 반복한 뒤 원안을 부결하고 나아가 간부 경질에서 '군사방침파'에 의한 본부 장악으로 발전하였다. 원안을 작성한 다케무라 나라이치(竹村奈良一), 기무라 사카에(木村栄), 후카자와 요시모리(深沢義守), 야마구치 다케히데(山口武秀) 등의 상임 중앙위원회의 중추 멤버, 스미야마 시로(隅山四郎), 히토쓰야나기 시게지(一柳茂次), 유카미 고이치(遊上孝一) 등의 본부 서기국 전원은 당 중앙의 지령으로 퇴진할 수밖에 없었다. 8월 26일에 일농(통일파) 중앙 그룹은 야마구치, 다케무라, 기무라, 후카자와, 이케다 미네오(池田峰雄)의 5명의 대의원을 당 규율위반, 우익 기회주의, 반당분자, 분열주의라고 결정하고 당 중앙에 처분을 요청하였다. 9월 6일에 당 중앙은 5명의 대의원에 대하여 "자기비판하고 당에 머물거나, 탈당하여 혁명진영에서 떠나거나, 의식적으로 반동의 진영에 귀의하거나" 셋 중에 하나를 선택하라고 결정하였다.

그 후 야마구치 등은 12월에 조토농민조합 총협의회를 결성하고 독자적인 활동을 진행할 것을 분명히 하였다. 야마구치 제명이 발표된 것은 53년 2월 3일이었다. 농민운동 방침에 대하여 당과 대립하여 자기비판을 요구받았음에도 이것을 거부했다는 것이 제명 이유였다. 이에 대한 반박성명에서 야마구치는 전년도 농민대회의 흐름을 논한 후에 당의 농민투쟁에 대한 인식도 방침도 혼란 그 자체에 빠져 있는 여러 가지 실질적인 예를 지적하고 "이러한 농민투쟁에 대한 현실인식은 혼란 그 자체이다. 여기에서 적확한 문제점의 파악과 올바른 결론이 나올 리가 없다. 그렇기 때문에 현재 운동의 침체를 운동의 주체적 조건에서만 설명하고 그 객관적 요인을 보지 않으려고 한다. 그리고 나아가 이러한 인식의 혼란이 농민투쟁＝토지투쟁＝산촌공작대 활동이라는 방식을 만들어 일방적으로 이른바 무장 실력 투쟁이란 것을 만들어내는 기초가 되었다"고 비판하였다.

또한 그는 당의 방침과 농촌 현실의 모순을 지적하고 "현재 공산당 농촌세포의 활동은 완전히 괴멸되었다. 아무리 투쟁의 격화를 논하더라도 사실은 아무것도 바꿀 수가 없다. 공산당의 농민운동 방침은 이러한 사실 앞에서 어떠한 변명을 할 것인가. 그 방침을 고수하고 있는 것

은 하룻강아지 범 무서운 줄 모르는 사람들이든가 활동하지 않는 사람들이다. 혹은 자신의 소신을 말할 용기가 없어 일을 중단한 농업 이론가들이다"(山口, 「常東農民組合は健在なり」『日本週報』, 53년 2월 25일, 제238호)라고 날카롭게 비판하였다. 후카자와 요시모리도 자신의 반박성명에서 군사방침에 기초한 무장투쟁, 농촌유격대, 농촌 빨치산 투쟁 등의 방식이 완전히 잘못된 현실인식에서 나온 것이란 점, 이것을 받아들이지 않은 일농 집행부에 대한 공격과 처분이 모두 허구와 음모에 기초하고 있다는 점을 구체적으로 지적하였다(深沢, 「私は党の茶坊主になりたくない」『日本週報』, 53년 2월 25일, 제238호).

조토라는 최대의 조직을 잃어버린 일농(통일파)의 활동은 그 후 퇴조하였으며 다른 한편 농촌에서의 군사방침의 실천도 그 후 여러 곳에서 실패하였다.

05 / 두 개의 총선거와 지도부의 혼란

    화염병 투쟁에 대한 국민의 반응은 52년 10월의 총선거에 직접적으로 나타났다. 득표수는 107명의 입후보자에 89만 6,773표(2.5%)로 이전의 49년 총선거 시기의 약 300만 표에서 한꺼번에 1/3 이하로 추락하여 의석은 전멸하였다.

    10월 하순에 당은 비밀리에 제22회 중앙위원회 총회를 열고 총선거의 교훈과 금후의 방침을 토의하였다. 그 결과는「군국주의의 부활에 반대하고 요시다 정부 타도에 전 국민의 통일을 강화하자(軍国主義の復活に反対し, 吉田政府打倒に全国民の統一を強化せよ)」「총선거 투쟁을 마치고 - 그 교훈에서 배우자 - (総選挙を終って—その教訓にまなべ—)」「당내 교육 방침(党内教育の方針)」「무장투쟁의 사상과 행동의 통일을 위하여(武装闘争の思想と行動の統一のために)」란 4개의 결정으로 나타났다. 앞의 3개의 문건만이 11월 10일 자『평화와 독립을 위하여』지 호외로 발표되었다.

이들 가운데 중요한 것은 마지막 문건으로 여기서는 "이 사이에 우리들이 올린 커다란 성과는 중핵 자위대 활동을 중심으로 하여 노동자, 농민, 국민 각 계층 사이에서 구체적인 군사행동이 전국적으로 발전한 것이다. 이 행동 속에도 상당한 편향이 보이지만 그 발전성과를 부정하는 것은 잘못이다"고 하여 중핵 자위대 행동의 기본적인 정당함이 강조되었다. 이것은 이후의 주요한 활동방침으로써 우선 노동자·농민 사이에서 무장투쟁 사상 및 무장투쟁 조직의 강화에 의한 장래 결정적 단계에서의 무장투쟁의 준비, 두 번째로 노동자 농민 사이에 중핵 자위대와 각 지역의 중핵 자위대를 통일함으로써 지역 대중 사이에서 무장투쟁 조직의 확대, 세 번째로 중핵 자위대의 통일행동에 기초한 농촌과 도시에서의 유격대 활동의 발전이란 3가지를 규정하였다.

앞의 5전협에서 제출된 「무장투쟁의 사상과 행동의 통일을 위하여」는 이른바 그 사이의 실제적인 '무장투쟁'의 얼마간의 경험에 기초하여 작성된 것이었다. 더구나 화염병 투쟁이 국민대중 사이에 발생시킨 반향이나 반응을 신중하게 검토하고 규명한 흔적은 거의 보이지 않으며 국민적 동향에서 괴리된 '무장투쟁' 사상, 조직, 행동에 대하여 공허한 여러 규정이 재차 중첩되었다.

이렇게 하여 총선거의 결과가 화염병 투쟁과 군사방침의 타당성 여부를 검증하고 있음에도 불구하고 당의 지하지도부는 군사방침을 포기하지 못하였으며, 그 비합법체제를 과감히 해체하지도 못하였고, 결국 합법적 정치활동과 무장투쟁 방침과의 병존·공식체제와 점점 더 무의미해져 가는 비공식체제의 병존이라는 너무도 어중간한 혼란스러운 상

제3장·극좌모험주의의 비극

태를 질질 끌고 있었다. 같은 해 12월에 전국 군사회의가 개최되어 새로운 방침을 토의하였다. 제22회 중앙위원회 총회의 군사방침을 어떻게 구체화할 것인가가 중심이었다. 53년 3월 15일 자 중앙군사위원회 통달 「Y(군사)조직 활동을 강화하라(Y[軍事] 組織活動を強化せよ)」는 앞의 제22회 중앙위원회 총회의 무장투쟁에 대한 새로운 결정에서 이루어진 전국Y회의의 토의와 결어에 입각하여 "우리들은 명확한 Y방침을 가질 수 있었다"고 하여 최근에 많은 중핵 자위대를 해산시키기에 이른 원인이 어디에 있는가를 추궁하여 당면한 임무로써 중핵 자위대의 점검, 통일 사령부의 창설, 독립유격대의 계획적 배치, 조국방위대의 강화 등 8개 항목을 제시하였다. 여기서 또한 각급 군사위원회가 각급 뷰로의 일부라는 사실, 국민의 무장조직을 창설하고 지도하는 정치적 조직적 임무를 가진다는 사실이 강조되었다.

이 53년 4월에 당은 재차 중·참의원 총선거를 맞이하였다. 분명하게 중점을 정하지 못하고 혼란스러운 지하지도부의 방침과 전년도 이후 대중의 지속적인 당 이탈 때문에 선거활동은 더욱 저조하였다. 추천을 제외한 당 공인후보자의 득표수에서는 중의원에서 65만 5,989표(1.89%)라는 최저치를 보였으며 의석은 가와카미 혼자서 겨우 자리를 지켰다. 참의원에서는 전국구에서 29만 3,855표(1.01%), 지역구에서 26만 4,728표(1.0%)였다.

앞의 10월 선거든 이 4월 선거든 모두 50년 이후 계속된 대분파 투쟁, 극좌모험주의, 지하 통일 지도부의 혼란 등의 필연적 결과에 지나지 않았다. 이 양 선거투쟁을 통해서 극좌적인 군사방침의 고수는 다른 한편에서 통일전선전술의 분파주의적 방침을 제출하여 이것과 불가분 결합시켰다. 당은 스탈린의 '주요 타격 방향' 규정의 기계적 적용에서 사회당에 타격을 집중시키는 분파주의적 방침을 제출하였다. 양 선거에서 당은 좌우 사회당은 마피아의 앞잡이라든가 미국의 첩자라든가 하는 너무 하찮은 인신공격으로 당의 정치적 고립화를 더욱 심화시켰다. 분파주의의 하나의 정점을 나타낸 지점이었다.

4월 선거 이후 같은 달 하순에 주류 지도부는 비밀리에 제23회 중앙위원회를 가졌다고 보이는데 선거결과에 대한 검토를 거쳐 「전진하자 - 총선거의 결과에 대하여 - (前進せよ一総選挙の結果について一)」란 결정을 발표하였다(이때 후술하는 최고부의 인사이동이 이루어져 지하지도부의 대변동이 일어났다고 보인다). 이 결정은 당이 국민대중의 지지도 신뢰도 조금도 회복하지 못하고 있음에도 불구하고 "이번의 선거투쟁에서 우리 당의 활동규모는 비약적으로 확대되어 국민 각 계층, 각 당 각 파의 애국민주세력과 결합을 강화했다고는 하지만, 그러나 여전히 전 국민을 단결시킬 만큼의 역량을 쟁취하지 못하였다"는 등 현실과 동떨어진 호언장담을 논하고 있었다. '전 국민을 단결시킬 만큼의 역량' 등에 대하여 이야기할 수 있는 단계가 아님에도 불구하고 여전히 비현실적인 자신에 계속 취해있었던 것이다.

이러한 정세판단하에서 53년 5월에는 중앙지도부가 갑자기 시게미쓰 마모루(重光葵)를 수반으로 하는 내각을 성립시키려는 방침을 제기하고 의회 내외에서 운동을 전개하였다. 사회당에 대한 앞의 분파적 방침의 편향은 여기서 반대로 보수세력에 대한 우익적 방침의 편향으로 나타났다. 이 오류는 '민족자본'의 개념에 대자본 일부를 포함하여 이것을 과도하게 평가한 점, 보수정당의 내부모순의 성질과 의의에 대한 평가를 잘못 내린 점, 이러한 오류가 사회당에 대한 극좌적 방침과 타격주의로 연결된 점 등의 결과였다.

이 시게미쓰 수반론이 결국 완전히 실패하자 3개월 뒤의 8월에 당은 이번에는 앞의 시게미쓰 수반론에 대한 자기비판 위에서 이를 대신하여 반미·반요시다·반재군비의 '3반 통일정부 수립'이라는 슬로건을 제출하고 대중에게 호소하였다(「原則性を堅持し統一戰線戰術に熟達せよ」『組織者』, 8월 17일, 제71호, 「われわれの自己批判とその発展のために」『平和と独立のために』, 8월 30일·9월 3일, 제290 - 291호) .

그런데 11월에 들어서자 중앙지도부는 이 정치 슬로건도 오류라고 자기비판하고 이번에는 반미·반요시다·반재군비의 '3반 통일전선을 강화하자'를 중심 슬로건으로 해야만 한다고 제창하였다(「ふたたび情勢と任務について」11월) . 자기비판 그 자체는 좋은 것이라고 하더라도 아무런 정견도 없는 정치지도라고 할 수밖에 없다. 합법적인 중앙지도부가 이때 후술하는 것처럼 지하지도부의 방침이나 파벌 투쟁에 아무런 비판적인 의견을 내지 못하고 단지 그것에 휘둘려버린 것의 당연한 결과였다.

합법적인 활동의 혼란과 저조는 비합법적인 군사조직의 침체와 혼란에 결합되어 대응하고 있었다. 이 해의 총선거와 메이데이 투쟁 직후에 군사조직의 기관지『중핵(中核)』5월 5일 제22호는 처음으로「중핵 자위대 통일 사령부의 임무에 대하여(中核自衛隊統一司令部の任務につい

て)」란 지도논문을 제재하였는데 여기서는 중핵 자위대와 독립유격대가 스스로를 해체하고 있는 현실을 무시하고 "지금의 중핵 자위대는 그 수는 적지만, 이것이 비약적으로 확대될 객관적 조건은 이미 성숙하고 있으며 점점 더 성숙하고 있다. 단 남은 것은 통일사령부의 지도능력, 대원의 공작능력 즉 주체적 조건뿐이다. 우리들이 이 주체적 조건을 나날이 개선한다면 부대의 확대는 그리 멀지 않았다"고 강경함으로 가득 찬 독선적인 판단과 예견으로 끝맺고 있다. 이것을 전제로 "대원과 간부의 정치·군사교육" "부대의 작전계획 작성" "부대 장비의 고도화" 등 구체성을 결여한 통일사령부의 임무를 열거하고 있다.

당의 군사조직은 전년에 화염병 투쟁을 정지할 수밖에 없게 되고부터는 그 투쟁 방향과 투쟁 방법까지도 스스로 다른 것으로 바꿀 수밖에 없는 사태에 몰려 있었다. 53년 7월 28일에 한국전쟁의 휴전회담이 성립되고 극동의 긴장이 크게 완화된 정세하에서 군사활동을 위한 객관조건은 당이 예견한 것과는 반대 방향으로 흐르고 있었다. 그리고 이 현실은 하는 수 없이 군사활동의 내용을 변화시키고 있었다. 예를 들면, 독립유격대 활동은 농산촌 공작대 활동, 기지반대투쟁, 풍수해 구원투쟁, 산림해방투쟁 등의 대중투쟁에 참가하는 방향으로 향할 수밖에 없게 되었으며, 중핵 자위대의 활동도 재군비반대투쟁, 반파쇼투쟁, 평화투쟁, 경제투쟁 등 광범위한 일반대중 투쟁의 방향에서 투쟁의 장을 찾을 수밖에 없게 되었다. 무장투쟁 본래의 대상도 방향도 이 시기에는 거의 잃어버리고 있었으며 이 때문에 정세에 적응하지 못한 비공식체제의 모순이나 군사조직의 모순은 여러 곳에서 폭로되었다. 그럼

제3장·극좌모험주의의 비극

에도 불구하고 지하의 주류 지도부는 사실을 솔직히 직시하려고 하지 않았다.

53년을 통한 지도의 혼란과 약체화에서 유래하는 합법·비합법 양측에서의 좌우 편향이나 삐걱거림은 당에 대한 국민의 불신을 점점 더 확대시켜 점차로 고정화시켰다. 당내에서도 분열 문제의 부당한 해결 방식이 아직 강한 여운을 남기고 있어 진정한 통일체제를 만들어내지 못하고 있었다. 구 반대파에 대하여 '분파주의자'란 낙인을 고정화시켰기 때문에 변함없이 상호불신의 분위기가 강하게 지배하고 있었다. 이러한 상태의 최대 원인은 모두가 다음에서 고찰하는 것처럼 당시 지도부의 내부 상태에 내재하고 있었다.

06 / 지하 지도부 파벌투쟁의 최고조

극좌 모험주의 전술의 참혹한 파산은 52년 10월과 53년 4월에 있었던 두 번의 선거에서 분명히 실증되었으며 이와 동시에 구 총사령부의 탄압조치에 대항하여 만들어지고 그 후 총사령부 폐지 후에도 일관되게 유지되어온 당의 비공식체제(특히 군사위원회를 중심으로 하는)의 무의미함도 다양한 국민적 활동의 새로운 전개 특히 7월의 한국전쟁 휴전 실현과 광범위한 평화운동의 고양에 의해 명확해졌다. 내외의 객관적 정세에서 보아도 당내의 존재형식 자체에서 보아도 지금은 지도체제와 방침을 근본적으로 재검토하고 전 당을 새로운 기초위에 재편성하여 그 힘을 재결집시켜야 하는 정말로 절호의 기회였다.

그럼에도 불구하고 당 지도부는 비공식지도체제와 극좌 모험주의 전술을 과감히 청산하고 바꾸려 하지 않았다. 이것은 사실 지하 지도부가 도쿠다파의 완전한 파벌적 가부장제적 형태로 고정화하여 비합법 체제가 만들어내기 쉬운 다양한 조직적 편향과 퇴폐를 어느 틈엔가 만

개시켜버려 스스로 적극적으로 이것을 청산할 힘을 잃어버리고 있었기 때문이다. 51년 8월의 코민포름 판결에 의한 일방적인 '통일' 달성 이후 그리고 이것이 군사방침의 일방적 결정과 무장투쟁의 일방적 실천으로 직진하는 가운데 아래로부터의 정당한 비판을 조직화할 수 있는 가능성이 당내에서 완전히 사라졌다. 당연히 비합법체제의 무의미함과 모험주의 전술의 오류를 추궁하는 소리가 전 당을 통해서 이 시기에 거의 보이지 않은 사실, 이러한 사실을 인정하고 있던 많은 간부 당원이 존재하면서도 그것을 공개적으로 제기하여 환기시키려는 움직임이 나타나지 않았다는 점은 놀라움을 금치 못할 것이지만 진실이었다. 지도권을 극도로 집중화시켜 지도부가 스스로 전환할 수 있는 내부적 힘을 결여하고 다른 한편으로 아래로부터의 대중적인 비판과 토의를 조직하는 가능성도 상실했기 때문에 53－54년의 헛된 2년간을 소비하게 되었다.

53년 3월에 갑자기 스탈린 서거가 발표되자 국제적으로 큰 반향을 일으켰다. 3년 뒤인 56년 2월의 소련공산당 제20회 대회에서 이루어진 '스탈린 비판'에 대한 준비공작이 소련에서는 스탈린 사후부터 조금씩 시작되었다. 아래로부터의 소련 대중의 보이지 않는 압력에 대응하여 스탈린의 후계자들은 바로 베리야(Lavrentij Pavlovich Berija)를 처형하고 그리고 공식적으로 스탈린의 이름을 거명하지는 않았지만, 개인숭배비판, 집단지도 방식의 강조라는 형태로 '스탈린 비판'의 토대를 만들어가고 있었다. 스탈린의 죽음 그 자체가 지금까지 세계 공산주의운동을 강하게 속박하고 있던 눈에 보이지 않는 쇠사슬이 갑작스럽게 느슨해진 듯한 분위기를 만들었다고 한다면, 그 후계자들이 서서히 시작한

뒷 공작은 점차로 지금까지 거부되어온 운동의 자유와 민주화의 분위기가 흐르기 시작하여 눈이 녹는 소리가 고조되어 가는 듯한 인상을 주었다.

이 스탈린 서거라는 대사건을 발 빠르게 당의 경직된 조직과 활동의 재편성을 위한 계기로 활용하려고 적극적으로 생각한 이는 당시에 다른 구 '국제파' 지도 분자보다도 복귀가 늦어졌다가 겨우 복귀가 실현된 가미야마 시게오였다. 3월에 그는 「동지 스탈린의 사거에 즈음한 하나의 제안(同志スターリンの死去に際して一つの提案)」을 당 중앙에 제출하였다. 여기서 "반드시 고려해야만 하는 것은 코민포름 평론 이전, 당의 일상정책에 관한 정치적 의견 대립에 의거하여 일어난 조직적 조치 및 코민포름 평론 후의 정치적 조직적 의견대립에 뿌리를 둔 조직적 처분(이상 모두 도발자, 스파이란 것과는 별도)을 취소하고 신강령을 지지하는 한 한 사람도 남기지 말고 공산당의 깃발 아래에 결집하도록 공식적으로 발표할 것을 제안합니다(……각지에 양심적이고 유능한 사람들이 고립 분산되어 있는 현상에서 보건데 필요하며 더욱이 정치적으로는 커다란 성과를 거둘 것으로 기대합니다)"라고 그는 적었다.

이 이른바 '스탈린 대사(大赦)'의 제안을 반복함과 동시에 형식적으로 해결된 채로 실질적으로는 처분 상태로 남아 있는 많은 사람들을 복귀시켜야 할 가미야마는 실무적으로도 노력하였다. 독단적인 군사방침의 실천과 파산의 그늘에서 실질적으로 미루어 두고 있던 '통일' 문제를 '스탈린의 죽음'이라는 하나의 사건을 활용하여 제기한 그의 제안은 매우 독창적이며 시의적절한 것이었다. 당의 재편성과 재결집을 바라는 분자가 일치단결하여 이 제안을 활성화시켰다면 혹시라도 사태를 변경시킬 수 있는 가능성이 생겼을 수도 있었다. 그러나 이것도 결국 가미야마의 개인적 제안으로 그쳐버렸으며 지하 지도부는 여기에 응하려고도 하지 않았다. 반년 이상이나 지난 10월 중순 지도부에서 "'스탈린 대사' 등에 대해서는 회답할 필요가 없다" "각지의 피처분자에 대해서는 각급 기관에 맡겨 두면 된다"고 하는 냉담한 회답이 나와 조직 재편성을 통한 집단지도체제로의 변경 가능성을 가진 얼마 안 되는 기회는 지나가버렸다. 그러나 이것도 정말로 이 시기에 특수한 비공식체제 속에서 특권적 지위에 앉아 있던 주류 지도부가 다음에서 보는 것과 같은 가부장적 파벌투쟁의 절정에 있었던 점을 고려한다면 결코 이상한 것도 아니다.

53년의 당 중앙의 동향은 지금도 명확하게 밝혀지지 않았지만, 이후에 발표된 도쿠다 서기장의 북경 병사가 53년 10월 14일이었던 사실에서 볼 때, 이 해에 지하 지도부에서 도쿠다의 후계 투쟁이 격화하여 미증유의 심각한 파벌투쟁을 전개한 것으로 판단된다. 이보다 앞서 51년 12월의 도쿠다 논문「일본공산당 신강령의 기초에 대하여(日本共産党新綱領の基礎について)」도 52년 7월의 도쿠다 논문「일본공산당 창립 30주년에 즈음하여」도 처음에는 코민포름 기관지『항구적 평화와 인민민주주의를 위하여』에 발표되었으며 이것이 번역되어서 일본의 국내 기관지에 발표된 형식을 취하고 있다. 이러한 사실은 도쿠다가 51년 12월 이전에 이미 국외로 이주했다는 점, 52년 7월 이후의 어느 시점에서 재기불능의 병환에 빠졌다는 점, 따라서 51년 2월의 4전협 군사방침에서 52

년 5-7월의 화염병 투쟁의 시기에 이르는 극좌 모험주의적 편향에 대한 최고의 책임은 도쿠다에게(해외에 있었는지 아닌지와 관계없이) 있다는 점 등등을 단정할 수 있다.

어쨌든 52년 7월 논문 이후의 어느 시기에 도쿠다의 실질적인 지도가 불가능해졌으며 동시에 그 직계 지도분자들 사이에서 맹렬한 지도권 쟁탈이 폭발했다는 추측은 의심할 바 없다. 이 분쟁의 중심은 이토 리쓰 계통과 시다 시게오 계통이며 양 파의 후계 쟁탈은 도쿠다가 병 때문에 가부장적인 지도를 행할 수 없게 되면서 전면적으로 격화되어 더구나 아마도 도쿠다의 사망 이전에 대세가 정해져버렸다. 53년 4월 하순 총선거 직후의 제23회 중앙위원회에서 총선거 결과에 관한「전진하자-총선거의 결과에 대하여-」란 결정을 내린 것은 이미 논했지만, 이때 중앙의 인사이동이 이루어져 이토파가 기관에서 배제되고 시다파가 완전히 중앙기관을 장악한 것으로 보인다. 그리고 6월부터 개시된 제1차 총점검운동에서 이토파의 일소가 기획되어 이미 51년경부터 조사를 시작하고 있던 니시자와 등이 이토를 엄격하게 적발한 것으로 보인다(統委,「米日反動の某略・党破壊と人防の任務」『国民評論』, 6월 1일). 양 파의 항쟁에서 노사카, 니시자와, 곤노 등은 중립적인 입장에 있었다.

소련의 베리야 숙청사건 2개월 후, 그리고 도쿠다 병사의 2개월 이전인 53년 9월 21일의『아카하타』는 9월 15일 자 중앙위원회의「이토 리쓰 처분에 관한 성명(伊藤律処分に関する声明)」을 게재하여 전 당을 놀라게 하였다. 이것은 "당 기관의 심문에 대한 그 자신의 자술 및 조사에

의해 명백히 밝혀진" 계급적 범죄행위로 전전의 배신행위, 전후의 "개개 당 조직을 적에게 팔아넘긴 스파이 역할에서 당의 정책을 부르주아적으로 타락시켜 당내에서 파벌을 형성"한 것 등을 내세우고 있었다. 농민부장, 중앙위원, 동 서기국원, 동 정치국원이라는 이례적인 발탁으로 갑자기 최고 지도부에 올라서서 당 활동에 절대적인 영향력을 미친 이토 리쓰가 스파이, 당 정책의 부르주아적 타락화, 당내 파벌 형성 등 개인적 정치적으로 치명적인 판결을 받아 처단된 것이다. 더구나 기묘한 것은(지금까지의 관습으로는 당연한 현상이지만) 책임은 모두 이토 개인에게 전가되어 이토를 중용한 도쿠다 서기장의 최대의 정치책임도, 이토의 정책을 승인하고 당의 공인 정책기관인 정치국이나 중앙위원회 전원의 연대책임도 아무것도 묻지 않았다. 나아가 이토 제명에 이르는 지도부의 내부사정이 완전히 비밀리에 봉쇄된 점은 일반 당원뿐만 아니라 세상의 모든 사람들에게 어두운 인상을 주기에 충분했다.

이렇게 하여 비공식체제의 필요 이상의 지속은 한편으로 공식적인 당 활동의 침체와 무기력화, 지도의 혼란과 무책임, 당원 상호간의 불신과 배신 등등을 만들어내고 확대시켰으며 다른 한편에서 당 외 대중의 의혹과 불신감을 확대시켰다. 이것은 마침내 도쿠다의 해외에서의 와병에 이어서 처참한 후계 쟁탈, 파벌 항쟁을 불러일으켜 시다파와 이토파의 대립 이후에 비참한 린치와 테러를 포함한 숙청 소동까지 발생시키기에 이르렀다. 이미 쓸모 없게 된 비공식 지도부체제를 무리하게 연장하여 그 특권 위에 머물면서 이러한 특수성을 극도로 악용하여 도쿠다의 후계자들은 이토의 행방을 세상에 수수께끼인 채로 봉해버리

고 53년 11월의 도쿠다 병사도 비밀로 한 채로 여전히 가부장적 파벌지
배를 계속하고 있었다. 이 지도부를 점령한 시다·시이노 그룹에게는
당연히 당 생활상의 부패와 타락, 퇴폐, 무규율이 발생하지 않을 수 없
었다.

07 / '총점검운동'이 의미하는 것

도쿠다의 죽음도 그 후계 쟁탈의 심각한 투쟁도 이토 리쓰의 행방도 모두 봉인된 채 53년은 지나갔다. 연말의 12월에 열린 중앙조직회의의 결정은 다음 해 54년 1월 1일의 『아카하타』지상에 「평화와 민주주의와 생활을 지키는 국민의 대통일 행동을 목표로(平和と民主主義と生活を守る国民の大統一行動をめざして)」(1·1 결정) 라는 문건으로 나타났다. 여기서 처음으로 공식적으로 당의 분파적 경향의 오류에 대하여 자기비판이 이루어진 것은 하나의 진보였다. 그러나 지하 지도부의 파벌투쟁에서 유래한 영향과 대중지도방침의 무정견은 합법과 비합법의 당 활동을 모두 동맥경화 상태로 몰아갔다.

강화체제의 발전에 따라서 전 당의 재편이 점점 더 긴요해진 단계에 이르러 당 중앙은 완전히 잘못된 방법으로 대처하려고 하여 당의 약화와 무기력화에 박차를 가하였다. 즉 53년 12월을 시작으로 당은 전국조직방어회의란 것을 개최하고 여기서 「통제위원회의 보고와 결론(統

制委員会の報告と結語)」「점검운동에 관한 결의(点検運動に関する決議)」
등이 『평화와 독립을 위하여』지 12월 3일 호와 『국민평론』지 54년 2월 제
59호에 게재되었다. 이 결의에 기초하여 이전에 '제2차 총점검운동'이
란 것이 전국의 당 기관과 여기에 소속된 각 당원에 대하여 전개되었
다. 점검운동이란 신강령을 중심으로 한 당의 결정과 규약에 의해 당의
내부적인 규율과 통일을 강화하는 운동이며 이를 통하여 스파이나 도
발자·의식적인 당내 불순분자를 제거하고 분쇄하는 것이라고 정의되
었다. 53년 중에 계속해서 일어난 비공식조직과 당 활동가에 대한 경찰
의 추궁, 이에 따른 사고의 속출, 나아가 스파이와 타락분자의 적발에
서 이토 리쓰 사건까지 이러한 사태는 당연히 당의 방위문제를 낳았다.
그런데 이토파를 추방한 시다파는 이 문제를 통하여 스파이 및 도발자
와 '분파주의자'에 대한 전 당적인 적발운동을 개시한 것이다. 그러나
다른 한편에서 이것은 당 방위문제뿐만 아니라 시다파 자신의 관료주
의적 지배와 가부장적 체제가 필연적으로 발생시킨 무원칙적인 의심병
(猜疑心)의 결과였다. 53년도의 시게미쓰 수반론에서 3반 통일전선론에
이르는 동요, 일정하지 않은 정치지도방침은 스스로 하부의 비판이나
불신감을 키워왔기 때문에 이것은 지도부에게 위협을 주고 총점검운동
과 연결되어 앞의 분파투쟁 시대의 복귀자들과 '불만분자'(사실은 비판분
자)까지도 적발하려는 의도를 발생시켰다. 그 결과 대단히 무서운 점검
운동이 전개되었다.

여기서는 무엇보다 위에서 아래로 실시하는 당 조직 점검이 개개의
구체적인 사실을 근거로 하여 실행해야만 하는 스파이분자의 적발투쟁

과 완전히 혼동되었다. 더구나 반 비공개라는 명목으로 하부의 이견도 저항도 건의도 억압되고 말살되었기 때문에 하부조직이나 당원이 한번 고발되면 이것은 동시에 유죄결정을 의미했다. 동지적인 설득이나 조사도 없이 고문과 처벌이 즉시 결정되었다. 가혹한 고문과 처벌방침이 채택되었는데 이러한 방식에 비판적인 자는 물론 소극적인 이들에게까지 비동지적인 타격과 처벌이 이루어졌다. 또한 이 시기에 당내에 머물고 있던 많은 성실한 당원들이 상처를 입고 모욕당하여 추방되었다. 그들은 절망과 원한에 가득차 당을 떠났다. 다양한 기관과 세포 내에도 서로 간의 의심과 불신과 의혹이 가득 찼다. 고문 후에 다시 고문이 계속되고, 고문위원장이 다음 날 고문당하는 사태까지 발생했다. 고문과 린치사건에 대한 진위와 뒤섞인 수기나 고백 혹은 폭로기사가 일반의 신문·잡지에 이르기까지 지속적으로 회자되었다.

이 잘못된 점검운동의 실시로 당내 민주주의는 완전히 모습을 감추었다. 명령과 타격방법만이 지배하고 상호비판의 보증은 완전히 없어졌으며 민주적으로 토론을 진행할 가능성도 완전히 사라졌다. 당의 정책이나 기관의 지도에 대한 아래로부터의 비판도 의견도 모두 억압되었다. 정책과 결정에 대한 무조건적인 복종과 비합법활동의 규율만이 당내 생활의 기준이 되었다. 이론과 정책에 대한 비판자는 곧바로 '신분 파주의자'라는 표식을 붙여 스파이·도발자와 동일시되는 것을 각오하지 않으면 안 되었다. 동지적으로 해결될 문제도 가차 없는 적대투쟁으로 취급되었으며 타격 일변도의 당내 투쟁이 조직되었다.

이러한 사태에서 창의적 조직운영이나 창조적 이론 혹은 정책 창출이 가능하다면, 이는 기적과 같은 것이다. 다양한 기관이 동맥경화를 일으켰으며 당원간에는 무거운 침묵이 지배했다. 이러한 점검운동은 원래 지하지도부가 보다 빨리 적당한 기회를 선택하여 비공식적인 체제를 청산하였다면, 그럴 필요조차 없는 것이었다. 그들이 일찍이 공식적으로 대중 앞에 모습을 드러내고 단일한 합법 활동체제로 변경하였더라면, 이러한 운동은 필요 없었을 것이다. 비공식체제의 쓸데없는 연장이야말로 필연적으로 내부에 특권과 부패를 발생시켜 경찰이나 공안청의 당내 공작을 오히려 유리하게 하였으며, 합법적인 형태였다면 불가능했을 다양한 종류의 '스파이 사건', 불상사를 발생시켰다. 이렇게 본다면, 제2차 총점검운동의 진정한 원인은 지하지도부의 존재형태 그 자체에 있었던 것이다.

마침내 약 반 년 후인 54년 5월 하순에 재차 전국조직방위회의가 개최되어 통제위원회는 「당의 강화를 위하여－총점검운동의 총괄－(党の強化のために－総点検運動の総括－)」을 결정하고 『전위』 8월 제95호에 발표하였다. 이 총괄은 과거 반 년간의 운동효과를 높이 평가하고 "특히 이 운동이 당내의 기회주의(二心者), 스파이, 타락분자 등과의 투쟁과 결합하여 조직된 점은 기관 내에서 이들 불순분자를 적발하고 당의 전투성을 상당히 높였다"고 자찬하였다. 그러나 실제로는 당내에 이들 '기회주의, 스파이, 타락분자'를 대량으로 생산한 원인을 만든 것은 지하 파벌 지도부의 방침이었으며, 이 적발이 그들 다수분자를 추방하였다하더라도 동시에 몇 배나 많은 잘못된 '적발'에 의해 선량한 동지들을 처분하였다. 또한 그 적발은 상층 지도부 자체의 부패나 타락에 대해서

는 조금도 적발하지 않았으며 반대로 당내 민주주의의 최후의 숨통을 끊고 아래로부터의 모든 소리를 압살한 점에서 '대성과'를 올렸다. 이 점검에서 1,220여 명이 처분을 받았으며, 그 가운데 470여 명이 지방에서 지구까지의 각급 위원의 중견간부였으며 또한 피처분자 가운데 이 토계는 130여 명으로 추산된다.

54년 3월에 지금까지 공식적인 면의 책임자였던 다나카 마쓰지로(田中松次郎)를 대신하여 가스가 쇼이치(春日正一)가 중앙지도부의 의장이 되어 공식적인 제제를 정비하였다.

다른 한편 이 해에 비공식적인 군사방침도 군사조직도 전년도 이래 점점 더 그 과제와는 반대 방향으로 발전해가는 객관적 정세 속에서 거의 빈사 상태로까지 몰려 있었다. 공식적으로 『아카하타』지상의 이른바 「1·1결정」이 처음으로 "우리가 오늘날 당 활동에서 단호하게 극복해야만 하는 병원은 뭐라고 해도 분파주의이다" "우리들의 낙후는 이러한 대중과 정치적으로도 조직적으로도 충분히 결합되지 못한 부분에도 있다. 그뿐만 아니라 역으로 약간의 유리된 편향조차 존재한다"고 하여 마지못해 대중과의 격리를 인정할 때, 비공식 기관지 『국민의 별(国民の星)』(『中核』의 개조)의 1월 7일 제38호의 「부대활동의 새로운 발전을 위하여 – 1954년을 맞이하여 – (隊活動の新しい発展のために――九五四年を迎えて―)」도 동일하게 "우리들이 멋대로 대중의 요구나 불만과 관계없이 자신들만의 생각으로 행동한 극단적인 시기가 있었습니다. 이 때문에 당연한 것이지만 부대는 대중에게서 외면당했으며 점차로 소멸되어 갔습니다"라고 스스로 인정하였다. 54년 초의 이 논문은 마침내 존재이유를 잃어버린 중핵 자위대와 그 외의 군사조직에 구체적인 투쟁목표를 지시할 수 없었으며 겨우 "미일 반동에 대하여 우리 부대는 국민의 다양한 반파쇼 자위조직과 함께 그 중핵이 되어 이 국민의 투쟁을 방위해가지 않으면 안 됩니다"라고 하는 데 그치고 있다. 4월에 들어서서 마침내 군사지도부는 중핵 자위대가 지금은 청년행동대나 자위단 혹은 각종 서클 조직 내부에서 행동 중핵으로 활동하는 바에 지금의 "긴급하고 중대한 책무가 있다"는 지령을 내리기에 이르렀다(「反ファッショ統一行動をめざして青行隊や諸サークルに参加し内部からこれを意識的に強めよ」『国民の星』, 4월 22일, 제45호). 독자적인 무장투쟁을 통해서 인민 빨치산군으로까지 발전해가야 할 임무를 맡았던 중핵 자위대와 독립유격대는 지금은 비상식적이게도 '서클 조직의 행동 중핵'으로 활동할 것을 '긴급 임무'로 부여받았다. 이것은 이미 스스로를 말살한 것을 의미하였다.

08 / 가미야마 문제의 발생

54년의 제2차 총점검운동과 관련하여 이른바 가미야마 문제란 것이 발생하였다. 이미 본 것처럼 도쿠다 주류파에게서 배제되었던 가미야마 그룹은 분파투쟁 시기에 '국제파'의 계통에서 벗어나 독자적인 이론적 조직적 견해에서 신중한 태도를 취하며 분파활동이라는 것을 가능한 한 피하면서 이후에도 거의 문서활동만으로 당의 통일을 주장하였다. 그리고 51년 8월의 코민포름 결정과 신강령 제시 이후에는 주류 지도부로 복귀를 꾀하였다.

오히려 다른 반대파보다도 가미야마의 복귀는 늦어졌는데 그는 신강령이 원칙적으로 50년 테제 초안 논쟁에서 여러 견해 가운데 자신의 비판의견에 가장 가까운 내용을 가지고 있었던 사실에서 신강령의 선상에서 당의 정치적 이론적 통일을 강력히 추진하였다. 그러나 그럼에도 불구하고 그의 복귀공작은 계속해서 연장되었으며 이 때문에 지하지도부와 연락이 닿는 한 정식적인 복귀와 활동부서에 대한 요청을 계속할 수밖에 없었다. 그러한 한정된 입장에서 52년의 모험주의 전술의 횡행에 대해서도 비판의견을 강하게 공개적으로 표출하는 것이 불가능한 상태에 있었다.

그 후 겨우 53년 4월이 되어서 당 중앙에서 부서를 지정받고 보잘것없는 임무를 받은 가미야마는 공식적인 정치활동을 정지당한 채로 어쩔 수 없이 당 중앙에 대하여 구체적인 정책이나 방침에 관한 의견서, 질의서, 신청 등을 열심히 써서 제출하는 수밖에 없었다. 예를 들면, 53년 4월 30일의 「전진하자－총선거의 결과에 대하여－」그 외에 대한 의견서, 같은 날 이치카와 쇼이치(市川正一)의 『소사(小史)』에 대한 의견서, 8월 3일의 합법 활동 강화에 대한 의견서, 8월 12일 「점령하 일본 농촌 조사보고(占領下における日本農村調査報告)」의 오류에 대한 비판문서, 8월 20일 스탈린 해석에 대한 의견서, 8월 27일 시게미쓰 수반문제와 국민정부 문제에 대한 의견서, 9월 17일 시게미쓰 문제에 대한 비판, 9월 22일 이토 리쓰 사건에 대한 의견서, 11월 20일 「평화 경제로의 길(平和経済への道)」에 대한 비판문서, 그리고 54년에 들어와서부터는 1월 17일 「1·1신결정(一·一新決定)」에 대한 의견서, 2월 15일 점검운동에 대한 요망서, 2월 23일 오직(汚職) 문제에 관한 제안, 5월 5일 당 규약문제에 관한 의견서, 6월 1일 「중앙기관지(지) 활동 발전을 위하여(中央機関紙(誌)活動発展のために)」에 대한 비판의견 등등이다.

그러나 가미야마가 정치활동을 금지당하고 남아 있는 유일한 활동 방법으로 정력적으로 당 중앙에 써 보낸 이들 의견도 당 중앙에서는 진지하게 받아들이지 않았다. 군사방침이 완전히 파산했음에도 불구하고 이것을 강력하게 새로운 방침으로 바꿔갈 힘이 없었던 시다파 파벌에게 있어, 또한 53년의 스탈린 죽음을 계기로 종래의 가부장적 지도체제를 청산하고 과감하게 집단지도체제와 조직을 정상운영으로 전환하려는 의도도 용기도 없었던 지하지도부에게 있어 가미야가가 제기한 다양한 건설적인 의견을 솔직하게 검토하여 받아들일 수 있는 여유는 없었다. 역으로 이것을 자신들에 대한 비난으로 보고 가미야마와 그 그룹을 적대자로 보기 시작하였다. 더구나 그들은 대중의 비판과 감시에서 격리된 비합법의 특권적 장소에 있었으며 독단적이고 관료적인 방식으로 일을 처리하는 관습에 완전히 익숙해져 있었다. 그리고 제1차 점검운동을 통한 이토 리쓰 일파의 처분에 이어서 가미야마 그룹도 간단하게 처리할 수 있다고 생각하였다. 제2차 점검운동은 이미 살펴본 것처럼 정확한 기준 없이 적발투쟁을 시작했을 때, 시다 지도부가 일방적으로 비판한 다수의 양심분자를 그대로 간단하게 '스파이' '기회주의자' '타락분자' 등의 이름으로 처분하는 것은 간단한 문제였다. 합법적으로 이것을 공식화한 전형적인 사례가 가미야마 문제였다.

가미야마 문제의 특징은 이것이 처음으로 이론적 비판과 비난의 형태로 합법적으로 표면에 부상하였다는 점에 있다. 가미야마 이론이 전후 마르크스주의 이론 전선에서 수행한 부정할 수 없는 적극적인 역할, 나아가 '분파투쟁'의 시기에도 이것을 일관되게 지켜낸 이론적 비판 형식─이러한 점에서 아마도 지하지도부는 자신들에게 불가능한 가미야마 이론에 대한 공격을 합법적으로 직계에 속한 이들에게 맡긴 것이리라. 당시에 침체에서 충분히 벗어나지 못한 이론전선에서는 성실하고 창조적인 활동이나 자유로운 논쟁의 기풍은 아직 부활하지 않았으며 관료주의적 지배하에서 오로지 주류파 지도부의 지령에 급급하게 따르는 어용 이론가들이 만연하였다. 이론상 학문상의 권위주의와 '정통파병'의 횡행은『일본자본주의 강좌(日本資本主義講座)』라는 방대한 간행 기획을 주도한 이론 경향에 대표적으로 나타나있다. 이러한 상태에서 지도부가 가미야마 이론 비판에 동원할 수 있는 학자와 이론가를 모집하는데 별로 고생하지 않은 것은 당연한 일이었다.

이미 54년 겨울부터 가이야마 이론을 트로츠기 이론이라고 분류한 '선구적' 비난이 나타났으며, 가미야마 제명설이 각 방면에서 비밀리에 흘러나왔다. 이것은 54년 6월의『전위』지상의 오가사와라 뎃베(小笠原鉄平)라는 필명으로「가미야마 시게오 비판(神山茂夫批判)」에서 갑자기 결정적인 표현을 취하기에 이르렀다. 이것은 가미야가의 전전부터의 경력과 정치활동에 대하여 공격을 가한 것으로 이를 전후하여 이미 당 통제위원회가 제명처분을 결정했다는 사실을 충분히 암시하는 정도의 것이었다. 이후의 가미야마 배제와 비난의 추진에는 시가 이론의 영향을 받은 간토지방위원회와『전위』편집부의 일부 분자가 동원되었다고 전해진다.

어쨌든 오가사와라 논문을 시작으로『전위』7, 8, 9, 10월의 각호와『마르크스·레닌주의(マルクス·レーニン主義)』11월, 55년 2월의 각 호에 본명과 필명을 섞어서 10편에 이르는 가미야마 이론 비판 논문이 발표되었다. 이러한 대대적인 개인공격이 당 기관지·준기관지에 전개된 것은 전후 처음 있는 일이었다. 더구나 이상하기 그지없는 것은 이것들이

이론적 비판이란 형태를 취하고 있음에도 불구하고 이에 대한 가미야마 자신의 반격이나 변명은 완전히 거부되었으며 결국 정규 당원에 대한 당의 역사상 미증유의 일방적인 인신공격이 기관지상에서 전개되었다는 기관지 남용·규약 무시의 신기록을 남긴 것이었다.

가미야마는 오가사와라와 그 외의 부당한 공격에 반격하기 위하여 발표기회를 요구하며 다양한 수단을 강구하였지만 모두 거부되었고 당내에서는 완전히 거절당하였다. 사실상 당원으로서의 정당한 권리가 무시되었으며 피제명자와 동일한 취급을 받았다. 당 기관지를 일방적으로 점거하고 익명으로 정치적 말살과 동일한 공격을 가한 규약을 무시한 부끄러워해야 할 비민주적 행위는 예상한 대로 9월 27일에 가미야마 그룹에 대한 처분으로 발표됨으로써 마지막 처리를 마무리지었다. 9월 10일 자로 가미야마 시게오, 도시오(利夫) 형제, 하야시 히사오(林久男), 구리하라 고지(栗原幸二) 등은 제명, 그리고 협력분자로 지목된 시게키(茂木), 아사다(浅田), 가와시마(川島), 고야마(小山), 와타나베(渡部), 아라이(新井), 데라무라(寺村) 등 7명에 대해서는 "전당이 단호하게 싸울 것"을 정하였으며 9월 27일의 『아카하타』지상에 「가미야마 시게오의 제명에 대하여(神山茂夫の除名について)」란 통제위원회의 이유서와 함께 발표되었다.

이것으로 앞에서 본 가미야마 비판 움직임이 이미 예정되어 있던 행정적이고 조직적인 처분을 합리화하기 위한 잔꾀에 지나지 않은 것임이 증명되었다. 즉 가미야마 이론에 대한 비판이란 이론 그 자체의 옳고 그름보다도 가미야마 그룹을 정치적으로 말살하기 위한 수단에 지나지 않았으며 이를 위해 처음부터 당내 민주주의를 유린하고 일방적으로 적에 대한 대응과 동일한 태도를 취하였으며 최종적으로 제명·배제 처분으로 결말을 보았다. 학자 이론가가 너무 가볍게 권력자 측에게 행정조치의 수단으로 악용된 것도 처음 있는 일이었으며, 이것은 왜곡된 당풍이 이론전선에 직접 반영된 것에 지나지 않았다.

그러나 총점검운동의 공포지배하에서 극도로 왜곡된 당 조직의 존재형태는 가미야마 제명 후의『아카하타』지상에 그대로 나타났다. 1년 반 후에 너무 간단히 가미야마의 제명 이유는 근거가 없었다고 하여 통제위원회 자신이 철회할 정도로 배려심 없는 날조였지만 일단 제명이『아카하타』에 발표되자 9, 10, 11월에 연이어서 전국 각지의 지방위원회, 부현위원회, 지구위원회, 각 세포에게서 '열렬'한 지지 결의가 홍수처럼 쏟아졌다. 마치 광기와 같은 사태였지만 그러나 이 '광기의 사태'도 사실은 당시 지하지도부의 결정을 적극적으로 '열렬'하고 '단호하게' 지지를 표명하지 않은 기관은 곧바로 피처분자와 동일하게 인식되어 공격당하는 공포지배가 실재하고 있었던 결과에 지나지 않는다.

그런데 가미야마 자신은 부당한 처분에 대하여 어떠한 공개적인 변명이나 저항 혹은 상신도 거부당하였기 때문에 어쩔 수 없이 당 외 잡지 등에 반박성명을 발표하였고 나아가 11월 7일 자「제명 취소 요청서(除名取消要請書)」를 작성하고 여기에 장문의「경과보고서(経過報告書)」「의견서집(意見書集)」을 덧붙여 당 중앙에 제출하였다. 여기서 그는 통제위원회의 이유서에 대한 상세한 반론과 반증을 전개하여 얼마나 허구적 사실에 기초하여 제명처분이 이루어졌는지를 명확하게 논증하였

제3장·극좌모험주의의 비극

다. 나아가 12월에는 「제명을 불러온 나의 직언(除名をかけた私の直言)」
이라는 아마도 제명공작의 한 원인이 되었다고 생각되는 당 중앙에 대
한 의견서의 일부를 게재한 저서를 간행하고 나아가 55년 2월에는 『우
리는 탄핵한다(われわれは弾劾する)』라는 제명 이유가 허구임을 증명하
고 많은 이론적 비판에 대한 전면적인 반격을 논한 저서를 간행하였다.

이후의 저서에서 가미야마는 이론적 비판자들을 일괄하여 "이들 일
련의 '가미야마 비판'은 모두 사기적인 인용과 소매치기적 수법과 궤변
적 논법으로 이루어져 있다. 이것은 '오해'라는 것이 아니라 의식적인
악선전과 정치적인 날조, 무엇보다 마르크스·레닌주의의 무지에 의해
만들어졌다"고 준엄하게 평가하였다. 어쨌든 가미야마 그룹에 대한 정
치적 말살 때문에 취한 미치광이 같은 가미야마 비판 활동이야말로 정
치적 실천 위에서 이때 마지막 낭떠러지에 몰려서 스스로 파멸 직전까
지 달한 시다·시이노 등 상층분자의 관료주의적 부패의 전형적인 실례
이며, 이 정치지도하에서 전 당 조직의 관료주의적 경직화와 이론전선
의 권위주의적 맹종의 가장 대표적인 표현에 지나지 않았다.

가미야마 그룹에 대해서는 그 후에도 당 중앙의 지령에 기초하여 생
활의 근거마저도 말살하는 철저한 추궁과 공격이 이루어졌으며 중앙노
동학교사건(中労学園事件), 아오키(青木)편집부사건, 그 외 많은 사건
을 일으켜 이후에 문제를 남겼다. 어쨌든 가미야마 문제는 앞에서 제2
차 총점검운동이 다양한 당내 민주주의의 싹을 제거하고 숨통을 끊은
이후에 그 비인간적인 방식의 공개로 인하여 더욱더 공포적인 사례를
집적시켰다. 조직면에서 공포 지배는 이론 활동분야에도 밀려와 이후

에 신강령과 당의 결정에 조금이라도 다른 듯한 의견은 그것이 신강령을 기본적으로 옹호한 것이라도 준엄하게 단속되었으며 배격되는 무서운 사태가 일반화되어버렸다. 관료주의적인 사상통제는 여기서 만개한 모습을 보여주었다. 이처럼 졸렬하고 바보 같은 사상통제 방식과 당내 민주주의의 압살이 그대로 오랫동안 통용되리라고 생각할 만큼 시다 지도부의 독선적인 퇴폐는 극단적인 것이 되어 있었다.

09 / 니시카와 그룹의 노동자 해방동맹

54년 8월 즉 가미야마 비판이 한창 전개되고 있던 도중에 간사이에서 역시 오랫동안 주류파 기관에서 배제되어 적대시되고 공격받았던 니시카와 히코요시(西川彦義)의 '금속 그룹'이 새로운 대중조직 결성에 나서고 있었다.

그들은 노동운동이 혁명적 통일을 꾀하고 정당, 노초, 민주단체의 내부 혁신과 민주화를 도모하며 진정한 노동자 계급의 전위당을 건설하는 임무를 가진 '노동자의 정치단체, 전투조직'으로써 '노동자 해방동맹'이란 하나의 대중조직을 새롭게 결성하였다.

8월 30일 자로 기관지『해방전사(解放戰士)』제1호를 발행하고 여기에 노동자 해방동맹 조직위원회의 명의로「당면한 정세와 노동자 계급의 임무(当面する情勢と労働者階級の任務)」「노동자 해방동맹 규약 초안(労働者解放同盟規約草案)」등을 발표하였다. 전자에서는 현재의 사회당, 공산당, 노농당에 대한 정치지도의 편향과 불충분함을 지적하고 특

히 공산당을 염두에 두고 "각 정당의 당풍은 관료주의와 사대사상에 의해 오염되어 우민정책으로 대중의 활발한 창의가 발휘되지 않으며 오류를 발견하고 개선할 수도 없다. 당내에는 침묵과 쓸데없는 논쟁이 지배하고 있으며 파벌투쟁으로 형식상 당은 존재하지만 실질적으로 없는 것이나 다름없다"는 정당한 비판을 제기하였다.

그 후에도 그들은 노동자 투쟁의 대중적 기반에 토대를 두고 끈기 있고 견실하게 투쟁하였다. 51년 8월의 명목상의 '통일' 이후 일방적인 도쿠다파 주류 지도부의 독단적 지배하에서 구 반대파의 다수분자가 실질적으로 배제되고 무시당하였으며 또한 감시받고 생죽음에 이른 상태에 있었다. 그 가운데 이들 노동자 해방동맹은 조토 그룹, 가미야마 그룹과는 다른 양식과 형태로 활동하여 대중과의 결합을 추구하고 지하 지도부의 독단적 지배에 대한 저항에서 독자적인 방식을 보여주었다.

10 / 통일에 대한 논의의 개시와 극좌 모험주의에 대한 반성

가미야마 그룹의 배제와 니시카와 그룹의 새로운 조직결성 등이 현존하지만, 당 자신은 변함없이 어중간하고 불명확한 반공식·반비공식 체제를 유지한 채 54년은 지나갔다. 그러나 55년 1월 1일의『아카하타』지상에 「1·1방침」과 이른바 「당의 통일과 모든 민주세력과의 단결(党の統一とすべての民主勢力との団結)」이란 문건이 발표되었다. 이것은 처음으로 극좌 모험주의 방침에 대한 자기비판이 서술되고 있다는 점에서 주목할 만하며 당 내외에 반향을 일으켰다.

"이즈음에 우리들이 과거에 잘못을 범하고 또한 현재에도 아직 완전하게 극복하지 못한 모든 극좌적인 모험주의와 분명하게 절연할 것, 여기서 솔직한 자기비판과 함께 국민 대중 앞에서 분명하게 공표한다. ……우리들은 단연코 이러한 극좌 모험주의의 오류를 다시는 범하지 않을 것을 서약하는 바이다". 이 간단한 문장이야말로 51년 이후 거의 4년에 걸쳐 악몽과 같은 당의 역사에 마침표를 찍는 것이었다. 이것이야말로 군사방침이 가져온 모든 오류와 실패를 공식적으로 확인한 것이며 그 사이에 소모된 엄청난 에너지와 희생, 열정과 헌신이 모두 덧없었다는 점을 씻어내는 것이었다. 당이 노동자 계급의 전위라고 칭하면서도 안타깝게도 대중에게 괴리되고 국민에게 소외되어 전후에 쌓아올린 모든 성과와 영향력을 마지막 하나까지 잃어버린 사실을 분명히 자인한 것이었다.

극좌 모험주의의 확인과 반성은 당연히 4전협 이후의 기본적인 전술적 조직적 방침의 재점검과 수정, 당의 비합법체제와 군사조직의 해소와 전환의 문제를 제기하지 않을 수 없었다. 그렇다면 이「1·1방침」이 발표되기까지(또는 발표된 이후에도) 이미 이러한 중대한 사태에 대한 토의가 이루어져 다음 단계에 대한 조치가 준비되었다고 보아야 할 것이다. 그 사이의 구체적인 사정은 지금까지도 분명히 알 수 없으나 아마도 54년 가을 이후 방향전환에 대하여 국제조직에서 강력한 시사와 재촉이 있었다는 점, 이 때문에 가미야마와 나아가 미야모토·구라하라에 대한 제명 공작을 준비하고 있었다고 보이는 시다·시이노 파의 방침이 동요할 수밖에 없었다는 점, 국제적인 압력을 중개한 노사카·니시자와 등 '중립파'의 강력한 설득으로 국내에서 맹위를 떨친 시다파도 마침내 굴복할 수밖에 없었던 점, 파멸의 위기에 직면한 당 조직을 재건하는 전제로써 우선 극좌 모험주의에 대한 자기비판을 공표하는 것은 어쩔 수 없다는 점이 인정되었다는 사실, 일정한 준비기간을 두고 비공식 기관의 정리 변경과 지하 지도부의 공개를 꾀할 것이 결정된 점 등등이 쉽게 추측된다.

총점검운동에서 가미야마 처분으로 당내 처벌을 강화하고 있던 상황이 급속하게 이러한 사태로 몰리게 된 것도 이미 국제적으로도 국내적으로도 다양한 객관정세가 너무 늦은 전환의 연장을 이 이상 허용할 수 없는 지점에까지 와 있었기 때문이다. 국제적으로는 54년 4월의 제네바회의에서 평화5원칙에 의한 중국·인도협정, 스톡홀름 세계평화대회, 인도차이나 휴전협정, 10월에 있은 중·소의 대일 공동선언에 이어서 4년 전의 한국전쟁이 일으킨 국제 위기가 극복되어 평화공존으로의 흐름이 움직일 수 없는 사실이 된 점은 누구의 눈에도 명확했다.

국내적으로도 54년 3월의 비키니 사건은 전 국민에게 충격을 주었으며 원·수폭 금지, 헌법옹호, 재군비반대, 일중·일소 국교회복 등의 국민운동을 크게 활성화시켰다. 이것을 배경으로 총평을 중심으로 하는 노동운동과 사회당의 활동도 겨우 대중적 기반을 견고히 하여 특히 좌우 사회당의 통일 기운은 높아져 갔다. 이들 아래로부터의 국민적이고 독자적인 코스의 성장과 다른 한편으로 독점자본주의에 의한 '위로부터의 자립화' 경향의 강화 속에 끼여 과거 6년간 정부의 수반으로 있던 요시다 내각도 마침내 운명을 다하고 조선 오직(造船汚職), 난투 국회를 거쳐 12월에 제1차 하토야마(鳩山)내각이 성립하였다. 신내각은 새로운 정세에 대처하기 위하여 일소 국교회복과 헌법 개정을 슬로건으로 내세웠다. 이들 급속히 변화하는 내외의 객관적 정세는 더 이상 당의 체제를 그대로 둘 수 없는 사태에 내몰리게 하였다. 스스로 전환과 청산주의를 취하지 않는 지하 지도부를 대신하여 외부에서 강력한 충격이 전파됨으로써 이것이 다행히도 단순한 정책과 방침의 전환에 그치지 않고 내부적으로 부패의 극에 달한 당 지도 방식을 파멸 직전에서 겨우 멈추게 하였으며 이것을 구제하는 기회를 부여하였던 것이다.

그런데 앞의 「1·1방침」 이후 시가가 공식적으로 모습을 드러내고 2월 총선거에서 다른 공식적인 사람들과 함께 입후보한 것은 전환으로 한 발 나아간 전진으로 보였다. 중의원 선거에서 시가, 가와카미가 당선되었으며 73만 3,121표(1.98%)를 획득하였다. 3월 15일의 『아카하타』 제1603호는 지도체제 강화와 각 전문부서의 충실을 강조하고 (공식적인) 중앙지도부원에 가스가(正, 의장), 시가, 미야모토, 요네하라 이타루(米原昶)의 4명을 결정한 사실을 발표하였다. 지금까지 중앙지도부원이었던 나카다 마쓰지로, 마쓰모토 산에키, 가자하야 야소지(風早八十二), 이와마 마사오(岩間正男) 등은 각 전문부의 책임자로 이동하였다. 4월 23일의 도부현회, 5대 시회 등의 선거에서 전국에서 10명의 부현회의원이 당선되었으며, 4월 30일과 그 후의 시구정촌회 선거에서는 시의원 105명, 정촌의원 291명, 정촌장 2명을 당선시키는 성과를 올려 처음으로 합법적 공간으로 진출을 이루었다. 단순한 창구라고는 하지만 미야모토 등의 기관 복귀는 전환의 필요성을 느끼게 하였다.

지금 극좌 모험주의가 1951 – 54년의 4년간 지속되어 특히 그 실패가 분명한 사실로 증명된 52년 여름 이후에도 청산하지 못하고 나아가 2년 이상 이것이 정식적인 자기비판 없이 통과된 원인은 도대체 어디에 있단 말인가. 그 제1의 원인으로써 앞의 '대분파 투쟁기'(1950 – 51) 이후의 지속된 국제 공산주의운동의 좌익 편향의 영향을 들 수 있을 것이다. 티토를 일방적으로 공격하고 동구의 '티토주의 분자'를 단죄한 스탈린의 잘못된 정책과 대국주의적 편향, 이것과 연결된 국제정책에서의 긴장된 태도, 일본에 대한 군사지배의 강조와 중국혁명 방식에 대한 기계적 보편화와 확대적용 – 이러한 것에 당 지도부가 무비판적으로 추종한 곳에 커다란 원인이 있었다. 당이 주체성을 잃지 않고 올바른 독립적인 판단력, 창의적인 분석력, 자주적인 결단력 등을 길러놓고 있었다면 외부로부터의 국제적 편향의 영향도 막아내고, 혹시 영향을 받았더라도 실질적인 해악을 최소화할 수 있었을 것이다.

그러나 이러한 힘은 당에는 거의 완전히 라고 할 만큼 결여되어 있었다. 제2기(이 책의 제2장)의 대분파투쟁의 전개가 오로지 코민포름의 비판이나 결정을 축으로 하고 기준으로 하여 움직이고 있었으며 여기에 종래의 당 조직의 약점이 집중적으로 표현되고 있었던 점은 이미 논했는데 이 시기에도 동일한 국제적 방침에 대한 무조건적인 추종정신이 지도부 전체를 지배하고 있었다. 그 결과는 한번 궤도에 오른 극좌모험주의 방침을 그때그때에 뭔가 구체적인 검토나 반성도 없이 단지 계속해서 4년간 온존시키고 지켜온 것이었다. 국제적 운동상의 편향과 이것을 자주성을 상실하고 무조건적으로 받아들인 점은 일국의 당을 쉽게 회복할 수 없는 붕괴상태로까지 몰아갔다. 그리고 그 마지막 총괄까지 재차 다른 힘에 의존할 수밖에 없도록 하였다.

두 번째로 이러한 상태하에서 당 자체의 존재형태가 문제였다. 대분파 투쟁의 결말이 한쪽을 분파로 지목하고 관료주의적으로 통일하는 듯한 형식을 취하였기 때문에 가부장적 개인중심적 지도는 더욱 강화되어 갔으며 과도한 비합법체제와 결합하여 분파화, 독선화, 특권화의 극에 달하고 말았다. 잘못된 방침이나 조직을 조속히 수정하기 위한 유일한 내부적 보증인 민주주의적 당내 투쟁, 지도부의 집단지도 체제는 모두 형체도 없이 사라졌으며, 반대로 이 시기에는 파벌의 진흙탕 싸움에 의한 지도부의 부패와 타락, 당내 민주주의의 압살에 의한 당 기구의 관료주의, 맹종주의, 파벌주의, 권위주의, 사대주의, 형식주의, 분파주의 등 다종다양한 병폐의 만개 상태를 만들어 내었다. 이러한 상태에서 잘못된 기본방침을 수정하여 이것을 원래로 되돌리는 일이 쉽지 않은 것도 당연하다.

물론 그 사이 모든 당 활동이 전부 오류였으며 또한 당 기관이 상부에서 하부에 이르기까지 비정상적인 상태였다고 보는 것은 잘못이다. 평화운동에서 일상적인 정치활동에 이르는 개개의 활동분야에서는 당은 이 기간에도 일정한 역할을 수행하였으며 국민대중의 향상과 전진을 위하여 일정한 기여를 하였다. 다른 한편, 당내에서는 아직 성실하고 유능한 분자도 많이 남아 있었다. 50-51년의 대분파 투쟁, 52년의 극좌 모험주의의 절정, 53-54년의 점검·적발 투쟁과 계속된 내부투쟁, 편향, 자기해체의 작용은 성실하고 능력 있는 대다수의 당원을 내쫓아 버렸지만 그래도 여전히 남아 있는 당원 가운데 기본방침의 오류와 지도기관의 부패에도 불구하고 착실하게 대중을 위하여 활동하고 봉사하며 부지런히 대중적 결합을 유지하고 있던 이들도 결코 적지 않았다. 전체적인 방향과 방침에서는 그들 가운데 많은 이들이 이것을 무조건적으로 지지하는 오류를 범했지만 자신들의 직접적인 활동의 장 내에서는 그들은 충분히 올바른 실천의 성과를 거두었다. 그들의 착실한 노력과 대중에게서 얻은 신뢰야말로 당의 전면적인 붕괴를 막는 유일한 기둥이었으며 잘못된 지도 때문에 많은 곳에서 당이 대중에게 소외되고 비난받으며 다양한 장소에서 기반과 영향력을 상실하면서도 하나의 당으로 존립할 수 있었던 진정한 원인이었다. 단지 이 시기에 당 활동의 부분적인 성과나 개개 당원이 수행한 적극적인 역할이 있었다고 하더라도 당의 기본방침의 오류와 왜곡된 지도부 자체의 존재형태가 낳은 많은 중대한 실패를 상쇄할 수는 없었으며 따라서 당이 점차로 내부 붕괴의 구렁 속으로 경도되어 가는 것을 막을 수 없었다.

전후 일본의 공산당사

제4장

6전협에서
제7회 대회로
−1955년에서 58년−

01 / 6전협 — 자기비판과 이를 둘러싼 당내 정세

　전술상 조직상의 전환과 통일에 대한 논의는 당 자체에서도 당 외 대중에게서도 수면 아래에서 진전되었지만 특히 이것은 55년 전반기를 통해서 제6회 전국협의회 개최를 위한 구체적인 토의로 진행된 것만은 틀림없다. 이 전환과 통일에 대한 논의는 처음부터 일반 당원 대중에게서 떨어져 오로지 일부 지도분자(처음에는 시다파와 '중립파', 다음에는 주류파와 구 반대파 간부들) 사이에서만 진척된 점은 그 자체로서 한계와 약점을 보여주는 것이며 6전협 후에 많은 문제를 폭발적으로 제기시키는 원인이기도 하였다.

　특히 6전협 개최 준비가 진척됨에 따라서 적당한 자기비판이나 부분적인 수정으로 사태를 마무리 지을 수 없다는 것이 점차로 명확해졌다. 너무 늦은 반성과 전환은 당내의 모순과 대중의 비판을 당연하게 고양시켜서 국부적인 수정과 전환으로는 오히려 사태를 역으로 혼란시킬 우려가 있었다. 이러한 예상을 앞에 두고 시다, 시이노, 이와모토 등 주류 지하지도부는 새로운 전환 후의 체제에 자신들의 파벌을 최대한 온존시키기 위하여 다양한 준비공작을 하였다. 이 해에 들어와서 지하 당원들이 착착 표면으로 등장하기 시작하였다.

어쨌든 대체적인 구상이 결정되고 비로소 6전협의 합법적인 개최와 여기서 '통일'회복, 방침전환에 대한 토의가 예정되어 있음을 알리고 이를 위하여 예비회의가 열렸다. 마침내 이전의 5전협(51년 10월)에서 약 4년이 지난 7월 27-29일의 3일간 도쿄에서 제6회 전국협의회가 개최되었다. 여기에는 주류파 지하지도부의 대부분이 아직 모습을 보이지 않고 주류파가 작성한 구상을 전달받은 합법적(창구라고 불렸다) 중앙지도부가 전체를 운영하였다. 앞에서 논한 것처럼 시가·미야모토 등의 구 '국제파' 지도분자가 이 중앙지도부에 복귀해 있었기 때문에 이 전국협의회는 주류파와 '국제파'의 통일달성을 토의하는 장이라기보다는 오히려 이미 지금까지 수많은 비밀회합과 마지막 예비회담에서 합의한 양파 간부가 사전에 작성한 구상을 각각의 하부 당원에게 설명하고 이해를 얻어 납득시키는 장면을 전개한 것에 지나지 않았다. 최초의 동기와 준비공작의 존재형태에서 발생한 이러한 근본적인 한계는 피할 수 없는 것이었다.

그러나 그래도 협의회가 보고와 토의에서 전면적인 자기비판을 행하고 방침의 대대적인 전환을 명백히 한 점은 위대한 성과이며 획기적인 진전이었다. 회의는 「당 생활의 총괄과 당면한 임무(党生活の総括と当面の任務)」를 채택하고 신규약 초안을 결정하였으며 새로운 중앙위원을 선출하였다. 전체적인 기조가 된 것은 말할 것도 없이 「당의 통일에 관한 결의(党の統一にかんする決議)」이며 이것은 지금까지와 같은 50-51년의 대분열을 '국제파 분파활동'의 일방적인 책임으로 돌리지 않고 처음으로 주류파 지도부에게도 책임이 있다는 '전 당의 불통일과 혼란'으로 규정하였으며 아직 복당할 수 없었고 또한 하지 않고 있는 모든 구 당원에게 복귀를 제창하였다. 이것은 실질적으로 50년 이후 5년 간에 걸쳐서 이루어진 모든 행정처분과 조직적 조치의 삭제를 의미하는 것이었다.

　발표된 중앙의 기구는 정치국과 서기국장제가 폐지되고 대신에 중앙위원회 상임간부회와 제1서기제가 채용되었다. 스탈린 사후에 후르시초프(Nikita Sergeyevich Khrushchev)가 집단지도를 강조하여 만들어낸 지도체제를 그대로 일본의 당 기구에 적용한 것으로 이 너무 분명한 우파에게 배워라는 식의 개혁은 당 내외에서 많은 반향을 일으켰다. 그후에 발표된 서기국 구성원 등도 포함하여 중앙인사의 내용을 보자면, 중앙위원은 주류파에서 노사카, 시다, 곤노, 니시자와, 시이노, 가스가(正), 오카다, 마쓰모토 가즈미(松本一二), 다케나카, 가와다 10명, 구반대파에서 시가(우선 반대파로 보고), 미야모토, 구라하라, 가스가(庄), 하카마다 5명으로 합계 15명으로 10대 5의 비율이었다. 중앙위원 후보로는 주류파계의 요네하라 이타루(米原昶), 미즈노 스스무(水野進), 이이(伊井), 스즈키 이치조(鈴木市蔵), 요시다 스케하루(吉田資治) 5명, 중앙위원회 상임간부회는 노사카, 시다, 곤노, 니시자와, 시가, 미야모토, 하카마다 7명으로 4대 3(시가를 반대로 계산하면 5대 2)의 비율이다. 서기국은 노사카를 제1서기로 하여 시다, 곤노, 미야모토 4명으로 구성되었으며 이후에 다케나카, 가스가(庄)가 추가되었기 때문에 4대 2의 구성이 되었다. 통제위원회는 가스가(正)를 의장으로 하고 이와모토, 구라하라, 마쓰모토 소이치로 4명으로 구성되어 2대 2였다. 이 6전협에서는 아직 노사카, 시다, 곤노, 시이노, 가와다, 하카마다는 모습을 보이지 않았다. 중앙 인사에서 이토 리쓰 계통으로 보이는 하세가와 히로시(長谷川浩), 마쓰모토 산에키, 호사카 히로아키(保坂浩明), 이와타 에이치(岩田英一), 고마쓰 유이치로(小松雄一郎) 등의 이름이 사라진 것도 특징적이다.

이상과 같은 중앙위원과 상임간부회원의 인사 내용은 구 도쿠다 주류파가 약간의 우위를 점하면서 이것과 구 통일회의 계통의 '국제파'의 균형 위에 조합되어 있으며 이 6전협의 기본 특징이 우선 분열전의 중앙위원회의 회복을 일차적인 목표로 하고 있다는 점, 이것을 회의 이전의 논의에서 앞서 실현하고 회의에서 승인시킨다는 구상이 만들어졌다는 점 등을 단적으로 증명하고 있다. 이러한 구 중앙위원회의 회복을 목표로 한 점, 그것도 구 주류파에서 시다파와 '중립파', 구 주류파와 구 국제파 중심분자의 위로부터의 논의에서 모든 전제가 되어 구 중앙위원회 가운데서도 특정한 인물(가미야마 시게오 등)만은 제외시킨 점, 하부의 대중적인 기반에서 구체적인 토의와 검토는 차후로 미루었다는 점 - 이러한 여러 사실은 당연히 6전협의 한계를 분명히 나타내는 것이며 미해결점을 남겼다기 보다도 진정한 의미에서의 '통일', 대중에 기반한 토의 위에서 '대중에 대한 책임을 분명히 한 반성과 통일'이라는 점을 이후의 과제로 남겨 놓았다.

6전협의 결정 자체는 조직문제와 전술문제로 자기비판을 공개적으로 표출한 것이다. 그러나 회의 그 자체의 한계가 결의 내용에도 어느 정도 반영되었다. 우선 전술상에서는 51년 말부터 52년 7월에 걸쳐 집중적으로 나타난 극좌 모험주의의 오류가 강하게 지적된 점은 대진전이었지만, 그 오류의 원인을 일반적 정세판단에 대한 실수에만 국한시켰으며 더욱 파고들어 간 원인 규명은 이루어지지 않았다. 이것이 이루어졌다면, 문제는 당연히 전술적인 면에만 국한되지 않고 국제조직과의 관계문제와 전략문제에 대해서까지 논의가 확대되었을 것이다. 5전협 이후의 극좌 모험주의 전술이 반드시 신강령과 직접 연결된 것이 아니라 하더라도 신강령이 가진 일면성과 불충분함을 그 후에 극도의 전술적인 편향과 실천에 충분히 이용한 점은 부정할 수 없는 사실이다. 이러한 의미에서 당연히 신강령에 대한 재검토의 필요성만이라도 제시되었어야만 했으나 오히려 반대로 "지금까지의 경험은 신강령에 제시된 모든 규정이 완전히 옳았다는 점을 실제로 증명하고 있다"고 하여 미리 틀을 짜놓았기 때문에 토의는 전술면에 한정되어버렸으며 근본적인 전략적 전환에 대한 토의는 차후로 밀려났다.

조직문제에서는 우선 분열에 대한 반성이 이루어졌는데 이것은 양파의 공약수를 조합한 느낌이 크고 분열 원인과 대중적 책임에 대한 추궁은 모두 회피되었다. 또한 당 건설문제에서는 지금까지의 좌익 분파주의의 오류가 자기비판되었지만 보다 근본적인 당 기구 그 자체의 관료주의와 형식주의화, 그 근본 원인으로서의 지도체제, 지도분자의 존재형태에 대하여 과감히 지적하지 않은 점은 회의의 성립과정에서 보면 당연한 현상이라고는 하더라도 최대의 약점이었다. 많은 점에서 6전협 결의는 불충분하고 결점 투성이었다고 할 수 있다.

이러한 다양한 약점과 한계성을 가졌다고는 하지만, 6전협과 그 결의가 지금까지 유례가 없는 중앙 스스로의 솔직한 전술적 조직적 자기비판을 전개하여 가부장적 개인중심적 지도를 개선하여 집단지도를 실현하고 당내 민주주의까지도 회복시킴으로써 진정한 전위당으로서의 재건설을 행할 결의를 보여주었다는 점은 커다란 성과였다. 마르크스·레닌주의 사상으로 당을 올바르게 건설하려고 하는 의도가 여기서 처음으로 선언되었다.

당 규약 개정에 의해 51년 2월의 4전협에서 이루어진 당내 민주주의에 대한 제한이 폐기된 점은 진보이며 또한 동 개정규약에서 "대중단체의 피선출기관에서 3명 이상의 당원이 존재하는 경우에는 당 그룹을 결성한다"고 규정한 점은 이른바 세포와 그룹이라는 이중조직에서 발생하는 폐해를 없애려고 한 것이며 당의 대중단체에 대한 접촉형태를 근본적으로 전환시킨 것이다. 이것으로 종래의 노동조합과 그 외의 대중조직에 대한 종속적 지배를 청산하는 조직적 보증이 추가되었다. 회의가 전체적으로 대중단체와의 관계 정상화를 통하여 당과 대중의 결합을 회복하고 대중운동에서 당의 역할을 재차 발휘할 수 있는 계기를 마련하기 위하여 노력한 점은 두말할 것도 없이 정당했다.

결국 그 자체로서 여전히 중대한 한계와 결점을 가지고 있다고는 하지만, 6전협 및 그 결의가 대중 앞에 당의 역사가 시작된 이후 중앙 자신의 솔직한 공식적인 자기비판을 행하고 이 오류를 극복하기 위한 방향을 성실하게 제시한 점은 용기 있는 태도이며 획기적인 대전진이었다. 내부적으로 거의 궤멸 직전까지 간 당은 이로써 재기를 향한 일보를 내디딜 수 있는 기회를 잡았다.

02 / 6전협 후의 책임추궁과 책임회피

6전협은 왜곡된 당의 존재형식에 번민하고 괴로워한 당 하부의 많은 양심적 당원, 배제되고 무시되던 구 반대파 당원들에게 용기와 희망을 주었다. 어떻게 할 수 없었다고 생각하던 두터운 벽이 무너지고 신선한 한 줄기의 바람이 불어 낡은 기구와 방침을 근본에서부터 재건할 수 있을 것이라고 기대되었다. 그들은 다소간 당의 혼란해체가 이것으로 종지부를 찍고 새로운 재기의 길로 들어설 수 있다고 자신감에 넘쳤다. 동시에 이것은 당원들의 서로 다른 입장에 따라 다양한 다른 반응을 낳았다.

첫 번째로 지금까지 지하의 주류파 지도부에 의해 운영되고 있던 비합법적인 '직업'적 당원, 그 창구가 되어 있던 중앙지도부의 원칙에 따라 합법기관의 당원들 - 그들은 6전협의 자기비판과 방향전환에 의해 다소간 충격을 받았다. 지금까지 절대로 정당하다고 하면서 위로부터 강제되어온 여러 방침이 한꺼번에 번복된 사실에 그들은 처음에 곤혹스럽고 혼란스러웠다. 그러나 그 이후 그들을 지금까지 지배해온 동일한 권위주의적 작용에 의해서라고 하더라도 또는 어느 정도 자기 자신이 모순이라고 느낀 것이 공식적으로 승인된 것에 대한 찬동에서라고 하더라도 어쨌든 6전협의 새로운 방침을 받아들이고 있었다. 단지 이 경우 자신들이 철저하게 믿고 있었고 그 때문에 헌신적으로 활동하게 한 지도방침이 정말로 완전히 가치가 없는 것인지 어떤지 당연히 의문을 가질 수밖에 없었다. 또한 그들에게는 다소간 종래의 실천에 대한 책임 의식이 약하고 책임의 내용, 구별, 존재형태 등에 대한 자각이 결여되어 있었다.

두 번째로 그후에 다양한 경험을 거쳐 정식으로 당에 복귀하면서 실질적으로 소외되어 있던 구 '국제파'의 일반당원, 그리고 51년의 '통일'에 대한 해결방식에 불안을 가지고 여전히 복당하지 않고 있던 구 '국제파' 및 반주류의 일반당원들 ― 이들은 주류파 당원과는 달리 6전협의 방향전환에 찬성하고 이것을 환영하면서 받아들였다. 특히 과거의 운동과 지도의 오류에 대한 비판점은 그들이 다소간 지금까지 주장해온 것이 인정되었다고 하여 최대한의 해석 폭으로 받아들였다. 단지 그들에게 있어 받아들이기 힘든 것은 그 조직적 전술적 편향에 대한 주류파 지도부의 책임이 여전히 불명확한 점이었다. 당을 분열시키고 잘못된 군사방침과 비공식체제의 존속이나 분파주의와 가부장적 지도로 당을 붕괴 직전까지 몰고 간 주류파의 지하 지도부와 그 방침을 충실히 지키고 있었던 지하기관이 단지 하나의 결의로 자기비판을 끝내고 실질상의 책임을 지려고도 하지 않는 사실은 아무리 해도 용인할 수 없는 것이었다. 그들은 주류 지도분자는 물론 자신들 반대파 분자를 배제한 기관과 그 소속 당원은 당연히 경중의 차에 따라서 책임을 져야만 한다고 생각했다.

세 번째로 이전의 분파투쟁이 일어났을 때 그 당내투쟁의 과다한 형태나 비인간적인 면에 놀라고 두려워하여 당을 이탈한 사람들과 그리고 분파투쟁과 화염병투쟁이 진정되고 나서 새롭게 당에 참가한 사람들 – 이들은 6전협의 새로운 방침을 그대로 기쁘게 받아들였으며 국민에게서 이탈한 당이 재차 대중적인 기반에 입각하려고 하는 움직임을 솔직히 환영하였다. 단지 그들도 이 신방침이 도대체 실제로 어느 정도 실행될지에 대해서는 막연한 의심과 불안을 가지고 있었다. 나아가 그 외에도 당의 주위에 있는 이른바 동조분자와 동정자층이 대체적으로 위의 사람들과 유사한 층에 속하며 6전협 방침을 호의를 가지고 받아들인 점은 말할 것도 없다.

어쨌든 구방침의 청산과 신방침으로의 전환이 사전에 당의 대중토의에 부쳐지지 않고 변함없이 지도자 중심주의, 간부 제1주의의 입장에서 지도분자 간의 비밀스러운 논의로 결정되고 그 때문에 분열의 책임이 있는 쌍방의 지도자 전부에게 상처를 주지 않는 최대공약수적인 적당한 자기비판으로 정리되었으며 더구나 지하 간부는 모습조차도 보이지 않고 위에서 아래로 강요하였다는 6전협이 갖는 근본적인 결함은 6전협이 끝나자마자 곧바로 그 결과를 보여주었다. 8월 이후 양 파의 간부가 예상조차 하지 못한 광범위하고 격렬함을 동반한 아래로부터의 당내 토의가 구 방침의 청산과 책임의 존재형태를 둘러싸고 폭발하였다.

이러한 가운데 8월 11일에 '6전협 기념정책 발표 대연설회' 회장에서 노사카, 시다, 곤노의 지하 3지도자가 상당히 연극적으로 연출한 가운데 모습을 드러내었다. 막 아래로부터 제기된 책임추궁의 소리에 대하여 당연히 그들은 자신들의 입장을 분명히 하지 않으면 안 되었다. 시다는 『아카하타』 9월 19 – 20일에 「당 단결에 즈음한 문제(党団結のさしあたっての問題)」란 자기 비판문을 작성하여 중앙위원회의 분열과 그후 지도의 오류에 대한 결정적인 책임이 도쿠다 주류파에게 있다는 점을 인정하고 그 오류를 반성하였다. 노사카도 『아카하타』 9월 21일 자에 「오류를 범한 사람에 대하여 곧바로 불신을 가져서는 안 된다(誤りをおかした人にたいして直ちに不信を抱いてはならない)」를 게재하고 과거의 과다한 처분에 대한 반성을 호소하였다. 그러나 오류를 인정한 그는 책임을 어떻게 질 것인가에 대한 점에서는 "단지 물러나는 것이 책임을 지는 올바른 방법은 아니다" "우리들의 책임을 다하는 길은 6전협 결의를 만들고 이것을 실행하는 것에 있다"고 하면서 진정으로 몸을 다하여 책임을 지려고는 하지 않았다.

다른 한편 구 '국제파' 간부의 존재형태에도 문제가 있었다. 미야모토, 가스가(庄) 이하의 지도분자는 자신들이 범한 오류에 대하여 공식적으로 아무런 자기비판도 표명하지 않았다. 이 때문에 '국제파'의 잘못된 전국통일위원회·통일회의 결성이 주류파의 분열공작에 구실을 제공한 것에 대한 반성, 그 자신이 처음으로 가진 극좌적 편향에 대한 반성, 군사방침의 실천에서 어디까지나 비판적 태도를 취하지 못한 점에 대한 자기비판은 모두 그대로 불문에 부쳐버렸다. 반대로 최초의 중앙위원회 분열의 원인이 도쿠다 주류파에 있다는 사실에서 그 후의 모든 것이 반대파의 정당성을 논증하고 있는 듯한 착오를 확대시켰다. 이렇게 하여 6전협을 운영 지도한 양측의 간부는 아래로부터 대중토론을 처음부터 무시한 출발 시의 오류에 이어서 6전협 이후에 아래로부터의 토의가 필연적으로 분출하자 자신의 책임 소재를 불명확하게 한 제2의 중대한 오류를 범하였다.

어쨌든 전국에 걸쳐서 조직의 뿌리가 남아 있는 곳에서는 다소간 격렬한 책임추궁이 제기되었다. 특히 지하 주류파 지도부를 정점으로 하는 각급 당 기관의 간부들, 특히 규약에 없는 뷰로를 만들어서 각급의 공식적 조직을 지배한 사람들(이른바 비공식조직의 '직업혁명가'들)에게 추궁이 집중되었다. 이와 나란히『아카하타』는 창간 이래 처음으로 기탄없이 솔직하고 자유로운 비판과 토론의 무대가 되었다. 지금까지 당 활동과 전술의 오류, 기관과 조직의 왜곡된 존재형태, 당원들 자신의 존재형태에 대한 오류와 편향, 그 외 다양한 문제에 대하여 당 내외의 다양한 장소에서 진실한 지적과 추궁 및 비판의 소리가 게재되었다.

예를 들면, 대표적인 것으로서 모 현의 상임활동가의 '부인회의'에서의 소리. "우리집 사람은 아침에 누구보다 늦게까지 자고 있으며 밥 먹고 신문보고 담배를 가지고 집을 나갈 뿐이다. 돈이 있든지 없든지 전혀 신경쓰지 않는다. 공산당의 상임이란 것은 생활에 대한 책임 관념이 없는 사람들이 맡고 있는 듯한 느낌이다" "그런 사람들뿐이기 때문에 공산당은 다른 사람에 대해서도 야박하다. 우리 집도 아무래도 남자가 아니면 안 되는 일이 있었기 때문에 하루 들렀을 뿐이다. 남편을 귀가시키지 않는다면, 누군가 다른 사람이라도 보내주었으면 한다. 배려가 없다" "귀가해서도 별로 이야기를 하지 않는다. 책을 읽는다고 하면서 상대해 주지도 않는다" "우리들은 보통 사람들을 상대하고 있기 때문에 매일 여러 가지 세상사를 듣는다. 그러나 남편들은 살아있는 사람들의 세상사를 듣는 것을 싫어한다. 사람들의 힘든 일, 슬픈 일, 기쁜 일에 대한 이야기를 듣는 것을 싫어하면서 뭘 만들겠다는지 정말 생각하게 된다. 먼저 사람들의 생활 형태를 잘 파악하고 그리고 배우지 않으면 어떻게 해서 국민에게 봉사하는 당이 될 수 있을까. 6전협이라든가 원수폭에 관한 이야기라면 눈을 반짝이며 열심히 이야기하지만 세상의 진짜 생활 이야기는 하고 싶어 하지 않는다" "뭔가 하고 조금 들어 보려고 하면 스파이 같다고 핀잔을 준다. 아무래도 남편은 우리들을 이야기 상대가 못 된다고 바보 취급하는 건 아닐까. 그래도 우리들은 자신도 활동가로서 행동하고 있다고 생각합니다. 우리들의 이야기를 바보 취급하지 말고 귀를 기울여 주었으면 합니다" "당 생활은 조금도 나쁘다고 생각하지는 않지만 너무 무관심합니다. 인간미가 없고 아이들에 대해서도 너무 무책임합니다. 일전에도 기관의 사람이 '처자식을 교육하지 않으면 안 된다'고 말한 것 같은데 나는 당을 위해서라고 생각하고 일하고 있습니다. 당을 생각하고 이해하고 있기 때문에 어떠한 괴로움도 참아내려고 하고 있습니다. 이런 나에게 뭘 교육시키려고 합니까. 그걸 듣고 싶습니다" "저와 남편은 여러 가지 일로 의견이 너무 다릅니다. 예를 들면, 먹을 것이 없는 사람에게 먼저 쌀을 주는 것이 진정

한 친절이라고 제가 말하면, 남편은 여기에 반대하여 그 원인을 찾아보는 쪽이 중요하다고 합니다. 모든 것이 이와 같아서 매우 차가운 느낌이 듭니다" "오늘은 정말로 마음속에 생각하는 대로 이야기해 버렸는데 남편들이 모두 성실한 사람이라는 것에는 신뢰하고 있습니다. 당의 일로 남편들의 머리는 벌써 굳어져 버려서 집안일을 돌아볼 여유가 없다고 생각합니다. 그래도 그런 인간다운 피도 애정도 잃어버린 사람이 되어버려서는 당과 국민에게 봉사하는 것은 전혀 불가능하다고 생각합니다"(「人間らしい人間に―静岡常任活動者の奥さん会議―」『アカハタ』, 55년 10월 13일, 제1784호). 여기서는 공산주의의 이념과 공산당원의 임무 등 위로부터가 아니라 역으로 그 필수적인 전제인 인간적 존재의 장에 기초하여 당과 당원의 존재 형태에 대한 적나라하고 날카로운 비판이 이루어지고 있다.

아마도 이들『아카하타』지상에 게재된 것 이외에 수십 배에 이르는 투서나 원고가 있었을 것이다. 이것들을 모두 충분히 반영하지 않는 한 아직 만족할 수는 없지만, 그래도 오랫동안 잃어버린 질식된 당내 민주주의 원칙이 부활되고 당 내외에서 다양한 비판을 솔직히 받아들이려고 하는 올바른 당풍이 만들어지고 있는 느낌을 주었다.

그러나 이들 당 기관지상의 민주주의적 경향을 반영한 당내 민주주의의 부활, 과거에 대한 반성과 비판에 기초한 재건 방식에도 일정한 한계가 있다는 점이 점차로 명확해졌다. 단지 과거의 오류에 대한 비판이나 반성이 주제가 되어 있는 동안은 문제가 없었지만 결국 이들 모든 것이 "누가 어떻게 책임을 질 것인가"하는 최종적인 공통문제로 귀착될 수밖에 없었다. 그리고 이 문제가 불거지자 아래로부터 올라온 다양한 비판은 구 지도분자가 여전히 간부의 자리에 앉아 있는 엄연한 현실을 마주하여 갈 길을 잃어버렸다. 전국 각지에서 각급 기관으로 전개된 책임추궁의 거센 바람과 대혼란도 이것이 정리되어감에 따라 당연히 상부로 상부로 이동하면서 압력을 가하였다. 그런데 이 경우 최고 간부들의 책임 수용형태와 진퇴가 명확하다면 이것을 기준으로 이후에는 하부로 하부로 내려가 각급 기관에서 책임수행방식과 처리방식에서도 서열지울 수 있었지만 역으로 최고 간부들의 책임 수용형태, 처리방식이 불명확하고 애매모호하다면 당연히 하부 각급 기관에서도 여전히 불명확하고 애매모호할 수밖에 없다. 정말로 이 후자의 방식이 6전협의 '책임추궁' 당내 논의에 즈음하여 나타난 것이다.

이것은 결국 책임감의 문제이며 책임을 어떻게 질 것인가를 명확하게 하는 조직적 보증의 문제이다. 그 조직적 보증이 없는 경우 주관에 의존하는 책임감은 많은 격차를 발생시킬 가능성이 있다. 당의 지도자 자신이 스스로 "단지 지위에서 물러나는 것이 책임을 지는 올바른 방식이 아니다"라고 했을 때 당 외의 어느 기자는 죽은 자를 위해서 다음과 같이 노래하였다.

일본공산당이여
죽은 자의 숫자를 조사하라
그리고 공동묘지에 손을 두텁게 묻어라
정치는 잠시 접어두어도 좋다

죽은 자의 숫자를 조사하라

공동묘지에 손을 두텁게 묻어라

중앙위원이여

지역구 상임이여

스스로 괭이를 들고 땅을 파라

구멍을 파라

묘비를 세워라

― 만약 이것이 불가능하다면 ―

공산당이여

우리들이여

죽은 자를 위해서

우리들을 위해서

침묵하고 있어도 된단 말인가

그들이 바보였다는 것을

우리들의 멍청함의 표식으로 좋단 말인가

(「風声波声」『東大学生新聞』, 1956년 10월 8일, 제274호)

여기에는 양자 사이에 엄청난 정도로 주관의 차이가 보인다.

전 당적인 비판이나 논쟁도 이렇게 하여 점차 성과가 없는 우이독경으로 끝나고 말았다. 책임문제에 대한 하부의 맹렬한 토의가 자연스럽게 상부기관의 책임 수용방식으로 압력을 가해감에 따라서 『아카하타』 지상의 자유롭고 솔직한 발언도 점차로 억압되고 통제되었다.

이렇게 하여 대중적인 토의를 허용하지 않고 위로부터 간부만의 논의로 개최된 6전협의 근본적인 한계는 이어진 책임문제에 대하여 일일이 곤란하다는 중앙의 존재형태로 이어지고 이것은 나아가 회복 중이던 당내 민주주의의 중단이라는 사태로 연결되었다.

03 / 시다문제와 그 결말

　그런데 55년 8월부터 한꺼번에 불어닥친 책임추궁의 거센 바람을 왜 당 중앙이 올바르게 인도하고 수습하지 못했던가. 반대로 여기에 대하여 '소극적인 태도다'라든가 '너무 자유주의적이다'라든가 '타격주의의 경향이다'는 관료주의적 상투어로 희석시키고, 애매하고 불명확한 채로 도중에 이를 말살한 것인지 - 그 이유를 스스로 말하는 듯한 사건이 일어났다. 이른바 시다·시이노 문제라고 하는 것이 그것이다.

　52년의 당 30주년 이후 도쿠다가 병중에 있고 그 후계 투쟁에서 이토 리쓰가 처분된 이후 지하 지도부의 실권과 최고지위를 장악한 시다 시게오가 56년 1월에 당기위반의 강한 증거를 남기고 실종된 사건은 당 중앙을 놀라게 하였다. 8월에 공식적으로 모습을 나타내고 상임 간부위원으로서의 임무를 맡은 시다는 그 후 전국적으로 전개된 구 지도부에 대한 비판, 책임추궁의 거센 바람을 맞고 구 지도부를 대표한 형태로 무조건 '자기비판'하고 오류를 인정하였으며 머리를 숙여 사죄하는

역할을 담당하게 되었다. 그러나 그 후 구 지도부에 대한 비판은 단순한 이론상의 편향과 정책상의 오류라는 점을 넘어서서 더욱 '형이하'학적인 그들의 지하에서의 생활태도, 재정상의 의혹, 여성관계에 대한 스캔들, 일상생활 태도, 지하시대의 도피생활에서 수천만 엔의 돈을 소비한 부패, 퇴폐화 등에 대한 추궁으로 화살이 향하였다. 이후에 잡지『진상(真相)』이 폭로한 오오이 히로스케(大井広介)와 미우라 쓰토무(三浦つとむ)의 여러 글이 솔직히 추궁한 것처럼 이른바 지도적 간부의 내부생활과 재정면에 대한 실상이 점차 일반에게도 알려지게 되었다. 이것에 기초한 공격은 특히 시다·시이노에게 집중되었다.

어쨌든 56년 1월에 시다의 '임무포기'와 이것이 어떤 원인에서 비롯된 것인가에 대한 어느 정도의 억측은 당 내외에도 알려졌다. 이 문제의 원인은 즉 6전협 이후에도 지도부의 책임문제가 정식으로 논의되지 못하고 최종적으로 회피된 것에 있었다. 출발점의 오류는 계속해서 연쇄 반응적으로 지도면의 타락(ゆがみ)을 폭로한 것이다.

더구나 더욱 나쁜 것은 시다문제가 이미 누구에게나 명확해졌으며 시다 실종의 원인조차 일반화되고 있음에도 불구하고 당 중앙은 여기에 대한 처분을 속히 처리하고 이것을 발표하는 것을 미루었다. 1월에 제4회 중앙위원회 총회가 채택한 결의「당의 통일과 단결을 위한 역사상의 교훈(党の統一と団結のための歴史上の教訓として)」(『아카하타』, 56년 2월 5일)은 당내문제의 처리에서 혼란을 수습하려고 제출한 것인데 이것도 시다문제가 제기한 보다 구체적이고 실질적인 대상과 같은 것에는 전혀 언급하지 않았다.

4월 16-27일의 제6회 중앙위원회 총회에서 처음으로 시다문제를 정식으로 심의하여 1월 6일 이후의 실종을 확인하고 시다를 '상임간부회의와 서기국의 일원으로서의 임무에서 해임한다'는 처분을 결정하였다. 그러나 이것은 일반에게 공표되지 않고 6월 6일 자 상임간부회의의 「시다 시게오 동지에 대한 발표(志田重男同志についての発表)」란 문서로 처음으로 위의 제6회 중앙위원회 총회 결의를 발표하고 여기에 해설을 덧붙여 시다의 행동은 "명백하게 중대한 책임이 있는 임무의 포기이며 당의 규율에 반하는 것이다"고 비판하였다.

그 후의 조사에 의하여 중앙은 56년 9월 10-12일의 제8회 중앙위원회 총회에 이르러 재차 시다문제를 제기하고 「시다문제에 대하여(志田問題について)」란 결정을 행하고 9월 18일의 『아카하타』에 발표하였다. 여기서는 "제8회 중앙위원회 총회는 규약 제38조에 의거하여 시다 시게오를 중앙위원의 지위에서 파면한다. 동시에 시다가 스스로 당원으로서의 권리와 의무를 포기하고 당원으로서의 모든 자격을 상실했음을 확인했다"고 하여 제명처분이 아니라 '출당'임을 확인하였다. 종래에는 본인이 탈당이나 이탈 서류를 제출하여도 엄격하게 제명처분을 내리는 예가 많았지만 여기서는 '당원으로서의 모든 자격을 상실했음을 확인했다'고 하는 복잡한 표현이 채택되었다. '시다의 탈당' 원인이 된 비공식 시대의 당 생활의 폭로에 대하여는 "시다는 전후의 당 생활 특히 1950년 이후의 당 생활에서 가부장적 개인 중심적 사상에 가장 빠지기 쉬운 위치에 있었다. 그러나 이에 대한 그 자신의 공산주의적 자각은 극히 불충분하였다"고 하여 이른바 몇 줄의 더구나 추상적인 설명이 부가된

것에 지나지 않았다. 중앙의 이러한 처분에 의하여 도쿠다의 가부장적 지도의 후계자는 정치적으로 매장되었다. 이토 리쓰와 시다 시게오, 도쿠다의 후계자인 두 사람은 모두 자신을 매장하였다.

이 제8회 중앙위원회 총회는 더구나 시다와 나란히 시이노 에쓰로도 "규약 제38조에 의거하여 중앙위원의 지위에서 파면"하는 처분을 행하였다. 이 결정은 이때 발표되지 않고 56년 11월 17일 자 상임간부회의 「시이노 문제에 대한 경과(椎野問題にたいする経過)」와 함께 발표되었다(『아카하타』, 11월 20일). 여기서는 시이노 처분의 이유로 "1955년 4월에 부인동지에 대하여 당 규율과 당의 도덕을 위반한 잘못을 저질렀다"는 점이 적시되어 있고, 그 자신이 이것을 인정하면서도 이 문제를 심의하는 중앙위원회를 회피하여 "자신의 생활을 위하여라고 하여 사업 경영에 분주하였다 등" 반성이 극히 불충분하다고 비판하고 있다.

이에 따라 이토, 시다, 시이노라는 50년 분열 이후 도쿠다 주류파의 최고 지도부에 있던 3명이 모두 도쿠다의 가부장적 지도와 파벌주의 아래서 급속하게 성장해온 지도분자들이 나란히 같은 모양으로 공산주의자로서 혁명가로서 완전히 자격을 상실한 인간이었음이 명백해졌다. 이러한 지도자 아래서 약 5년간의 시간 동안 하나의 당이 완전히 휘둘렸으며 더구나 여기에 밀접하게 협력한 사람들이 여전히 지도기관에서 자리를 차지하고 있는 상태였다.

때마침 9월 15일에 발행된 잡지 『진상』 제102호는 「공산당은 어디로 가는가(共産党はどこへゆく)」란 특집을 편성하고 「시다 시게오는 왜 사라졌나(志田重男はなぜ消えたか)」란 제목으로 특별 기사를 게재하여 지하 도피 시기 '오타케(お竹)'라는 곳에서 일어난 호화스러운 생활을 자세하게 폭로하였다. 단순한 반공 잡지가 아니라 당원이 관여한 비교적 정확한 폭로기사로 알려진 만큼 이 특집은 당 내외에 커다란 충격을 주었으며 상업 잡지는 경쟁적으로 이 기사를 취급하였다.

『진상』의 폭로는 다른 기사도 포함하여 시다 개인뿐만 아니라 6전협 이전의 지도부 전체에게 결정적인 일격이 될 정도였다. 이것은 마침내 이들 구 지도부와의 논의로 6전협을 준비하고 그 후에 지금까지 그들의 과거와 책임을 불문에 부친 6전협 후의 당 중앙의 연대책임을 추궁하는 주장으로 변하였으며, 그렇게까지는 아니라 하더라도 불신감을 키우는 원인이 되었다. 당 외의 오오이 히로스케는 『문예춘추(文芸春秋)』 11월호에 「사사키 공산당은 도당이다(佐々木共産党は徒党だ)」란 글을 발표하여 구 지도부 전체로서의 연대책임을 강조하였다. 미우라 쓰토무도 『지성(知性)』 11월호에 「일본공산당의 부패에 대하여 직언한다(日本共産党の腐敗に対し直言する)」를 발표하여, "당 간부는 불량집단도 비밀결사의 맹원도 아니다. 공산당이 국민의 정당이라고 한다면, 그 간부는 국민의 대표에 어울리는 청렴결백한 인격자여야만 한다. 정말로 이 점에 관한 한 당내 문제는 동시에 당 외 문제이기도 하다. 국민의 대표로서의 자격이 있는지 없는지에 대하여 국민에게 점검을 받고 국민의 깊은 이해와 신뢰하에서 행동하는 것이야말로 간부로서의 의무가 아닌가. 당내 문제라는 이유로 국민의 점검을 거부하며 국민의 눈을 가려서 부끄러운 줄 모르는 행위를 하고, 당의 정화를 부르짖는 성실한 사람들을 규율위반이라고 협박하고 억압하는 것이 대중에 대한 봉사이며 혁

명에 대한 헌신이라고 주장이라도 할 것인가. 국민은 스스로의 대표자에 대하여 의혹을 풀기 위한 요구를 할 권리가 있다. 부끄러운 줄도 모르는 행위를 한 자에 대하여 그에 상응한 처분을 요구할 권리가 있다. 국민은 일본공산당 간부에 대하여 백지 위임장을 써준 기억이 없다"고 하여 현재의 간부 전체의 공동책임을 강하게 추구하였다.

『진상』 기사에 대하여 가스가(正)는 통제위원회의장 담화 「잡지 『진상』 102호에 대하여(雜誌 「眞相」 一〇二号について)」란 기사는 『아카하타』 56년 9월 18일의 「시다 문제에 대하여(志田問題について)」란 발표 기사와 함께 게재되었는데 가스가는 여기서 "적의 공격과 일치하는 유해한 것" "사려 깊지 못한 편집" "당내문제를 ……당 외에서 발표" "당과 혁명의 이익에 반한다" "명확한 규율위반" 등등 『진상』 기사와 편집자에게 강한 비난을 퍼부었다. 이것은 위의 미우라 의견과 정말로 대조적인 생각을 나타낸 것으로 가스가의 논리로는 시다문제의 진상과 같은 것은 당내 문제로 매우 오랫동안 은폐해 두는 것이 "유익한 것"으로 "당과 혁명의 이익에 합치하는" "사려 깊은" 방법이다 – 고 하는 것이다.

시다문제에 대한 중앙의 기묘하고 미온적인 태도는 그 후의 사실에 따라 엄격하게 비판받았다. 57년 겨울부터 '시다신당' '민족공산당' '제2공산당' 등의 보도와 소문이 나돌기 시작하여 「시다파 테제(志田派テーゼ)」란 것이 상업 잡지에 일제히 보도되었다. 후자는 가공의 발송인 명의로 당의 지방위원 등에게 전국적으로 우송된 것이다. 타이프로 작성하여 복제한 것으로 발송자의 '서문'에 의하면 "규율문제로 동지를 매장하는 것은 관료주의, 봉건주의"이며, "우리들은 시다문제를 전략전술

문제로 공식적으로 논쟁하기를 바란다"고 제기하고 있다. 「시다파 테제」의 제4장 '당 건설과 공작 상의 원칙적 문제'에서 그들은 당의 방침에 대처하는 분파 지도부의 신중한 당내 비밀활동을 강조하고 당원 가운데서 자신들의 지도부에 대한 '사상적 중핵'의 획득방법을 지시하여, 대중 가운데 새롭게 입당한 자도 자신들 분파조직의 세포에 소속시키도록 규정하였다. 당의 조직구성에 대응하여 중앙에서 지구·세포를 일관한 시다파 분파의 독자 조직을 만들려고 한 것이다. 여기에는 6전협 이전에 시다가 장악한 합법기관을 움직인 뷰로조직을 연상시키는 부분이 있었다. 「시다파 테제」와 동시에 시다 계통의 비밀라인도 계통적으로 당내에 잠입하였다. 테제가 반중앙 분파조직의 결집을 제안하고 있다고 한다면, 라인은 시다파 분파조직의 독자적인 지도방침을 지시하고 분파의 기초조직인 '사상적 중핵'의 결집을 촉구하고 있다.

이에 대하여 당 중앙은 57년 3월 7일에 서기국 「적의 엄흉한 파괴공작에 대한 경계심을 강화함과 동시에 반당분자의 준동을 제거하자(敵の危険な破壊工作への警戒心をつよめるとともに反党分子のしゅん動を除去せよ)」(『아카하타』, 3월 8일, 제2219호)에서 처음으로 '시다 신당 문제'에 대하여 언급하였다. "시다의 소식은 지금도 여전히 불명확하며 요시다 시로(吉田四郎)의 실종과 함께 우리들이 의혹을 가지고 계속 주시하고 있는 것은 당연하다" "당내의 일부에서는 당 중앙의 방침에 반대하는 비밀문서가 일부 유포되고 있는데 이것은 당의 규율과 단결을 파괴하는 활동임은 말할 것도 없다" "우리들은 이러한 준동에 대하여 조사를 진행하고 있다"고 하여 그 사실을 인정하였다.

시다파의 책동은 57년 봄부터 여름에 걸쳐서 간사이와 그 외 6전협의 구 주류파계 분자가 많이 잔존한 곳에서 활발하였으며 그 조직도 어느 정도 진행된 듯이 보였다. 당시 다소간 구 반주류파 분자에게 집단적으로 규탄받고 당내에서 책임을 문책당하여 '찬밥' 신세가 된 구 주류파계 분자가 적지 않았기 때문에 그들 가운데 구 최고 지도자의 요청에 응하여 재차 이전의 당내 주도권 획득을 노리는 분자가 나타났다고 하더라도 이상할 것은 없었다. 어쨌든 시다파의 문서가 약간의 동조자를 획득하여 일부의 당 조직으로 확대되어 그 분파적 조직화도 어느 정도 진척된 것은 사실이었다.

시다파의 실질적인 움직임에 직면하여 5월 21일의 제12회 중앙위원회 총회는 「시다 시게오의 처분에 대하여(志田重男の処分について)」란 결정을 행하고 5월 25일 자 『아카하타』 제2285호에 발표하였다. 이것은 처음으로 시다의 "숨어서 놀고 있던" 타락한 사실을 확인하고 그의 실종이 "의식적 계획적인 행동이었던" 사실, "이미 그는 당적을 상실하고 있었지만, 제명처분에 처해야 할 자라는 점"을 확인하였다. 시다 실종 이후 1년 반이 지나서 겨우 '제명처분에 처해야 할' 점이 인정된 것이다. 이 결정은 시다문제를 발생시킨 당의 사상적 조직적 약점이 "6전협이 선택한 중앙부"에 내포되어 있다는 사실을 처음으로 인정하여 "깊이 반성한" 점은 옳았다. 그러나 동시에 시다의 타락행위나 실종 사건이 계급적인 적에 의해 "악선전과 도발에 이용"되고 있다고 한 점은 반드시 옳다고 할 수는 없다. 이미 시다파가 실제적으로 움직이고 있는 사실을 무시하고 이것을 단순히 '악선전과 도발'만으로 해소하는 것은 사태를 잘못 인식하고 있기 때문이었다. 결국 머지않아 시다파의 활동을 무시할 수가 없어서 상임 간부회는 7월 12일 자 「최근의 당 교란 공작에 대하여(最近の党撹乱工作に対して)」(『아카하타』, 7월 13일, 제2327호)를 발표하여 '시다파 분파'의 당내 공작 사실을 인정하고 이에 대한 투쟁을 호소하지 않으면 안 되었다.

그러나 시다 및 그 그룹 자신은 사태를 근본적으로 잘못 파악하고 있었다고 하기보다 자신들의 행동이 어떻게 대중들에게 받아들여지고 있는지를 상식적으로 판단할 수 없을 만큼 그들의 머리는 틀어져 있었다. 6전협과 그 이후의 당 지도체제에 결함이 있고 이에 대한 아래로부터의 불만과 비판이 적지 않았음에도 이것은 6전협 이전의 지도체제와 지도방침이 한 번 더 회복할 수 있는 듯한 조건이 발생했음을 결코 의미하지는 않았다. 아래로부터의 비판은 오히려 6전협 이전의 지도방침과 지도부의 존재형태에 대한 추궁과 반성의 불철저함에 대하여 집중되었으며, 그 불철저함이 현재 중앙의 존재형태 그 자체에 기인하기 때문에 상부로의 공격이 멈추지 않았다. 이처럼 자신들에 대한 최대의 책임추궁이 행해지고 있음에도 불구하고 시다 등은 자신에 대한 처분을 '관료주의·봉건주의' 등으로 비난하고 중앙 반대파를 결집시키려고 하는 등 분수를 모르는 것도 정도가 있다고 할 것이다. 전전 전후를 통하여 이렇게나 후안무치한 '공산주의자'는 일본의 노동운동사에서 찾아내기란 불가능할 것이다. 그 후 시다파의 책동은 당연스럽게 자연히 해소되었다.

04 / 가미야마 문제의 상징적 의미

　시다문제의 처리 방식과 완전히 대조적인 것이 6전협 이후의 가미야마 문제의 처리방식이었는데, 시다문제의 결말과는 완전히 대조적인 결말을 보여주었다. 6전협의 '통일'에 즈음하여 가미야마만이 구 중앙으로서 제외되어 있는 기묘한 현상은 이미 논했는데 그 후에 발표된 원인은 가미야마의 제명처분이 구 '국제파'의 경우와는 달리 그 이유가 재조사를 요한다고 인정되었기 때문이라는 것이다. 구 도쿠다 주류지도부가 구 반대파에게 행한 처분은 무조건 취소해 마땅하나 도쿠다 사후의 시다파 지도부가 가미야마에게 행한 처분은 여전히 진실성이 있을 수 있기 때문에 무조건 취소하는 것은 불가능하다는 것이었다. 이것은 6전협 자체가 시다파와 '중립파'의 구 주류계와 가미야마를 제외한 구 반대파 지도분자와의 '위로부터의 논의'로 이루어졌음을 실증하는 것인데 어쨌든 가미야마 문제에 관한 한 6전협 후의 신중앙이 시다파 구 지도부의 주장을 우선 무조건 받아들였다는 사실은 부정할 수 없다. 그리고 그 후 58년 3월 11일에 가미야마의 복당이 실현될 때까지 가미야마 문제에 관한 한 시다·시이노의 '실각'이란 사실에도 불구하고 구 지하 지도부와 구 반대파 지도부가 완전하게 보조를 맞추었다는 사실은 당사(党史)에 기록으로 남아 있다.

6전협 이후 꽤나 귀찮은 교섭이 반복된 이후에 1년 가까이 지난 56년 5월 15일에 당 중앙은 겨우 「몇몇 동지들의 제명 및 조치 취소에 관한 결정(若干の同志たちの除名および処置の取消しに関する決定)」(『아카하타』, 5월 19일, 제1970호)을 행하고 2년 전의 제명과 조치를 취소하였다. 그런데 이 취소는 무조건적이고 전면적인 취소가 아니고 여전히 의문점을 남긴 듯한 의미를 포함하고 있었기 때문에 예를 들면 당 외에서 다음과 같은 솔직한 비판을 받을 수밖에 없었다. "그런데 지난 19일 『아카하타』가 발표한 제명 해제의 결정을 보고 나의 기대는 무너졌다. 이 문장을 읽은 사람은 아마도 가미야마씨 일파를 당으로 재차 받아들이고 싶지 않다는 감정이 그 아래에 흐르고 있다고 직감했을 것이다. 이 결정은 가미야마씨 일파에 대한 의혹이 아직 충분하게 밝혀지지 않은 것, 그들이 제명 전후에 취한 행동은 공산주의자로서 있어서는 안 되는 것이라는 점, 나아기 반당적 그룹을 만들고 있었던 점을 독자들에게 강한 인상으로 남기려고 노력하고 있었다. 정말로 그런가. 만약 그렇다고 한다면, 일본공산당 중앙은 가미야마씨 일파의 제명을 취소해서는 안 된다. 더 많은 시간을 가지고 철저하게 조사한 뒤에 그 명예를 회복하는 것이 당연하다. 또한 정말로 명예를 회복한다면, 그 명예가 회복되도록 성실히 신경 쓰지 않으면 안 된다. 그런데도 성명서의 문맥처럼 더

전후 일본의 공산당사

욱 불명예를 남기기 위하여 배려한 것이라면, 그것은 비열한 인간이 과신해서 하는 기교라고 할 수밖에 없다. 물론 중앙위원들이 여러 명이었기 때문에 이들 가운데는 비열한 인간도 가미야마가 싫은 사람도 있을 것이다. 그러나 당의 방침을 결정하는 것이라면, 역시 개개인의 감정이나 개인적인 인물의 크기를 넘어서 당을 가장 대인배로서의 품격을 갖춘 것으로 만들어 갈 수 있도록 인내할 필요가 있다. 이러한 마음 씀씀이를 중앙위원들은 전혀 생각하지 않은 듯하다. 2년 전에 가미야마씨 일파를 제명했을 때 중앙의 간부가 '전 당을 통해 단호하게 투쟁하라'고 호소한 것을 보고 나는 '공산당도 하찮은 당이 되어 퇴색하고 있다'는 사실을 낙담해서 말한 적이 있는데 지금은 더더욱 이러한 인상을 지울 수 없는 점이 무엇보다 유감스럽다"(岡本清一, 「期待を裏切った日共—神山氏復党問題に寄せて—」『読売新聞』, 56년 5월 25일).

'가미야마를 다시 재차 받아들이고 싶지 않을 것이라'는 이 직감이 적중한 것은 곧 이은 6월 2일 자로 가스가 통제위원장 담화「제명 해제 발표 후의 동지 가미야마의 행동에 대하여(除名解除発表後の同志神山の行動について)」(『아카하타』, 6월 4일, 제1983호)란 문건이 발표되어 입증되었다. 이것은 가미야마가 제명 취소 인사장 가운데 부당한 발언을 하여 규율위반 행위를 저질렀다고 해서 비난한 내용인데 이러한 것보다 가미야마가 아직 복당되지 않은 사실이 여기에서 명백하게 드러나 제명 취소란 당연히 그대로 제명 이전의 상태로 되돌아간다고 생각하고 있던 사람들을 놀라게 하였다.

그 이후 가미야마 복당 문제에 대한 해결은 정체하여 한편으로 그

이전의 문제와 관련하여 오오이 히로스케『좌익 천황제(左翼天皇制)』(56년 11월), 미우라 쓰토무『공산당 – 이 사실을 어떻게 볼 것인가 – (共産党一この事実をどう見るか)』(56년 12월) 등이 공간되었으며,『주간 아사히(週刊朝日)』까지도 가미야마 문제에서 파생한 가와시마(川島) 사건에 대하여「명예회복은 언제인가(名誉回復はいつの日か)」(56년 12월 16일호)란 기사를 게재하여 널리 세상의 관심을 끌었다. 시다문제가 6전협 이전과 이후의 사실에 대하여 정확히 이즈음에 회자된 것과 중첩되고 있다.

이에 대하여 당 중앙측은 가스가(正) 통제위원장이「가미야마 문제'의 경과에 대하여(「神山問題」の経過について)」(『아카하타』, 56년 12월 29일, 제2162호)를 발표하여 6전협 이후 가미야마의 여러 행동이 "공산주의자로서 자각적 규율"에 반하는 것이라는 점을 입증하려고 노력하였다. 이것은 일반적으로 가미야마의 '재제명'으로 받아들여 문제를 6전협 이전으로 되돌린 것이 아닌가 라고 생각되었다. 가미야마는 다음해 57년 1월 19일 자로 당 중앙에 가스가에 대한 반론을 제출함과 동시에『일본혁명강령논쟁(日本革命綱領論争)』(57년 3월)을 간행하였는데 그 제3부「당내 생활의 개선을 위하여(党内生活の改善のために)」에서 상세하게 반박하고 있다.

이에 대하여 57년 5월 21일의 제12회 중앙위원회 총회는「가미야마 문제에 관한 결정(神山問題に関する決定)」을 행하고 앞의 가스가 의장의 보고를 승인하여 "오늘 가미야마 군이 당 외에서 당과 싸우겠다는 태도를 점점 더 강하게 보이고 있는 태도에 비추어 이후 그가 이러한 태도를 반성하지 않고 또한 당에 대한 부당한 공격과 당내에 대한 조직적인 책동을 계속하는 한 당은 이에 대하여 용서 없이 싸울 것임을 정하는 바이다"라고 강조하였다. 이것은 서기국에 의해 8월 21일 자로 발표되었다(『아카하타』, 8월 24일, 제2363호). 마침내 『아카하타』 8월 26 – 28일 제2365 – 2367호는 「'사실'은 무엇을 보여주고 있는가 – 재차 '가미야마 문제'에 대하여 – (「事実」は何を示しているか―再び「神山問題」について)」란 가스가(正) 개인 명의의 장문의 논문을 게재하고 가스가는 여기서 『일본혁명강령논쟁』에서 가미야마가 논한 반비판에 대하여 논박하였다.

이에 대하여 가미야마는 곧바로 「우선 해명 – '가미야마 문제에 관한 결정'에 부쳐 – (一応の釈明―「神山問題に関する決定」によせて)」(9월 4일) 란 반박 성명을 내고 여기서 원래 가미야마 문제란 처음부터 "본말이 전도된 것은 아닌가"라고 하면서 다음과 같이 적고 있다. "원래 '가미야마 문제'의 해결에서 비유적으로 말하자면, 이른바 내가 원고이고 구 지도부의 전원이 피고여야만 한다. 적어도 6전협 결의에 기초하여 우선 무조건 제명 취소 – 복당시킨 다음에 당내에서 천천히 해결해야 하는 문제였다. 그런데 일은 그렇게 진척되지 않았다. 구 '지도부'의 중추는 그대로 현재의 중앙위원회의 다수를 점하고 있다. 특히 형식적이라고 해도 나의 처분발표의 책임자인 가스가 쇼이치 군은 현재 통제위원회의 의장이며 이른바 검찰총장의 역할을 하고 있으며 동시에 중앙위원 가운데 한사람으로서 판사의 의자에 다른 많은 '구 지도부'의 동료와 함께 앉아있다. 더구나 개인으로서 공식적인 자기비판은 거의 행하지 않고 있다. 이렇게 하여 원래 피고여야만 할 자가 원고를 재판하는 기

묘한 사태가 발생했다. 이 본말전도를 숨기려고 노력하여 온갖 수단과 방법을 동원한다"고 하였다.

이렇게 하여 가미야마 문제는 여전히 미해결인 채로 58년으로 넘어갔다. 단 해결의 기미는 이후에 논할 강령문제, 50년 문제에 관한 당내 토론이 대대적으로 전개되는 가운데 아래로부터의 힘으로 급속하게 촉진되었다. 이보다 앞서 도쿄도 이타바시 지구 위원회는 가미야마 문제에 대하여 조사위원회를 조직하고 신중히 조사 검토에 착수하여 몇 번이고 보고회를 열었는데, 그 후 도쿄도 위원회가 이것을 수용하고 중앙과 가미야마 쌍방을 조정하여 적극적으로 문제해결에 나섰다. 58년 1월 18 - 19일의 제3회 도쿄도 회의는「가미야마 문제의 즉각적인 해결에 관한 결의(神山問題の即時解決に関する決議)」를 행하고 중앙에 신청하였다. 3월 11일에 당 중앙은 가미야마의 복당을 인정하고 가미야마의「나의 반성과 결의(私の反省と決意)」라는 12월 25일 자 자기비판서와 함께『아카하타』, 3월 13일 제2531호에 발표하여 문제는 6전협에서 4년 반 만에 겨우 해결되었다. 가미야마의 자기비판은 그 전반부 즉 6전협 이전의 사태에 관한 부분은 문제가 없었지만, 후반부 즉 6전협 이후의 사태에 관한 부분은 지금까지의 주장을 스스로 뒤집는 것이었다. '가미야마를 받아들이고 싶지 않다'는 중앙의 심정은 아래로부터의 힘으로 해소시킨 대신에 가미야마는 필요 이상으로 '자기비판'하는 통속적으로 말하자면 당 중앙은 명분을 얻고 가미야마는 실리를 챙겼다고 할 수 있을 것이다.

'가미야마 문제'의 본질은 이제는 가미야마 본인의 문제가 아니라

전후 일본의 공산당사

이것이 당에 있어 하나의 상징적인 의미를 가지게 된 점에 있다. 이에 관한 쌍방의 문헌은 전후에 한정하여 보더라도 방대한 분량이며, 그 양으로나 내용상의 중요도로 보더라도 당내 투쟁 사상(史上) 매우 드문 자료를 남긴 것이라 할 수 있다. 이것을 계통적으로 분석하여 위치지우는 작업은 쉽지 않지만 전체적으로 이 문서 기록이 의미하는 바는 이것이 당과 당 외 대중, 당 중앙과 하부 당원 사이에 "반드시 존재하는 모순"을 당내투쟁으로써 전형적으로 표현하고 당내 민주주의를 둘러싼 상부와 하부의 불가피한 모순을 지도분자 사이의 당내투쟁의 형태로 집중적으로 표현하고 있다 - 고 하는 점이다.

05 / 스탈린 비판에서 헝가리 문제로

　55년 7월의 6전협이 그 자체로서는 획기적인 방향전환을 제시하면서 신중앙이 그 이후 아래로부터의 폭풍처럼 올라온 당내 논쟁과 대중적 발언을 올바르게 수용하고 발전시켜 수습하지 못하고 혼란한 채로 반년이 경과하여 마침내 시다 실종이라는 새로운 사건 발생과 이에 대한 대처에 분주해 있을 때 56년 2월부터 국제 공산주의운동에서는 미증유의 대사건이 일어났다.

　56년 2월 소련공산당 제20회 대회에서 마르크스와 레닌과 나란히 지금까지 비판의 피안에 있던 스탈린 사상과 실천에 소련공산당의 스탈린 후계자들(미코얀 Anastas Ivanovich Mikoyan, 후르시초프) 자신에 의해 처음으로 비판이 가해졌다. 이때 공표된 비판 내용은 아직 대단한 것은 아니고 오히려 이전에 비판된 적이 없는 스탈린에 대한 오류가 지적된 사실 그 자체에 세계는 깜짝 놀랐던 것이다.

　그러나 이어서 코민포름이 해산되고 나아가 6월말이 되자 이른바

「후르시초프 비밀 보고」란 것이 발표되었는데 이것은 각국의 당에도 거의 진실로 수용되었으며 사태의 심각함과 중대함은 누구에게도 명백해졌다. 전 세계 공산주의자와 그 운동은 '스탈린 비판'의 실상으로 인하여 뿌리부터 흔들렸다. 과거 스탈린에 대한 무조건적인 신봉과 개인숭배의 엄격한 사실에 대하여 세계의 어떤 운동조직도 대중에게 명확한 태도와 반성과 책임질 필요에 내몰렸다.

일본에서는 소련공산당 제20회 대회 약 1개월 후에 당 중앙이 제5회 중앙위원회 총회 결의로「소 동맹 공산당 제20회 대회에 대하여(ソ同盟 共産党第二〇回大会について)」(『아카하타』, 56년 3월 24일)라는 성명을 발표하였다. 이것은 제20회 대회의 여러 결론을 요약하고 6전협의 정당함을 재확인한 것으로 아무런 적극적인 내용을 포함하지 않았다. '스탈린 비판'의 의의는 스탈린 사후 53년부터 후계자들이 전개한 일반적인 개인숭배 비판과 집단지도체제의 강조와는 달리 이것을 더욱 질적으로 비약시킨 획기적인 성격을 갖는 것인데, 당 지도부는 역으로 스탈린 비판의 의의는 개인지도의 오류를 집단지도체제로 정정한 것에 있으며 일본에서 이 문제는 6전협에서 이미 해결된 것으로 전혀 당황해 할 것은 없다고 간단하게 정리하였다. 따라서 당 외의 언론계나 사상계가 제20회 대회의 스탈린 비판에 날카로운 반응을 보이고 있는 것에 비하여 『아카하타』 지상에서는 「20회 대회를 학습하자(二〇回大会を学習せよ)」란 스탈린 비판에 의해 영구히 추방된 교조주의적 방식이 그대로 아무런 반성 없이 반복된 점도 이상한 일은 아니었다. 당 기관지상에서는 스탈린 비판 자체가 가진 마르크스·레닌주의의 결정적인 중대성에 대

하여 아무런 의식적인 토론을 조직·발전시키려고 하지 않았다. 이전에 코민포름 기관지의 일본 당내 문제에 관한 발표가 가져온 압도적인 반응에 비해 이것은 정말로 정반대의 반응 방식이었다.

55년 4월에는 제6회 중앙위원회 총회가 개최되어 6전협의 기본방침에 기초한 당의 임무에 관한 보고와 각 분야의 활동방침안이 발표되었는데 제20회 대회의 스탈린 비판에 대한 반응은 아직 나타나지 않았다. 후르시초프 비밀보고가 공표된 6월 말에 이르러서 겨우 토론다운 토론이 개시되었다. 6월의 제7회 중앙위원회 총회에서는 제20회 대회에서 후르시초프가 지금까지의 권력 이행문제에 대한 정식화에 수정을 가한 '평화적 이행의 가능성' 문제가 그대로 일본에도 적용되어 이 점에서 신강령을 개정할 필요가 있다는 점이 발표되었다. 참의원 선거 직전에 발표된 제7회 중앙위원회 총회의 결의「독립·민주주의를 위한 해방투쟁 도상의 약간의 문제에 대하여(独立·民主主義のための解放闘争途上の若干の問題について)」는 신강령 가운데 '평화적 수단으로 달성할 수 없는' 이란 규정을 개정할 필요성을 인정하고 강화회의 이후의 정세변화에 의해 의회를 통해서 민주민족 정부를 수립할 가능성이 발생한 점, 사회주의로 평화적으로 이행할 가능성도 발생했다는 점을 분명하게 했다. 이것은 단독강화까지의 7년간이라는 기간은 미군의 군정하에 있었기 때문에 '국회를 통한 혁명의 가능성'은 없다고 하였는데 역으로 그 이후에는 이러한 가능성이 발생했다고 본 것이기 때문에 결국 평화적 이행 가능성이 없는 시기에 노사카 이론에 의한 '평화혁명' 방식을 주창하고, 평화적 이행의 가능성이 발생한 시기에 신강령에 의한 비평화적 수

단을 채용한 일본의 당은 전후 10여 년간 일관되게 잘못된 혁명방식을 채택해온 사실을 여기서 자인한 꼴이 되었다. 어쨌든 제20회 대회 이후 각국 공산당이 평화적 이행을 인정한 점을 모방하여 당 중앙은 50년 이후 혁명의 평화적 발전을 부정해온 방침을 근본적으로 전환한 것이다.

그러나 이러한 형태로 겨우 제20회 대회의 '성과'가 채용되고 있을 때 10월과 11월에 동구의 폴란드·헝가리에서 여러 사건이 폭발하여 전 세계적으로 엄청난 충격을 주었다. 이 새로운 사건은 스탈린의 권위주의와 개인 '독재'의 오류, 이것과 연결된 대국주의적 오류와 프롤레타리아 국제주의의 왜곡화 등의 사실에서 분명해졌으며 스탈린적 오류가 소련 자체만이 아니라 세계의 모든 공산주의운동에 일반적으로 정착화한 오류라는 점, 또한 이것이 대중에 대하여 얼마나 가공할 만한 해악과 범죄를 낳은 것인가가 사실로 명백해졌다. 10월 30일에 소련 정부가 발표한 「소비에트 동맹과 다른 사회주의 국가와의 우호협력을 발전시켜 나아가 이것을 강화하기 위한 기초에 대한 소비에트 정부 선언」은 스탈린적인 대국주의적 배외주의와 각국 평등 원칙의 무시 배반 등을 자기비판하고 사회주의 제국 간의 평등원칙에 기초한 올바른 관계 수립을 위한 구체적 방책을 규정하였다.

스탈린 비판과 헝가리 사건 – 밀접하게 관련된 이 두 개의 문제는 지금까지 스탈린의 온갖 오류와 편향, 그리고 소련 대국주의와 대국적 배외주의의 발휘에 따른 사회주의 국가 간 평등원칙의 위반, 소련 방식의 일방적인 강요에 의한 각국 사회주의화의 독자적 노선의 부정 혹은 과소평가 등 전후부터 소련의 정책과 이론에 존재한 오류를 명확하게 하여 그 청산을 요청한 것에 그치지 않았다. 이것은 더욱 전체적으로 레닌의 죽음에서 지금까지 마르크스·레닌주의 이론과 조직과 운동의 모든 형태에 대한 근본적인 재검토를, 나아가 지금까지와는 차원이 다른 시각과 입장에서의 재검토를 요청하고 제기한 것이었다. 헝가리 사건 이후 세계의 다양한 공산당과 공산주의운동에서 대량의 이탈자가 속출하였으며 그중에는 운동 자체를 해체할지도 모르는 사태까지 발생한 점은 이것이 단지 소련의 대외정책이나 국내지도방식의 오류에 국한되어 왜소화될 문제가 아니란 사실을 현실적으로 증명한 것이다.

헝가리 사건이라는 사회주의 체제 내에서 발생한 공전의 대사건은 '스탈린주의'란 마르크스·레닌주의 이론과 실천의 세계적 규모의 왜곡화 형태가 가져온 직접적인 산물임이 명백하며 따라서 이것이 제기한 것은 단순히 일부의 이론, 전술, 조직 등의 오류의 수정이 아니라 세계적인 연결을 가진 운동조직 전체의 존재형식에 대한 근본적인 반성이어야 했다. 이러한 의미에서 이것을 우연적이고 일시적인 사건으로 취급하거나 개인적 결함이나 부분적 편향에 기초한 것으로 보는 것으로는 절대로 해결 방향을 찾아낼 수 없는 것이었다.

그러나 불행하게도 이러한 의의는 모두 놓쳐버리고 스탈린 비판문제가 소련 내에서의 지도방식이나 대외정책에 관련된 문제로 왜소화됨과 동시에 헝가리 사건 그 차체도 간단하게 소련적 대국주의의 압박에 대한 '민족주의적 반발'에서 나온 '제국주의의 도발에 기초한 반혁명 사건'으로 정리해버렸다. 또한 '스탈린주의'와의 투쟁 속에서 발생한 '티토주의' '고무루카[10]주의'도 교조주의적 편향에 반발하여 나타난 지나친 수정주의라고 평가해버렸다. 스탈린 비판 문제가 제기한 본질적인 과제는 이러한 헝가리 사건에 의해 역으로 말살되어버리고 대국적 배외주의와 소국적 민족주의, 교조주의와 수정주의를 동일한 선상에서 대치시켜 비판하는 평이한 절충주의적 수습에 의해 처리해버렸다. 이렇게 하여 스탈린 비판이 제기한 세계 공산주의운동의 근본적 쇄신과 전환의 기회는 남겨진 과제가 되었다.

이처럼 스탈린 비판과 헝가리 사건 문제는 각국에서 많은 이탈자가 나오고 혼란을 낳았으며 마침내 어중간한 해결방식으로 수습되고 있었는데 우선 지금까지의 마르크스·레닌주의 이론과 실천에 대하여 근본적인 반성의 기회를 부여하였으며 또한 어느 정도 그러한 재검토운동을 불러일으킨 점은 하나의 긍정적인 측면이다. 그러나 일본에서는 최초의 스탈린 비판 문제에 대해서조차 당내의 하부에서의 반응은 둔했으며 토론은 미미했다. 더구나 약간의 움직임에 대해서도 오히려 억압적으로 대처해버렸기 때문에 이후의 헝가리 사건에 대해서도 성실한 당내 토론은 거의 조직되지 못하고 끝나버렸다.

스탈린 비판에 관해서는 폴란드와 헝가리의 양 사건 직전에 이르러서 겨우 처음으로 지도분자의 정리된 의견이 발표되었다. 요네하라 이타루의 「스탈린 비판과 우리들의 태도 − 6전협 1주년에 즈음하여 − (スタ

---

10 역주: Wladys law Gomu lka, 폴란드의 정치가 1956년부터 1970년까지 폴란드 통일노동자 당 제1서기를 지냄.

ーリン批判とわれわれの態度―六全協一周年にあたって)」(『전위』, 56년 9월)
가 그것이다. 이것은 스탈린 비판 문제를 어떻게 받아들여야만 하는지
보다도 오히려 어떻게 받아들이면 안 되는지를 제시한 전형이었다. 여
기서 스탈린 비판 문제가 '소련'에서 '스탈린'이라는 일본의 당과 운동에
있어 외재적 문제로 생각되며, 이것이 다름 아닌 일본의 당과 운동 행
태 자체를 규제한 내재적 문제였다는 점이 완전히 무시되었다. 그러한
한에서 일본의 당도 공산주의자들도 이 스탈린의 나쁜 측면의 해악을
입은 '피해자'에 지나지 않는 것이며 자기 자신의 '스탈린적 형태'가 대
중에게 미친 악영향이나 대중에 대하여 져야만 하는 책임 문제에서 완
전히 자신을 제외해버렸던 것이다.

대중에 대한 면에서 모든 스탈린적 오류가 세계 운동의 연대책임이
란 점은 누가 부정할 수 있을까. '스탈린주의'의 세계적인 확립과 일반
화, 그리고 이 '스탈린주의'의 수십 년에 걸친 대중에 대한 선전 보급이
란 사실에 의해 일본의 당과 모든 공산주의자는 역사적으로도 정치적
으로도 국민 대중에 대한 책임을 지지 않으면 안 된다.

이후 56년 11월에 오오사와 유메이(大沢久明), 스즈키 기요시(鈴木
清), 시오자키 요스케(塩崎要祐)는 『농민운동의 반성 ―일본혁명의 전망
에 대하여 ―(農民運動の反省―日本革命の展望について―)』를 공간하였는
데 그들은 처음으로 여기서 당의 역사상 최대의 약점으로 국제맹종주
의를 들고 코민테른과 코민포름의 대일 지도 특히 농민운동에 대한 지
도내용을 계통적으로 분석하고 그 오류와 부당한 부분을 추궁하였다.
그 총괄로 "일본의 공산주의자는 가차 없이 스탈린을 비판하는 것으로

전진한다"고 강조하였다. 오오사와는 그 후 『전위』, 57년 2월에도 「스탈린 비판을 진척시키자(スターリン批判を進めよう)」란 논문을 발표하고 스탈린의 유명한 러일전쟁에 대한 복수론을 인용하여 그 부르주아 민족주의적 편향과 대국주의적 편견을 공격하였다.

이 정도의 스탈린 비판이나 코민테른 비판은 과거 몇 년간에 걸쳐 스탈린의 오류를 무조건적으로 신봉하고 대중에게 선전해온 잘못을 정당하게 속죄하고 대중에 대한 책임을 다하는 과제에서 본다면 여전히 불충분하며, 더욱 조직적이고 대중적으로 스탈린 비판에 대한 토론이 조직되어 심화되어야만 했었다. 그런데 앞의 『농민운동의 반성』에 대하여 청산주의와 규율위반의 전형이라는 비난이 가해져(春日正一, 「自由主義に反対し, 正しい党内闘争を発展させよう」 『アカハタ』, 57년 4월 5일) 이들의 작업은 그 후에 금기처럼 취급되었다. 가스가의 논문은 동시에 57년 3월 『중앙공론(中央公論)』 임시증간호의 좌담회 「젊은 일공당원의 고민(若き日共党員の悩み)」에서 '트럭 부대' 사건에 대한 다케이 데루오(武井昭夫)의 발언까지도 비난하고 있는데 이 가스가 대 오오사와·다케이의 차이야 말로 당의 재건과 그 추진력인 당내 민주주의 형태에 대한 신구 두 가지의 감각, 발상, 파악, 이해 등의 대립을 전형적으로 표현한 것에 다름 아니었다.

스탈린 비판 문제에 대한 수용방식의 이러한 특징은 이어진 헝가리 문제의 수용방식에 즈음해서도 동일하게 나타났다. 적어도 마르크스주의자인 한에서는 조속한 결론을 내리기에 앞서 온갖 의문과 혼돈을 풀어나가기 위해서 우선 자유롭고 철저한 토론, 추궁, 연구를 요구하는 것이 당연하다. 문제는 조급하게 결론을 내리는 것이 아니라 당원이 스스로 생각하고 스스로 판단할 수 있기 위해서 대중적인 토론을 조직하고 확대하여 심화하는 것이며, 여기서 제출된 대중적 결론을 올바르게 수용하여 이론화하는 것이었다. 그러나 이 경우에도 『타스통신』 『인민일보』가 시종일관 소개되고 해설되었으며 설득했을 뿐으로 당원 스스로가 이것을 대중적으로 토론하고 판단하여 납득하기 위한 자주적이고 주체적인 방법은 결국 채택되지 못했다. 스탈린 비판에서 헝가리 사건까지 사람들은 공산주의자란 대상을 스스로의 머리와 역량으로 분석하고 여기서 과학적인 결론을 도출하려고 노력하는 자인지 아니면 망설이지 않고 무조건 모스크바와 북경의 보도를 신뢰하는 자를 진정한 공산주의자라고 하는지 의심하지 않을 수 없었다.

06 / 강령개정 문제를 둘러싸고

스탈린 비판과 헝가리 사건이라는 당의 과거 역사와 현재의 형태에 있어 결정적 의의를 갖는 문제가 올바르게 수용되지 못하고 이 때문에 조직 전체에 근본적인 파행과 충격이 일어나지 않았다고 하는 것은 다른 면에서 본다면, 운동 그 자체가 근본적으로 새로운 방침이나 방식을 요청해오고 있음에도 불구하고 중앙에서 하부기관 전체에 이르기까지 여전히 변함없이 고식적이고 시대착오적인 기준, 원칙, 시각, 방법으로 사태에 대응하려고 하는 정신이 지배적이었음을 보여주는 것이다.

다른 한편으로 56년의 세계적인 대사건의 연속 이후 당연히 대중들 사이에서는 공산주의운동의 형태에 대한 의문이 발생하여 확대되었으며, 마르크스주의는 대중적인 영향력을 크게 상실했으며 사상적으로도 지식인에 대한 흡인력을 잃어버렸다. 이러한 가운데 당내에서 이론적 관심과 에너지를 높여 참신한 민주적 토론 분위기를 일으키는 촉진제가 될 수 있는 것은 강령문제에 대한 토론뿐이라고 생각되었다. 51년의 신강령을 포기하고 시대에 적합한 새로운 강령을 결정하자고 하는 기획과 노력은 57년부터 본격적으로 시작되었다. 앞에서도 논한 56년 6월의 제7회 중앙위원회 총회의 결의 「독립·민주주의를 위한 해방투쟁 도상의 약간의 문제에 대하여」는 신강령의 중요 규정을 모두 개정하였다. 이것은 '독립, 평화, 민주주의를 위한 정부'의 평화적 수립을 중심적인 정치 목표로 하고 그 정부는 민주주의의 확립과 여러 조약의 개폐를 통해서 독립을 평화적으로 쟁취할 수 있으며, 또한 이것이 사회주의로의 평화적 이행의 출발점이라고 규정하였다. 신강령과 완전히 다른 평화혁명의 코스를 지향한 것이다.

그 후 56년 9월의 제8회 중앙위원회 총회 결의 「농업농민 문제의 해결을 위하여(農業農民問題の解決のために)」는 신강령의 농지개혁 후의 농업에 대한 현상평가를 개정하였으며, 11월의 제9회 중앙위원회 총회 「강령 토론에 즈음하여 유의사항(綱領討議にさいして留意事項)」은 강령 토론에 있어 근본적인 태도에 대한 지시를 부여하였다. 이 제9회 중앙위원회 총회 결정에 의해 당 중앙은 미야모토를 위원장으로 하는 '강령 문제 위원회'를 설치하고 12명의 위원을 임명하였는데 이것을 국제정세, 국가권력, 독점자본, 농업, 대중운동, 문헌의 6개 위원회로 나누어서 문제를 연구하게 하였다. 그 외에 '규약개정위원회'와 '1950년 당내 문제위원회'도 설치하고 여기서 강령, 규약, 50년 문제 등에 대한 중앙으로서의 태세를 갖추었다.

57년에 들어서서 전 당적인 강령토론의 분위기는 높아졌으며 어느새 51년 신강령의 부분적 검토가 아니라 강령 전체에 대한 전면적인 논의로 확대되었다. 다른 한편, 56년말에 노동자 농민당이 해체하고 사회당에 무조건 합류하는 방식을 선택하였으며 나아가 57년 1월의 사회당 대회에서 "최근 공산당의 평화혁명 방식의 제창은 사회당이 주장하는 의회주의 혁명에 대한 굴복이자 추종이다"고 하여 공산당과 조직체로서의 공투를 거부하고 단순히 개개 대중운동의 장에서만 경쟁적 입장을 취할 것임을 결정하였다. 이와 병행하여 당내에서 신강령 작성 시대에 최고 위치에 있던 시다·시이노의 처분이 이루어지고 50년 문제 이후의 지도부뿐만 아니라 전후 당 역사에 대한 전면적인 재검토의 필요성이 제기되기에 이르렀으며 강령의 전면적 개정은 마침내 피할 수 없게 되었다.

57년 여름까지 사이에 당 위원회는 새로운 강령초안을 몇 번이고 수정하여 어떻게든 정리된 문서로 만들기 위하여 노력하였다. 강령초안을 중앙만의 책임하에 두고 하부기관과는 떨어진 곳에서 몇 달에 걸쳐서 작성하는 것은 대중적 토론의 실질적인 운영을 약화시키는 것이나 그러한 틀 내에서라도 강령이라는 당의 원칙문제에 대하여 중앙에서 각 세포에 이르기까지 전 당 조직의 토론이 조직되고, 그 민주적 운영이 모색된 것은 50년의 제19회 중앙위원회 총회 이후의 성과이며 전진이었다. 활기찬 이론적 관심과 이론적 에너지가 고양되고 당원이 기본방침에 대하여 적극적으로 발언하는 바람직한 분위기가 처음으로 일어났다. 당이 정치방침이나 기본문제가 경험주의적인 것이 아니라 마르크스·레닌주의 이론의 깊은 연구, 숙달, 적용에 의해 발생하는 당연한 이치가 처음으로 전 당에 스며들었다. 중앙은 중앙에서의 여러 제안

에 대하여 「전 당적 토론을 적극적으로 조직하기 위하여(全党的討議を 積極的に組織するために)」를 『전위』 별책으로 하여 『단결과 전진(団結と 前進)』을 9월에 창간하였다.

57년 8월의 제13회 중앙위원회 총회에서 제7회 대회를 대비하여 기구개혁과 중앙 인사를 결정했는데, 시다·시이노의 중앙위원 파면에 의한 결원 보충으로 중앙위원 후보 요네하라, 이이가 중앙위원에 선출되었다. 서기국은 개편되어 노사카(제1), 미야모토, 곤노, 하카마다, 다케나카, 오카다, 마쓰모토 가즈미, 요네하라, 이이의 9명이 서기국원으로 선출되었으며 통제위원도 동시에 개편되어 가스가(의장), 구라하라, 이와바야시 도라노스케(岩林虎之助), 데라다 미쓰구(寺田貢)의 4명이다.

마침내 9월의 제14회 확대 중앙위원회 총회에서 「일본공산당 당장 초안(日本共産党党章草案)」 「강령문제에 대하여(綱領問題について)」 「당장 초안 발표에 즈음하여(党章草案発表にあたって)」 등을 심의 결정하고 이것을 『아카하타』 호외로 발표하기로 하였다. 같은 달 29일에 이르러 신문기자단에게 「당장 초안」 등을 발표하고 당 강령을 가장 먼저 언론에 공표하여 이것을 통해서 일반에게 알린다는 당의 역사상 전대미문의 새로운 방법을 취하였다. 중앙위원회의 29일 자 「전 당의 동지 제군에게 호소한다(全党の同志諸君にうったえる)」란 문건은 『아카하타』 9월 30일에 발표되었으며 같은 날 호외로 「당장 초안」 등의 여러 문서가 발표되었다.

나아가 10월의 제15회 확대 중앙위원회에서 「제7회 대회를 위한 중앙위원회의 정치보고 요지(第七回大会のための中央委員会の政治報告要

旨)」를 심의 결정하고 이것은 11월 6일의 『아카하타』 호외로 발표하였다. 10월과 11월의 2회에 걸쳐서 당 중앙은 전국 지방·부현 서기회의를 개최하여 앞서 논한 「당장 초안」「정치보고 요지」를 중심으로 해설과 지시를 내렸다. 「당장 초안」에 대한 대표적인 반대의견은 도쿄도 위원회의 의견에 제시되었으며 그 외 『단결과 전진』 각 호에 많은 비판의견이 제시되었다. 강령투쟁의 활발한 전개는 전 당의 이론적 에너지를 이전에 볼 수 없을 만큼 고양시키는 작용을 하였지만 동시에 이것이 스탈린 비판 문제가 제기한 보다 근본적인 문제에 대한 관심을 희석시키는 작용을 한 점도 부정할 수 없다. 양자가 얼마나 올바르게 결합되어야 하는가는 제7회 대회 그 자체의 과제로 남아 있다.

07 / 50년 문제의 해결을 둘러싸고

　당 중앙은 강령개정 문제와 불가분의 관계에 있는 50년 분열 문제에 대한 공식적인 결산을 통해 결론을 내리려고 하였다. 50 – 51년 분열기의 근본적인 재검토 문제에 대하여 6전협 후에 당연히 그 필요성이 주창되었으며 양 파 간부의 타협의 결과 6전협이 가져온 관계도 있고 해서 곧바로 이 일을 추진하려는 기미는 없었다. 더구나 앞에서도 논한 것처럼 전 당에 걸친 분열과 그 후 지도에 대한 책임추궁의 소리는 하부에서 점점 더 강한 힘으로 고양되었으며 간부는 이것을 어중간하게 처리할 수 없는 형국이 되었다.

　당 중앙은 이러한 하부에서의 요구에 응하기 위하여 56년 2월의 제 9회 중앙위원회 총회의 결정에서 50년 분열문제에 대한 특별위원회를 설치했는데 이 전후에 시다·시이노 문제가 발생한 것은 이것을 구 '국제파'의 입장에서 취급하기에 유리하게 작용하였다. 다른 한편, 스탈린 비판에서 헝가리 사건에 이르는 국제운동에서의 극적인 전개는 새롭게 하부 대중에게서 책임추궁과 과거 당 역사에 대한 재검토 요구를 낳았다. 물론 이것은 단순히 50년 문제에 한정된 것은 아니고 전후 당의 역사 전체에 걸친 근본적인 반성에 대한 요구이자 나아가 전전으로 거슬러 올라가 창립 이래의 당 역사에 대한 재검토 요구이기도 했다. 내외의 다양한 요인은 과거 형태에 대한 반성에 박차를 가하고 더구나 50년 문제에 관한 한 구 주류파가 여러 가지 사실을 폭로당하고 시다·시이노 문제와 같은 어찌할 도리가 없는 사실을 지적당한 것은 구 '국제파'의 입장을 결정적으로 유리하게 했다.

마침내 이 50년 문제에 대한 평가와 결정을 지어야만 할 현재의 중앙위원, 제6회 대회 선출의 중앙위원(가미야마는 제외되었다), 동 후보, 통제위원을 모아서 합동회의가 열리게 되었다. 그 토론의 결과 전원일치로 채택·발표를 결의한 것이 「50년 문제에 대하여(五〇年問題について)」란 문서로 이것은 57년 11월 6일 『아카하타』 호외로 「중앙위원 정치보고 요지(中委政治報告要旨)」와 함께 발표되었다. 중앙은 이어서 중앙위원회 50년 문제 문헌 자료 편집위원회의 명의로 『일본공산당 50년 문제자료집(日本共産党五〇年問題資料集)』 3책을 간행하였다.

중앙위원회의 「50년 문제에 대하여」에서 처음으로 공식적으로 명백하게 분열문제의 책임이 도쿠다 전(前) 서기장의 가부장적 지도와 그 파벌적 지도체제에 돌아갔다. 지금까지 '국제파'로서 주류파 측으로부터 일관되게 분파 취급을 받은 중앙 소수파의 '명예회복'이 실현되고 이토, 시다, 시이노 이하 도쿠다의 가부장적 지도체제에 속한 지도분자, 여기에 협력적인 입장에 있던 간부들의 근본적인 규약위반 행위가 판정되었다. 4전협도 규약위반에 해당하는 행위로 처음 정식으로 부정되기에 이르렀다.

이「50년 문제에 대하여」에서 번복된 50년 이후의 당사에 대한 판정은 다음의『50년 문제 자료집』에서 여러 자료에 의해 뒷받침되었다. 이들 자료가 일정한 방침과 방법으로 편찬된 것은 편 별로 분명히 제시되어 있다. 여기서는 중앙위원회의 '다수파' 즉 도쿠다파의 지하 지도부와 임시 중앙 지도부 측의 원칙적인 위법에 기초한 여러 결정과 이에 대항하여 싸워온 '중앙의 회복을 바라고 있던' 소수파 즉 구 '국제파' 중심의 미야모토, 가스가(庄) 등의 의견이 대조적으로 나열되어 있으며 '국제파'의 그 외의 그룹 즉 국제주의자단, '단결'파(나카니시 그룹), 통일협의회파(후쿠모토 그룹), 구 국제파에 속하지 않는 유일한 반주류파 즉 가미야마 그룹 등은 모두 개별적인 독립 그룹으로 인정되어 그들의 주장과 많은 문서는「관계자료(関係資料)」로써 별도로 수록한다는 형식을 취하였다.『자료집』의 형식에서는 주류파이거나 도쿠다·시다파(다수파로 규정되어 있다)에 대해서 그리고 '분파' 취급을 받았던 미야모토, 가스가파(소수파로 분류되어 있다)가 사실은 정통파였다는 것을 증명하고 있다.

50년 분열 문제의 진정한 의미나 본질은 이 보고요지와 자료편찬에 의해 정말로 올바르게 해명되고, 규명되고, 입증되고, 결론 내렸다고 말할 수 있을까. 이 두 개의 문서가 패전 후로 거슬러 올라가서 도쿠다의 잘못된 개인중심적 가부장적 지도를 추궁하고 50년 문제를 계기로 도쿠다와 도쿠다 파벌이 저지른 당 중앙 분열, 수많은 위법행위를 상세하게 폭로하고 여기에 단호한 판정을 내린 것은 정말로 획기적이다. 지

전후 일본의 공산당사

금까지 과거의 당사에서 항상 중앙부를 형성한 쪽이 정통파였으며 그 지도의 오류가 너무나 명확하고 이후에 국제조직에 의해 공식적으로 오류였음이 결정된 경우에도 지도부 자신의 합법적 합규약적 성격은 부정된 적이 없었다. 따라서 그 합규약적 지도부의 오류와 싸웠다는 이유로 조직에서 배제되거나, 또한 대항하기 위하여 별도의 지도부를 만들어 '분파' 취급을 받거나 한 측이 그 반중앙의 투쟁내용이 아무리 옳았다고 해서 역으로 정통파 취급을 받은 예는 한 번도 없었다. 조직상 한번 지도부를 점거한 측은 너무 심각한 오류를 범하고 엄청나게 당 조직을 파멸로 몰고가도 역시 당의 '정통 지도부'였다.

그런데 50년 문제에 이르러서 이제는 당 중앙 자체가 처음으로 구 지도부를 규약위반의 비정통파이며 '분파적'이었다고 단정하여 그 위법행위의 원인에 대하여 역사적 검토를 덧붙여 여기에 대항하고 그리고 배제된 '분파' '비정통파' 측을 처음으로 명확하게 정통파적 존재로 정정한 것이다. 이에 따라 구 '국제파'는 '분파'란 이름을 주류파에게 완전히 되돌려주게 되었다. 50년 분열 이후 6전협에 이르는 도쿠다 주류파 지도하의 당 역사는 규약위반의 지도에 기초한 비정통적인 것으로 실질적으로 말살되었다. 이러한 재평가 방식은 당 역사상 최초의 사례라고 할 수 있을 것이다.

그러나 이러한 판정 그 자체의 의의를 우선 인정하자. 그러면 50년 이후 정통파적 입장을 가지고 비합법의 다수파 지도부와 싸워온 측은 근본적인 문제가 없었던 것일까. 원래 50년 분열문제가 함의하고 있는 커다란 의의는 그것이 전후부터 50년까지 외면적으로는 일관된 발전의 흐름을 타고 온 당이 외국에서의 비판이라는 완전히 외부적인 요인을 계기로 하여 갑자기 내부의 사상적 조직적 결함과 약점을 폭로하고 다수파 중앙에 의한 분열 행동과 규약위반의 일방적 지도라는 오류에 기초하여 하루아침에 전 당 조직의 붕괴상태로까지 이른 점에 있었다. 따라서 이러한 분열과 붕괴가 일어나게 된 내부의 사상적 조직적 결함은 무엇인지, 이것을 어떻게 극복해야 할 것인가라는 문제를 제기해야만 이러한 뼈아픈 충격을 이후에 살릴 수 있으며 당 재건의 발판으로 활용할 수 있다.

그런데 「50년 문제에 대하여」에 집약된 당 중앙의 결론적 의견에는 이러한 전 당적인 역사적 반성과 자기비판이 전면에 제시되지 않았으며 오로지 "분열의 원인과 책임은 누구에게 있는가" "분열을 주도한 도쿠다 서기장 개인의 결함, 그 아래서 지도체제의 편향은 어떠했는가" 등등 주로 분열의 책임과 지도 간부의 형태에 대한 추궁이 전면에 제시된 것에 지나지 않았다. 지도 결함은 당 조직 전체의 형태에 결정적인 영향을 미치며 최종적인 책임은 지도부가 져야할 성질의 것인 이상 이것은 반드시 무의미하지는 않을 것이다. 그러나 문제를 그러한 측면에만 집중하고 왜소화시켜버릴 때는 전 당의 형태에 나타난 전체적인 결함이나 약점에 대한 재검토가 무시되고 문제 추궁의 본질을 잊어버릴 우려가 있다.

예를 들면, 전후 당 지도의 가부장적 성격과 연결하여 전 당을 특징지운 관료주의적인 조직체제와 비창의적 활동방법을 본격적이고 전면적으로 문제시하지 않으면 50년 분열문제의 재검토에서 발생하는 진정한 교훈은 찾아낼 수 없다고 할 수 있다. 이러한 전체적인 시점에서 본다면, 50년 문제가 현재에 남긴 최대의 교훈적 의의는 분열의 계기를 가져온 코민포름 기관지 비판에 대한 전 당원의 대응방식에 있었다고 인정할 수 있다. 이것은 물론 그 후 분열 수습을 위해서 취한 여러 번의 코민포름 개입에 대하여 분열한 양 파 쌍방의 대응방식과 불가분의 관계를 갖는다. 단적으로 말하면, 최초에 코민포름 기관지가 이론적으로 옳았다고 하더라도 그 수단과 방법에 상당히 부적절한 비판을 추가한 점, 더구나 전 당이 여기에 올바른 대결 태도를 취하지 못하고 주체성을 잃어버리고 비판점을 금과옥조로 취급하여 극도의 분열과 혼란에 빠져버린 점, 약 1년 후에 재차 코민포름이 의사표시를 하면서 이것은 분열 책임자 측을 일방적으로 지지함으로써 내정 간섭적인 발언을 한 내용적으로나 형식적으로도 완전히 잘못된 것이었다는 점, 더구나 이에 대하여 전 당이 주체적이고 자주적으로 대처하지 못하고 무조건 신봉하는 태도를 보인 점, 그 결과는 책임을 져야 할 도쿠다 지도부 측이 국제적 국내적으로 정통이라고 인정받아 그 후의 극좌 모험주의, 좌익 분파주의, 조직의 관료주의화, 지도부 자신의 부패로 곧바로 이어지는 근거, 구실, 조건을 형성하기에 이른 점 이러한 여러 가지 사실이야말로 분열 책임의 소재라는 문제를 넘어선 50년 문제의 최대 반성점이 있었다고 할 수 있는데 이점에 대한 반성과 교훈의 섭취 없이는 50년 문제가 가지는 당 재건에 있어 유효한 가치는 거의 없다고 해도 과언이 아니다.

그런데 당 중앙이 6전협 이후 2년 정도 지나서 발표한 문건에서는

50문제의 이 중대한 과제가 완전히 무시 말살되어 있으며 "코민포름 비판과 이에 대한 당의 대처방식"에 관해서는 일언반구도 제기하지 않고 문제는 모두 도쿠다 다수파나 미야모토 등 소수파 혹은 중앙위원회의 어느 쪽이 분열문제에서 정당했었는지라는 이른바 '중앙위원회 정통파'의 판정문제에 집중되어버리는 감이 있다. 앞에서 논한 50년 문제의 본질적인 과제라는 측면에서 보자면, 지도부에 대한 책임문제는 더 이상 제2차적이고 부차적 의의밖에 가지지 못했다. 오늘날의 살아있는 역사적 시간에서 본다면, 문제는 이러한 '본가 논쟁' '정통파 논쟁'에 있는 것이 아니라 이러한 것들을 극복한 보다 전반적인 국제 공산주의운동의 역사 형태의 문제, 그 일환으로서 일본 운동조직의 형태 문제에 있으며 지도부의 책임문제나 그 형태의 편향 문제는 이러한 전반적 역사적 과제의 일부분을 이루는 것에 지나지 않는다.

스탈린 비판과 헝가리 사건이 필연적으로 불러일으킨 이 근본적 시각에서 본다면, 문제를 2차적인 '정통파 논쟁'으로 왜소화한 50년 문제 해결방식은 얼마나 본말전도인지 따라서 근본을 무시함으로써 결과가 잘못되었다는 점이 명백해졌다. 당 중앙의 「50년 문제에 대하여」는 처음으로 도쿠다의 가부장적 지도를 역사적 근원까지 거슬러 올라가서 비판하고 이에 따라 50년 분열의 책임 소재를 확정하여 도쿠다 다수파 중앙의 오류와 소수파 중앙이 정당했다는 결론을 도출하였다. 그러나 이 판정은 논리적으로 무엇을 가져왔는가. 이 판정이 강조되고 증거가 제시되면 될수록 이것은 동시에 이 잘못된 책임을 져야할 도쿠다 다수파를 정통으로 보고 소수파 중앙을 역으로 분파로 판정한 코민포름 판정이 그런 만큼 완전히 잘못되었다는 것을 인정하고 결정짓는 것은 아닌가. 또한 이것은 동시에 분열문제에 대한 이 잘못된 코민포름 판결에 무조건적으로 굴복하고 즉시 도쿠다 다수파에게 굴복·신청한 소수파 중앙과 그 지지자들의 태도가 그런 만큼 완전히 잘못되었다는 것을 명백하게 증명하는 것은 아닌가. 굴복한 소수파('국제파')가 그 후 도쿠다 주류파의 지도방침에 거의 이의를 제기하지 못하고 극좌 모험주의 전술에서 관료주의적 퇴폐에 이르는 모든 해악을 적극적이든 소극적이든 승인하고 지지한 것이 얼마나 커다란 잘못이었는지를 명백히 입증하는 것은 아닌가.

즉 50년 문제의 해결로써 당 중앙이 분열 당시의 도쿠다 다수파에 대한 미야모토 등 소수파의 정당성을 주장하는 것은 논리적으로 필연적으로 이에 대한 코민포름에서 모스크바에 이르는 국제조직의 판정 오류, 그 오류에 굴복한 소수 반대파의 잘못을 스스로 인정하는 것이 될 것이다. 그런데 이상하게도 「50년 문제에 대하여」와 『50년 문제 자료집』은 이 당연한 논리적 귀결을 완전히 회피하고 있다. 50년 문제를 완전히 다수파 중앙과 소수파 중앙의 책임 소재, 정통의 명목 싸움 문제에 한정하여 이것을 소수파 중앙의 정통성과 정통파로 규정함으로써 해결한 듯한 태도를 취하고 있다.

「50년 문제에 대하여」에서 당시의 국제적 비판의 평가에 대하여 겨우 "아직 1951년 8월의 『항구적 평화와 인민민주주의를 위하여』지의 논평 등 우리 당의 복잡한 내부 조직문제에 대하여 지금에 와서야 명맥해진 일면적인 판단이 분열문제에 대한 올바르지 못한 해결의 중요한 한 원인이었다는 점을 부정할 수 없다"고 극히 가볍게 논하고 있는데 지나지 않는다. 당시의 국제적 판단 방식은 '분열문제에 대한 올바르지 못한 해결의 중요한 한 원인이었다'고 한 것처럼 외재적인 문제로 모른 척하며 평가하는 정도로 끝내버려도 되는가. 이러한 태도였기 때문에 이 문건을 일관하고 있는 소수파 중앙의 정당성 입증은 즉 바꿔 말해서 곧바로 분열문제에 대한 국제적 판단의 부당성과 여기에 무조건 굴복한 소수파 중앙의 형태를 입증하는 것이 되어버린다는 당연한 논리적 귀결이 모두 말살되고 부정되어 회피되어버렸다. 그리고 그러한 한에서 50년 문제는 단순히 도쿠다 주류파의 가부장적 지도와 분열행위에 원인과 책임이 있을 뿐만 아니라 이러한 것을 포함하여 당 전체의 형태, '국제파'와 주류파를 불문하고 진정한 공산주의자로서 당연한 일본의 당원 전체의 존재형태야말로 근본적인 원인이며 책임이 있다는 진정한 반성이 무시되어버린 점도 당연하다. 이 근본적인 반성을 무시하는 것은 문제의 본질을 회피하는 것이며 결과로써 문제를 왜곡하고 얼버무리는 것이다.

『자료집』 속에 소수파 중앙, '국제파' 간부에 속한 사람들이 코민포름의 4전협 결의 지지로 인하여 한꺼번에 주류파에 굴복하고 자신의 잘못을 무조건 인정한 「자기비판서」는 모두 삭제되어 있다. 이것은 「50년 문제에 대하여」와 같은 해결 방식에서 본다면, 무리도 아니다. 왜냐하면, 만약 이들 「자기비판서」를 수록하게 되면, 자신들의 '분파'행위를 무조건 인정하고 자기비판하여, 도쿠다 주류파로 복귀를 원한 내용이 도쿠다 주류파의 규약위반을 단죄하고 그 책임을 추궁한 지금의 결론과는 근본적으로 모순된다는 사실이 누구의 눈에도 일목요연하게 되기 때문이다. 이들 「자기비판서」는 모두 잘못된 자기비판을 행한 것이 되며, 지금은 이 앞의 '자기비판에 대한 자기비판'이 필요하다는 사실이 공식화되어버리기 때문이다. 이 비극적인 「자기비판서」의 수록을 재고함으로써 자신들이 50년 문제에 대하여 내린 새로운 결론과의 사이에 존재하는 모순이 대중들 앞에 폭로되는 점을 피할 수 있었다고 하더라도 이것은 그들 구 '국제파' 간부가 50년 문제에 대하여 단순한 책임소재 문제 이상의 근본적이고 본질적인 문제점에 관하여 자기비판 할 필요가 이제와서 없어져 버렸다는 사실을 의미하는 것은 결코 아니다.

이상에서 본 것처럼, 「50년 문제에 대하여」에서 보여준 당 중앙의 해결과 결론은 이것이 의거하는 입장과 시각을 스스로 폭로하는 것이며 그 한계와 제약까지도 집중적으로 표시하는 것이다. 이것은 결코 전체적인 관점에서 나온 진정한 해결방향을 제시한 것이 아니라 단순히 "현재 중앙의 입장에서 본" 해결방식을 제시한 것에 지나지 않는다. 아직 스탈린 비판과 헝가리 사건과 같은 마르크스주의의 이론과 실천에 결정적인 의의를 갖는 문제가 제기되지 않은 단계에서는 이러한 좁은 조직원칙·당 규약을 유일한 기준으로 한 판정이나 평가도 어쩔 수 없었다고 할 것이다. 그러나 현재의 시점, 현재의 마르크스주의가 당면한 내면적인 과제를 포함한 입장에서는 이러한 해결방식으로 끝내는 것은 잘못되기도 했지만 용서할 수도 없는 것이다.

08 / '독립' 마르크스주의운동의 부흥과 전망

    스탈린 비판도 헝가리 사건도 본질적인 충격을 주지 못하고 당이 가볍게 취급해버린 사실이 일본의 마르크스주의자·공산주의자들 속에 아무런 반응을 끌어내지 않은 것은 아니다. 젊고 성실한 당원과 마르크스주의자는 다소간 이들 56년의 세계적인 사건에 충격을 받고 그 충격을 어떻게 처리하고 정리할지, 새로운 이론적 사상적인 재출발의 발판으로 할 수 있을지를 고민하고 혼란스러워하며 고통스러워했다. 6전협 이후 모처럼 아래로부터 분출한 자주적인 발언과 민주주의적 토론의 싹이 여전히 오랜 관념의 틀 아래에서 위로부터 억제되고, 어중간한 채로 저지되었기 때문에 당내에서 당연히 일어나야 할 활발한 토론을 일으킬 수 없었다. 이 때문에 외견적으로 당 기관지에는 거의 반응다운 반응이 나타나지 않고 끝났지만, 그런 만큼 자유로운 발언과 토론을 요구한 일부 젊은 마르크스주의자들의 요구는 격렬해졌다.

    이들 당원과 마르크스주의자들에게 있어 스탈린 비판과 헝가리 사건은 지도분자가 받아들인 것과는 근본적으로 다른 의미로 수용되었다. 스탈린 비판 문제는 단순히 스탈린에 대한 개인적 자질 문제라든가 소련공산당 지도방식의 국제적 영향의 문제라든가 하는 등등의 내용은 결코 아니었다. 그것은 세계의 마르크스·레닌주의 이론과 공산주의 운동에 공통되는 내부적 문제이며, 생사를 건 결정적인 문제였다. 먼저 스탈린의 모든 이론과 실천, 그 '개인지도'하에 있던 소련공산당의 모든 형태를 몇 년에 걸쳐서 무조건 찬양하고 각국의 대중에게 '절대적인 진리'로 '오류가 없는 천재'로 선전하고 보급 고취해온 사실만으로도 각국의 어느 공산당도 공산주의자도 역사적이고 대중적인 책임에서 벗어날 수 없으며, 어디까지나 그 책임을 져야만 했었다. 그 책임은 스탈린 비판이 외재적이지 않고 내재적 문제이며, "공산주의자로서의 자기 자신의 존재형태"에 관한 문제이며, "자국의 운동 형태"의 문제라고 받아들일 때만 성립할 수 있었다. 스탈린 비판을 외재적 문제, 소련의 문제, 이것이 자국에 미친 영향의 문제로써 가해자인 자기 자신이 피해자 의식을 가지고 이것을 받아들이는 한에서는 대중에 대한 통렬한 책임감도 여기서 발생하는 진정한 자기비판도 결코 있을 수 없다.

스탈린 비판과 헝가리 사건을 외재적이 아니라 내재적으로 깊이 받아들인 얼마 안 되는 일군의 마르크스주의자들에게 있어서 이러한 여러 가지 문제를 취급하는데 여전히 종래와 같이 앞에서 논한 형태의 '자기비판'으로 끝내버리려고 하는 지도자나 그 추종분자는 아무래도 납득할 수 없었다. 스탈린 비판이야말로 종래의 비자주적인 사대주의나 권위주의 정신에 최후의 일격을 가한 것이며 여기서 도출되는 교조주의,

성전주의, 관료주의, 정통주의 등등이 두 번 다시 횡행하지 않도록 하는 것이었다. 그런데 스탈린 비판조차도 "제20회 대회에서 배우자, 후르시초프에게 배우자"라는 여전히 기묘한 권위주의 정신으로 받아들여졌으며 '자기비판의 배궤성(拜跪性)'과 벗어날 수 없는 동맥경화의 진흙탕을 폭로한 것에 지나지 않았다고 한다면, 도대체 여기에 어떻게 대처하면 좋다는 말인가.

이러한 흐름과 고심과 열정은 57년에 들어와 당 내외에서 일종의 자유로운 '독립' 마르크스주의운동을 발생시켰다. 당원도 직접 참가하는 마르크스주의 연구 그룹이나 조직 활동이 속속 만들어지고 발전되었다. 원래 이러한 임무를 가진 전국적인 기관지가 상부로부터 자유롭게 활발한 내적 갱생을 향한 토론을 조직하지 못하고 조직할 의사도 없었다고 한다면, 그들이 구태의연한 규범을 벗어나 자유로운 발언과 활동의 장을 스스로 만들어내려고 한 것은 당연한 이치다. 마르크스주의 이론과 운동이 벗어나기 힘든 동맥경화에서 근본적인 탈출을 자신의 내부에서 발원하는 힘으로 수행할 때만이 비로소 진정 자생적이고 성공적으로 달성할 수 있다고 생각한다면, 이른바 내부에서 제기된 운동에 의해 저절로 결집하고 발언하며 활동해온 사람들이야말로 일본 마르크스주의 재생에 대한 기대를 가져도 되지 않을까.

57년에 이러한 새로운 경향에 대한 가능성과 맹아형태에는 우라와(浦和) 부근의 청년들에 의해 조직된 현상분석연구회와 그 기관지『현상분석(現狀分析)』이 있으며, 구로다 간이치(黒田寛一)를 중심으로 학생, 노동자, 지식인으로 이루어진 변증법 연구회와 그 기관지『탐구(探

求)』가 있으며, 오오이케 후미오(大池文雄)를 중심으로 소수의 동지들로 발행하고 있던『비평(批評)』이 있으며, 도쿄대학 세포 기관지로 제작되었던『마르크스·레닌주의』의 이론활동이 있었다. 또한 개별적인 통로는 트로츠키주의에 의한 레닌주의의 계승과 발전을 지향하는 오오타 류(太田竜), 구리하라 도이치(栗原登一) 등의 일본혁명적 공산주의자 동맹(구 일본 트로츠키스트 연맹)과 그 기관지『세계혁명(世界革命)』(구 제4인터내셔널)이 있고, 쓰시마 다다유키(対馬忠行)를 중심으로 한 '반스탈린적 마르크스주의 잡지'의 표제를 달고 간행된『올드 볼셰비키(オールドボルシェヴィキ)』(구 선구자)가 있다. 그 외에도 사상의 광장 동인들이 편집을 한『현대사조(現代思潮)』, 도쿄대학 자연변증법 연구회『과학과 방법(科学と方法)』,『농민간담회(農民懇話会)』,『인민(人民)』등 보다 넓은 영역에서 아래로부터의 새로운 이론적 실천적 활동도 발생하고 발전하였다. 그 외에 엄밀하게 마르크스·레닌주의의 이론적 입장을 의심하지는 않는다고 하더라도 다소간 기존의 정식화된 사상에 얽매이지 않고 자유롭게 발언하고 토론하면서 본질적으로는 마르크스주의의 방향을 지향하고 있는 다수의 동인지, 연구집단, 서클활동이 존재하고 있었다.

『현상분석』,『탐구』,『비평』등에 보이는 공통적인 특징은 다소간 마르크스·레닌주의를 스탈린주의적 일탈과 파괴로부터 구출하고 탈피시키려고 하는 목적으로 일관된다는 점이다. 이를 위해서 기존의 이론에 깊이 남아있는 스탈린주의적 권위주의나 교조주의, 기존의 조직이 심각하게 젖어 있던 스탈린주의적 관료주의와 정통파 병 등에 과감한 비판

311

과 공격을 가하였으며, 동맥경화에 빠져 있는 일본 마르크스주의의 이론과 실천을 참신한 기반 위에서 재생시키려고 시도하고 있다. 예를 들면, 변증법 연구회는 "우리들의 입장"으로써 "새로운 시대의 창조는 혁명적 사상에 뒷받침된 새로운 인간 형성과 조직적인 단결과 협력에 기초한 혁명적 실천을 빠트릴 수 없는 조건으로 하였다. 우리들의 미래를 창조하려고 하는 열정과 기백에 불타는 우리들 젊은 세대는 좌절을 반복하면서도 모든 낡은 오물을 제거하고 온갖 권위에 저항하며 결전을 청하고 있다. 지금이야말로 아무것도 두려워하지 않고 끊임없이 전진해가는 창조적인 젊은 지성을 결집하여 이것을 물질적인 힘으로까지 실현시키기 위하여 우리들 젊은 세대는 지금 현재에 전력을 다하여 투쟁하지 않으면 안 된다. 이 투쟁 과정은 새로운 시대의 새로운 사상과 이론의 창조과정임과 동시에 우리들 자신이 새로운 인간으로 거듭나며 스스로를 형성해 가는 과정이지 않으면 안 된다. 기존의 온갖 이론과 사상은 우리들에게 있어서 맹종과 궤변의 대상이 아니라 정말로 비판적으로 섭취해야 할 대상이다. 그것은 우리들의 지칠 줄 모르는 탐구과정이며 혹은 파기되고 혹은 육체화되어 새로운 사상 창조의 기초가 되며, 혁명적 실천으로 현재화하지 않으면 안 된다"(『탐구』)고 적고 있다. 또한 현상분석 연구회도 "일본 민중이 이 땅에 커다란 산사태를 일으키고 있을 때 민중적 존재에 대답할 수 있는 이론의 필요가 지금처럼 강조된 적은 없다. 무엇보다 우리들은 미숙함을 자각하고 있다. 그러나 지도적인 이론은 운동의 최고 지도부나 일부 이론가들에 의해서만 만들어지는 것이 아니다. 여기서는 이름도 없는 한 사람 한 사람의 주장

312

이 쌓이고 쌓여 지도자나 이론가에게 투영되지 않으면 안 된다"(『発刊の辭』『現状分析』, 57년 2월, 제1호), "마르크스주의는 고립·포위된 유산에서 해방되어 그 유효성과 주동성을 회복할 필요가 있다. ……의견 차이는 아무것에도 구속되지 않는 자유로운 토론에 의해서만 올바르게 해결된다고 믿는다. 우리들은 지금 이후 우리들 자신의 발언을 지속할 수 있는 자유를 가지는 것과 같이 반대자들의 발언의 자유도 올바르고 상식적인 논쟁의 규칙에 따르는 한 지켜가고 싶다고 생각한다. ……어느 것에도 구속되지 않는 자유로운 논쟁 – 이것이야말로 현대 마르크스주의를 그 경화증에서 구출할 수 있는 유효한 길이다"(『유산(遺産)에서 이론의 해방』『현상분석』, 58년 4월 제5호)고 하여 자신들의 입장과 의도를 분명히 하고 있다.

앞에서 본 것처럼 이것들은 공통적으로 기존 이론의 권위에 반대하고 기존 조직의 구속을 배제하며 완전히 새로운 사고 방법과 이론의 창조에 의해 마르크스주의의 내부적이고 주체적인 자기 회복을 꾀하고자 하고 있다. 이러한 생명의 맹아를 '분열 행동'이라든가 '수정주의'라든가 '트로츠키주의'라는 기성관념으로 치부해버리는 것은 극히 간단하다. 그러나 이러한 동맥경화적 두뇌야말로 정말로 스탈린주의의 괴물을 무한대로 성장시켜 마르크스주의를 내부에서 갉아먹고 파괴한 것은 아닐까. 사람들은 '스탈린주의 비판' 이전의 스탈린 비판자가 어떠한 운명에 처했었는지를 생각해 볼 필요가 있다. 그들은 '수정주의자'나 '분열주의자'란 그나마 친절한 표현이 아니라 '스파이'였으며 '살인자'였고 '가장 악질적인 범죄자'로 취급되지 않았는가. 자유로운 비판이 압살되고 세계의 마르크스주의운동이 '스탈린의 권위' 앞에서 무릎을 꿇었을 때 '스탈린주의' 자신은 마르크스·레닌주의의 이름으로 마르크스·레닌주의 자신을 파괴하고 있었다. 이 '마르크스주의 우상파괴'가 일어난 이후 더구나 다소간 이 우상 형성에 관여한 것으로 대중적 책임을 느끼고 있던 사람들이 기존의 이론이나 조직의 권위에 저항하여 마르크스·레닌주의를 자기 회복시키려고 결의하고 있었던 사실에 대하여 '수정주의' '트로츠키주의' 등의 낙인을 붙여 이것을 타도하려고 한 것은 마술의 속임수가 들켰음에도 불구하고 이것도 모르고 의기양양하게 대중들 앞에서 마술을 하고 있는 익살꾼적인 존재에 지나지 않는다.

또한 단순히 맹아 상태에 있는 이러한 운동은 넓은 조직적 기반을 갖추고 있지 못했으며 그 활동 범위도 사상의 영향도 극히 한정적이었다. 그 자신으로서는 이후의 연속성도 보증하지 못했으며 그 존속은 많은 우상적 요인에 지배당하고 있었다. 이론적으로도 나약했으며 산더미 같은 오류를 껴안고 이후에도 수많은 실수로 힘들어 할 것이다. 그러나 이러한 운동을 관통하는 창조적 정신과 혁신적 의도만은 아마도 영원히 소멸되지 않을 것이며 다양한 형태로 자신을 결집시키고 확대시켜 마침내 일본 마르크스주의의 내적 갱생의 초석이 될 것이다.

다른 한편, 현재 당의 내부에서도 '스탈린 비판' 이후의 격변 속에서 많은 젊은 생명과 정신이 발아하며 성장하고 있다. 그들도 이러한 새로운 '독립' 마르크스주의운동에 촉발되고 자극받아서 급속하게 확대하고 발전하여 당 내외의 결합과 협력의 다양한 과정을 거쳐 비로소 대중화하고 '마르크스주의의 일본화'와 '사회주의로의 일본적 길'을 발견하는

데 성공하여 사회주의를 실제로 달성할 수 있는 진정한 추진력이 될 수
있을 것이다.

전후 일본공산당 당사 연표

(1945년 9월–1958년 7월)

내외 참고 사항	공산당 사항
1945년	**평화혁명 방침의 시기** (1945–1949년) **당 중앙 재건, 처음으로 합법화**
■ 8월 14일, 포츠담 선언 수락 ■ 9월 2일, GHQ가 육해군 해체 지령 ■ 9월 25일–10월 3일, 세계 노련(労連) 결성대회 ■ 10월 4일, GHQ가 치안유지법·특고 폐지·정치범 석방·내무성·사상경찰관계자의 파면·천황제 비판의 자유 등 지령 ■ 11일, GHQ가 부인 해방·노동자 단결권·교육의 자유주의화·전제정치에서의 해방·경제민주화의 5대 개혁지령 ■ 24일, 국제연합 성립 ■ 11월 2일, 일본사회당 결성대회 ■ 12월 16–27일, 모스크바 3국 외상회의 개최 ■ 22일, 노동법 공포 ■ 27일, '극동위원회·대일본이사회의 설치·한국 처리 방책을 발표 ■ 29일, 제1차 농지개혁	■ 10월 6일, 간부들 감옥에서 성명서 발표 ■ 10일, 수뇌부 16명 출옥, 도쿠다·시가 등 「인민에게 호소한다」 성명(해방군 규정의 최초), 정치범 약 3천 명 석방, 자유전사 출옥 환영 인민대회, 당 확대강화 촉진위원회 설립 ■ 19일, 도쿠다 「당면한 사태에 대한 당의 정책에 대하여」 오사카에서 연설, 사회당 준비위원회에 인민전선 결성을 제안 ■ 20일, 『赤旗』 제1호 발간 ■ 11월 6일, 인민전선 강령 발표, 천황제 타도 슬로건을 둘러싼 논쟁전개, 나카니시 등 민주전선에 천황제 타도 슬로건을 강요하는 것에 반대, 각지에 인민해방연맹 결성 ■ 8일, 제1회 전국협의회, 행동강령 및 규약 초안 발표, 제4회 당 대회 준비위원 선출 ■ 12월 1일, 제4회 당 대회(19년 만에 개최), 천황제 타도·인민공화정부 수립·그 외 당면한 기본방침을 토의 결정, 가미야

전후 일본의 공산당사

내외 참고 사항	공산당 사항
	마의 보고에 기초하여 노동조합에 관한 결의를 채택, 당원 수 1,083명 ▪ 3일, 농민 테제 결정 ▪ 6일, 사회당에 재차 인민전선 결성을 제안하나 거절당함 ▪ 23일, 사회당에 공동투쟁 제안을 결정
1946년	**'점령하 평화혁명'의 기본방침 확정, 천황제 폐지 민주전선을 요구**
▪ 1월 12일, 민주주의 과학자 협회 창립 대회 ▪ 17일, 일본노동조합총동맹 결성 대회 ▪ 20일, 배상을 위한 4백 군수공장의 관리를 지령(재벌해체·경제 종속화) ▪ 2월 9일, 일본농민조합 결성대회 ▪ 21일, 일본민주주의문화연맹 결성 ▪ 26일, 극동위원회 성립 ▪ 5월 15일, GHQ가 '단체폭력을 인정하지 않는다'고 경고(애치슨 성명) ▪ 6월 12일, 점령목적 위반 단속령 공포(7월 15일 실시) ▪ 20일, 맥아더 원수 '과도한 데모 경고 발표' ▪ 23일, 비키니에서 미국이 원폭실험 ▪ 7월 15일, 중국 제3차 국내 혁명전쟁 개시 ▪ 21일, 민주인민연맹 결성 ▪ 8월 19일, 전일본산업별노동조합회의(산별) 결성 ▪ 9월 21일, 제2차 농지개혁제법 공포 ▪ 27일, 노동관계 조정법 공포(10월 3일	▪ 1월 3일, 토지제도 개혁안 요강 발표 ▪ 7일, 민주전선 내각 수립 및 사회당과의 공투를 제창 ▪ 12일, 노사카 산조 귀국 ▪ 14일, 중앙위원회 및 노사카의 공동성명 발표 ▪ 15일, 『적기(赤旗)』를 대신하여 『아카하타(アカハタ)』발간 ▪ 26일, 노사카 귀국 환영 국민대회. 이 시기에 노동조합 방침을 적색노동조합주의로 전환 ▪ 2월 3일, 청공(靑共) 제1회 전국대회 ▪ 5일, 『전위』 창간 ▪ 24–26일, 제5회 당 대회, 노사카 이론='점령하의 평화혁명' 방식을 채택, 당원 수 6,847명 ▪ 27일, 제1회 확대 중앙위원회, 평화혁명을 위한 민주전선 결성을 재확인, 중앙위원회에 정치국·서기국 제도를 두고 양 국원을 정함, 이토 리쓰 정치국원이 됨 ▪ 4월 10일, 제1회 총선거에서 5명 당선

내외 참고 사항	공산당 사항
시행) ■ 10월 3일, 일본국 헌법 공포 ■ 12월 18일, 극동위원회에서 '노동조합조직의 16원칙' 발표	■ 11일, 유권자 명부 불비와 전범자 추방 미해결을 이유로 재선거 요구 ■ 5월 6일, 제2회 중앙위원회 총회 ■ 10일, 전국 오르그 회의 ■ 17일, 당 국회의원 천황과의 회견 요구·거부당함 ■ 8월 19일, 제3회 확대 중앙위원회 총회 ■ 9월 12일, 중앙위원회, 국철·해원(海員) 파업 지지를 성명
1947년	**'민주혁명의 평화적 발전 가능성'으로 수정**
■ 1월 29일, GHQ가 파업금지 구두명령 ■ 3월 10일, 전국노동조합연락협의회(전노련) 결성 대회 ■ 12일, 트루먼 독트린 발표 ■ 4월 7일, 노동기준법 공포 ■ 5월 3일, 일본국 헌법 시행 ■ 6월 1일 가타야마 내각 성립 ■ 5일, 마셜 계획 발표 ■ 13일, 잠정업종별 평균 임금안 발표(기본 임금제) ■ 28일, 정부는 내무성 해체에 의하여 공안청 등 3개의 기관 설치를 발표 ■ 7월 25일, 전국농민조합 결성대회 ■ 9월 1일, 노동성 발족 ■ 21일, 9개국 공산당 회의 개최 ■ 10월 5일, 코민포름 설치 ■ 21일, 국가공무원법 공포(48년 7월 1일 시행) ■ 12월 17일 신경찰법 공포	■ 1월 5일, 제4회 확대 중앙위원회는 정치 파업의 결행을 결의함 ■ 6일, 제2회 전국협의회는 파업 결행 및 그 후의 구체적 대책을 결정 ■ 23일, 내각타도 실행위원에 정식참가를 회담함, 2·1파업을 지원 지도 ■ 31일, 기본정책 발표 ■ 2월 4일, 파업 중지에 대한 당 성명 발표 ■ 4월 20일, 제1회 참의원 선거에서 6명 당선 ■ 25일, 중의원 선거에서 4명 당선. 이 후에 산별 자기비판을 둘러싸고 조합 집단의 당내 투쟁 확대 ■ 5월 18~20일, 제5회 확대 중앙위원회는 2·1파업에 대한 비판, 노사카는 전략초안 제출, '평화혁명'을 '혁명의 평화적 발전 가능성'으로 발표 ■ 26일, 사회당 좌파의 절연 성명을 공격

전후 일본의 공산당사

내외 참고 사항	공산당 사항
	■ 6월~12월, 『아카하타』『전위』에서 시가·가미야마 논쟁 전개
	■ 7월 1일, '가타야마 내각은 보수진영에 굴복했다'를 성명
	■ 19일, 당 창립 25주년 기념대회 개최
	■ 8월 7일, 위기돌파 선언 및 국영인민관리법안 발표
	■ 10월 1일, 『아카하타』 일간
	■ 12일, 제6회 중앙위원회 총회에서 노사카의 수정 전략초안과 그 취급을 결정
	■ 11월 24일, 탄광 국가관리안의 중의원 통과에 반대 성명
	■ 12월 16일, 도쿄지방위원회는 도쿄대학 세포의 해산을 결정
	■ 17일, 산별의 내부투쟁 격화, 호소야(細谷)탈당서 제출
	■ 18일, 제7회 확대 중앙위원회 총회
	■ 21일, 제6회 당 대회, 도쿠다·이토파가 진출, 전략방침에 대하여 논쟁을 행하여 노사카 이론(점령하의 과도기 혁명과 평화적 발전방식)을 확인, 행동강령에 포스탐 선언 실시·완전한 독립 슬로건을 삽입, 당원 수 10만 명 이상
	■ 25일, 제8회 확대 중앙위원회에서 민주민족전선의 구체화에 대하여 토론
1948년	**민주민족전선으로 전술적 전환**
■ 1월 13일, 산별민주화동맹 결성 ■ 2월 10일, 좌파의 이반으로 가타야마 내각 붕괴 ■ 11일, 지방자치체 경찰 발족	■ 1월 17일, 중앙위원회 주체의 일하는 사람의 요구를 듣는 모임 ■ 2월 6일, 제9회 중앙위원회 총회는 민주민족전선의 전술 결정

내외 참고 사항	공산당 사항
▪ 25일, 체코 2월 혁명 ▪ 3월 7일, 국가지방경찰본부·국가공안위원회 설치 ▪ 29일, 맥아더 전통으로 파업중지 각서를 발표 ▪ 4월 4일, 일농 주체성확립동맹 결성 ▪ 27일, 해상보안법 공포 ▪ 5월 1일, 경범죄법 제정 ▪ 18일, 미육군성 존스톤 보고 발표 ▪ 6월 20일, 코민포름 제2회 회의 개최 ▪ 28일, 유고 공산당 비난 결의, 제명 ▪ 7월 10일, 형사소송법 개정·인권옹호위원회령 제출 ▪ 29일, 정치자금규정법 공포 ▪ 31일, 정령201호 공포 ▪ 8월 19일, 도호(東宝)쟁의에 폭력행사 ▪ 9월 18-20일, 전학련 결성 ▪ 11월 30일, 개정 국가공무원법 성립(12월 3일 공포) ▪ 12월 2일, 노동자농민당 결성 대회 ▪ 18일, GHQ가 미국 정부 지령의 경제안정 9원칙 발표	▪ 20일, 중앙위원회는 호소야 제명 확인을 발표 ▪ 3월 5일, 산별 사무국원 등의 제명을 결정 ▪ 15일, 사회당에 민주민족전선의 결성을 제창 ▪ 26일, 제10회 중앙위원회 총회는 '평화와 민주주의·민족독립을 위한 선언'을 발표 ▪ 4월 15일, 호소야 마쓰타는 「공산당 탈당 선언」을 『일본주보』에 발표 ▪ 5월 30일, 제11회 중앙위원회 총회는 인민투쟁의 구체적 발전·민주민족전선으로의 결집을 토론 ▪ 6월 하순, 전국 오르그 회의, 전관공(全官公)투쟁 발전을 위한 오르그 조직의 재편성 ▪ 7월 19일, 도쿠다 서기장 사가(佐賀)에서 암살미수 사건 ▪ 29일, 정부의 폭행에 성명 ▪ 8월 15일, '강화촉진' 요구를 성명, 정치국 「포스탐 선언과 민주민족전선의 정신」을 발표 ▪ 26일, 제12회 중앙위원회 총회는 「전세계의 인민에게 호소함」과 「강화에 대한 당의 기본방침」을 발표, 유고공산당 문제에 대한 결의 ▪ 10월 23일, 제13회 확대 중앙위원회 총회 ▪ 27일, 구국 슬로건을 발표 ▪ 11월 7일, 도쿠다 서기장 「10월 혁명 31

내외 참고 사항	공산당 사항
	주년을 기념하여」란 논문을 발표 ■ 11월, 사공합동운동의 전개로 일농 아오모리(靑森)현련은 사공합동을 결의
1949년	**선거로 대진출, 사공(社共) 합동운동 개시**
■ 1월 12일, 교육공무원특별법 성립 ■ 4월 4일, 단체등규정령을 공포 시행, 특별심사국 발족, 북대서양조약(NATO) 21개국 조인(8월 1일 성립) ■ 9일, 농지개혁 종료 ■ 15일, 도지라인 발표 ■ 6월 1일, 국철·전체(全遞) 행정정리 ■ 16일, 일강사건(日鋼事件) ■ 30일, 다이라 사건(平事件) ■ 7월 2일, 민주주의옹호동맹 결성대회 ■ 3일, 도쿄도 조령(条令)·공안조령 발표, 전일로(全日労) 결성 ■ 5일, 시모야마 사건(下山事件) ■ 15일, 미타카 사건(三鷹事件) ■ 8월 17일, 마쓰카와 사건(松川事件) ■ 10월 1일, 중화인민공화국 성립 ■ 11월 1일, 코민포름 제3회 회의에서 「평화옹호 전쟁도발자에 대한 투쟁」 결정 ■ 16일, 세계 노련 아시아 대양주 노조회의(북경)에서 유소기(劉少奇) 연설 ■ 28일, 국제자유노련 결성대회(런던) ■ 12월 10일, 신산별 결성대회	■ 1월 15일, 도쿄도 교육위원 130명 집단 입당 ■ 23일, 제2회 총선거에 3만 표 획득, 25명의 의원 배출 ■ 28일, 사회당에 공투 신청 ■ 2월 5일, 제14회 중앙위원회 총회, 노사카는 의회주의와 평화혁명을 강조, 이토는 사공합동운동의 성공을 보고 ■ 12일, 미야기현(宮城県) 사공합동대회 ■ 2월, 제1회 통제위원회 지방위임대표자 회의 ■ 3월 3일, 정치국이 「요시다 정부에 대한 투쟁방침」을 발표 ■ 3월, 야마구치 다케히데(山口武秀) 등 조토(常東)농민조합에 대량 입당 ■ 4월 17일, 국철부흥강령 발표(이후 각 중요산업 부흥강령 발표) ■ 5월 5일, 소련공산당에 귀환 촉진 메시지 ■ 6월 18일, 제15회 확대 중앙위원회에서 도쿠다·노사카는 9월까지 요시다 내각의 타도를 강조하고 전면 강화에 관하여 성명 ■ 6월경, 제2회 통제위원회 지방위임대표자 회의

내외 참고 사항	공산당 사항
	■ 7월 2일, 소련에서 귀국자 240명 전원 입당
	■ 23일, 통제위원회는 분열주의자에 대한 분쇄 성명
	■ 8월 15일, 중앙위원회는 「평화와 자유를 사랑하는 전 세계의 인민에게 고함」을 발표
	■ 21일, 제16회 중앙위원회 총회
	■ 9월 9일, 나카니시 쓰토무는 장문의 의견서를 작성하여 중앙지도부 방침을 비판
	■ 22일, 25일, 국회의원단·중앙 등에서 비판회를 개최
	■ 28일, 제17회 긴급 중앙위원회 총회에서 시가·나카니시의 의견서에 대하여 보고
	■ 10월 15일 경, 제3회 통제위원회 지방 위임대표자 회의
	■ 11월 1일, 기타카 사건 공판에 즈음하여 「전 인민에게 호소함」 성명
	이해에 당원 수 20만 명을 돌파
1950년	**대분파 투쟁의 시기**(1950–51년) **코민포름 비판, 일부 중앙의 비공식화와 대분파 투쟁의 전개**
■ 1월 1일, 형사보상법 제정	■ 1월 6일, 코민포름 기관지 논문에서 노사카 이론(점령하의 평화혁명론)을 비판
■ 16일, 바르샤바 제2회 평화옹호 세계대회	■ 8일, 정치국·통제위원회 성명 「당 교란의 정치선전을 파괴하라」
■ 31일, 내일한 미군 수뇌부가 오키나와 강화·일본군사기지 강화를 성명	■ 10일, 나카니시 쓰토무는 도쿠다·노사카를 공격하여 제명당함
■ 2월 13일, 특심국 공산당 지방기관 등	

내외 참고 사항	공산당 사항
을 고발 ■ 14일, 중소 우호동맹조약 체결 ■ 3월 25일, 원폭금지 요구 스톡홀름 발표 ■ 4월 29일, 세계평화옹호 위원회는 일본의 '평화를 지키는 모임'(2월 27일 발족)을 비판(5월 6일 재비판) ■ 5월 2일, 도호쿠(東北) 대학에서 ■ 16일, 홋카이도 대학에서 반 이엘스 투쟁[11] ■ 30일, 인민광장 사건 ■ 6월 2일, 경시청이 집회·데모 금지 (Charles Andrew Willoughby 성명) ■ 6월, 반전학생동맹 결성 ■ 6–10월, 조국방위원회(祖防委) 결성 ■ 7월 7일, 북경 인민일보 사설 「일본 인민투쟁의 현상」 ■ 8일, 맥아더 경찰예비대 7만 5천 명 창설·해상보안청 8천 명 증원을 지령 ■ 11일, 총평결성 대회 ■ 25일, 한국전쟁 시작 ■ 30일, 민전결성준비위 성립 ■ 8월 30일, 맥아더 전노련 해산을 지령 ■ 9월 1일, 레드퍼지를 각의에서 정식 결정 ■ 3일, 북경 방송 「지금이야말로 일본 인	■ 12일, 정치국은 논쟁 끝에 「소감」을 발표 ■ 17일, 북경 인민일보는 「소감」을 비판 ■ 18–20일, 제18회 확대 중앙위원회에서 대격론 끝에 「코민포름 기관지의 논평에 관한 결의」를 채택, 도쿠다파는 앞의 토론·경과에 대한 보고를 금지하고 자기비판을 억제하여 논쟁과 내홍이 점차 확대됨 ■ 27–28일, 제4회 통제위원회 지방위임 대표자 회의 ■ 1–4월, 시가 의견서에 따라 일부의 분파활동 발생, 전학련·그 외에서 중앙에 대한 비판 의견서가 속속 제출됨, 시가 그룹 제명 ■ 2월 6일, 노사카 「나의 자기비판」 발표 ■ 22일, 「민주민족전선의 결성 및 공투강령에 대하여」란 격문을 발표 ■ 4월 15일, 시이노 「시가의 분파활동 비난」 논문을 『아카하타』에 발표 ■ 28–30일, 제19회 중앙위원회 총회에서 서기장의 50년 테제 초안을 둘러싼 대논쟁(29일, 이토의 탄압정보에 의해 총회는 토론 중에 해산) ■ 5월 5–6일, 도쿄대·와세다대·전학련 서기국 등에 세포 해산을 지령

---

11 역주: GHQ의 민간정보교육국 고등교육 고문 이엘스 Walter C. Eells가 각지에서 미국식 민주주의를 찬미하면서 공산주의 교수의 추방을 주장한 것에 대한 반대운동

내외 참고 사항	공산당 사항
민은 단결하여 적에 대항할 때」 ■ 10월 7일, 도지 방일, 디프레이션 유지를 성명 ■ 25일, 중국군 한국전쟁에 출병 ■ 12월 6일, 중국으로 허가를 요하는 품목에 대한 전면적 수출 정지 ■ 16일, 트루만은 국가비상사태를 선언	■ 5–6월, 당내 투쟁이 전국으로 확대, 도쿠다파의 조직처분 강행 ■ 6월 4일, 제2회 참의원 선거에서 3명 당선 ■ 6일, 맥아더 지령으로 전 중앙위원 24명 추방되고 그 후 독단으로 도쿠다파의 다수파 중앙위원회 비공식화, 중앙위원회 다수파와 소수파로 분열 ■ 7일, 도쿠다파의 임시 중앙지도부 설치, 맥아더는 『아카하타』 편집 간부 17명에 대한 추방을 지시 ■ 18일, 임시 중앙위원회 전국대표자회의 (3전협) ■ 26일, 맥아더는 『아카하타』 30일간 정간지령 ■ 7월 4일, 통제위원회 「분파활동의 전모에 대하여」 결정, 중앙위원회 분열 공식화, 임시 중앙위원회는 마쓰다·도사카 제명, 시가·가스가(庄)·하카마다·구라하라·가메야마 등 제명 신청 ■ 5일, 「전쟁의 위기에 즈음하여 전 인민에게 호소함」 발표 ■ 7일, 임시 중앙위원회는 전학련 간부 38명 제명 ■ 15일, 도쿠다 등 소재불명인 9명의 추방위원에게 체포영장 ■ 18일, 맥아더는 『아카하타』의 무기한 발간정지를 지령 ■ 7월, 노다 등은 국제주의자단 결성 ■ 8월 1일, 야마다 등은 간사이지방통일위원회 결성

전후 일본의 공산당사

내외 참고 사항	공산당 사항
	▪ 27일, 조선인 당원 대표자(박은철 등 약 30명)회의(당본부)
	▪ 31일~9월 1일, 전국의 반대파는 오사카에서 대표자회의를 개최하고 전국통일위원회를 결성하여 전국위원 12명을 선출(10월 22일 해산)
	▪ 8월, 임시 중앙위원회는 주코쿠지방위원회·시즈오카동부지구위원회 등을 해산하고 다다를 제명, 간사이·도호쿠·홋카이도의 반대파 제명으로 확대, 나카니시 쓰토무 등의 단결파·호쿠모토 등의 통일협의회 성립
	▪ 9월 3일, 『인민일보』의 통일요망 사설 게재
	▪ 11일, 전국통일위원회는 임시 중앙위원회와 회견하여 통일을 신청하나 거부당함. 시가 「9·3논평」 직후에 임시 중앙위원회에 굴복
	▪ 10월 7일, 가스가 쇼이치 나고야에서 체포(53년 12월 19일 가석방)
	▪ 13일, 임시 중앙위원회 「당면한 노동자계급의 투쟁」 발표
	▪ 10월, 도쿠다 주류파는 무장투쟁을 제기(10월 7일 자 『평화와 독립』 9호, 12일 자 『내외평론』 4호에 「공산주의자와 애국자의 새로운 임무」 발표)
	▪ 11월 17일, 임시 중앙위원회 지령 「당 방위에 관한 조치에 대하여」
	▪ 12월, 통일 실패로 반대파는 전국적인 재결집을 결정

내외 참고 사항	공산당 사항
1951년	코민포름 결정으로 분파투쟁 수습, 신강령 채택·군사방침 구체화
▪ 1월 10일, 재일조선통일민주전선(민전)결성대회	▪ 1월 1일, 반대파 기관지 『해방전선』을 발간(무기명의 미야모토 논문 「새로운 정세와 일공의 임무」를 게재하여 전국통일회의의 강령적 역할을 함)
▪ 25일, 덜레스(John Foster Dulles) 특사 방일	
▪ 2월 21-26일, 세계평화평의회 제1회 총회(베르린)	▪ 26일, 『아카하타』의 후속지 『평화의 소리(平和のこえ)』 정간 집행, 발송 관계자 검거
▪ 3월 30일, 대일강화초안 발표	
▪ 4월 11일, 맥아더 파면	▪ 27일, 가와카미 의원은 국회에서 전면강화·재군비 반대 연설(3월 26일 제명 결정)
▪ 18일, 덜레스·요시다 회담 「일본 주병(駐兵)협정」 교섭 시작	
▪ 5월 16일, 말쿼트(Marquat, William Frederic) 미일 경제협력에 대하여 성명	▪ 2월 23-27일, 도쿠다파는 위법적인 제4회 전국협의회를 열고 군사방침·분파주의자들에 대한 결의·그 외를 채택함. 반대파는 작년 말부터 결성 중인 전국통일회의를 적극화하여 '2개의 공산당' 대립
▪ 6월 1일, 총동맹 쇄신강화파 재건대회에서 일본노동조합총동맹으로 발족	
▪ 20일, 제1차 추방해제 발표	
▪ 26-7월 3일, 국제사회주의자회의위원회(COMISCO) 대표자회의에서 사회주의 인터내셔널 부활 결정	▪ 3월 1일, 반대파 기관지 『이론전선』 발간, 미야모토는 통일에 대한 논문을 발표
▪ 7월 10일, 한국전쟁 휴전회담 개시(개성)	▪ 25일, 시가 「자기비판서」 작성
▪ 8월 6일, 제2차 추방해제 발표	▪ 4월 4일, 임시 중앙위원회는 지방선거 투쟁방침을 발표, 반대파(국제파)는 대립후보 내세움
▪ 14일, 모스크바 방송은 '4전협의 분파주의자에 대한 결의'를 코민포름 기관지를 통해 지지	
▪ 9월 4일, 샌프란시스코 회의 개최	▪ 4-5월, 우치야마·모리의 자기비판 발표(『내외평론』)
▪ 8일, 49개국 강화조약에 조인, 동시에 미일안전보장조약 조인	▪ 6월, 국제주의자단·단결파 등 통일에 대하여 논의
▪ 7일, 부인단체연합회 결성	
▪ 10월 23-24일, 사회당 임시대회에서 조	▪ 7월 5일, 임시 중앙위원회의 전국활동

내외 참고 사항	공산당 사항
악승인에 대한 찬반을 둘러싸고 좌우로 분열 ■ 11월1~16일, 세계평화평의회 제2회 총회 (빈) ■ 24일, 코민포름 기관지는 「일공신강령」을 게재	가 회의 ■ 6일, 시이노 임시 중앙위원회 의장의 자기비판 「당의 이론적 무장에 대하여」 발표, 이를 둘러싸고 통일회의는 미야모토파와 가스가(庄)·간사이파로 분열. 미야모토파는 8월의 전국대표자회의를 준비 ■ 14일, 가미야마·하야시 「당 통일의 도표」를 작성 ■ 25일, 가스가(庄)는 「당의 통일 투쟁 발전을 위하여」를 작성하여 미야모토 비판 ■ 8월 12일, 코민포름 기관지가 4전협 결정을 지지하자 모든 반대파(국제파)는 붕괴되고 무조건 굴복함 ■ 19일, 도쿠다 주류파는 제20회 중앙위원회 총회에서 「민족해방 민주혁명」의 신강령초안과 「당의 통일에 관한 결의」 등을 발표 ■ 8~10월, 국제주의자단·단결파·통일회의·그외 반대파의 모든 조직 해체, 분파활동 일단 종결 ■ 9월 3일, 임시 중앙위원회 측 18명의 간부에 대하여 체포영장 ■ 4일, 이와타 등 7명 체포, 전국에서 300곳을 조사 ■ 6일, 시이노 등 19명의 간부 제2차 공직추방 ■ 10월 16~17일, 주류파의 제5회 전국협의회는 신강령을 채택하고 군사논문 게재를 결정

내외 참고 사항	공산당 사항
	▪ 25일, 전국재정(財政)부장회의는 신강령 실천을 위한 재정방침을 결정 ▪ 11월 8일, 군사논문 발표(『내외평론』) ▪ 22일, 「예비대 공작의 당면한 중점」, 「경찰 공작의 낙후를 극복하기 위하여」(『내외평론』 32호) ▪ 12월 20일, 전국조직지도자회의는 올해의 주요회의 결정을 총괄하고 전술과 조직에 대하여 지시(『내외평론』 33호) ▪ 12월 말, 니시자와 등 이토 리쓰에 대한 조사개시
1952년	극좌모험주의 시기(1952–54년) 화염병 투쟁의 전개
▪ 1월 1일, 스탈린 일본국민에게 메시지 ▪ 2월 19일, 총평은 이론 생계비에 근거한 '임금강령' 발표 ▪ 28일, 미일행정협정 조인, 미일합동위원회 설치(4월 28일 양조약 발효, GHQ 폐지, 머피 대사 착임) ▪ 3월 8일, GHQ는 정부에 병기제조 허가를 지령 ▪ 27일, 파괴활동방지법안 요강 발표 ▪ 4월 3–12일, 국제경제회의(모스크바) ▪ 4–6월, 반파방법 투쟁·파업 ▪ 5월 1일, 제23회 노동절, 사망 8명, 중경상 300명 ▪ 7월 21일, 파방법 공포 시행, 공안조사청 발족 ▪ 8월 4일, 보안청 발족 ▪ 25일, 법정의 질서유지법 시행	▪ 1월 5일, 스탈린의 메시지에 대답하는 임시 중앙위원회의 성명 발표, 제21회 중앙위원회 총회 개최(날짜 미상) ▪ 2월 1일, 지하지도부는 「중핵 자위대의 조직과 전술」을 발표(『내외평론』 통권 36호) ▪ 15일, 코민포름 기관지는 도쿠다의 논문 「신강령의 기초」 게재 ▪ 29일, 주류파의 관계 기관지 발행금지 818건에 달함 ▪ 21일, 도쿄 가마타(蒲田) 사건 발생, 무장투쟁 계획을 진행 ▪ 2월, 군사위원회 전국회의는 −결어 「사쿠라 조개」−결정, 「라디오 모임」 ▪ 3월 1일, 논문 「군사행동 전진을 위하여」(『내외평론』 37호) ▪ 5월 1일, 『아카하타』 복간

내외 참고 사항	공산당 사항
■ 10월 2일, 스탈린의 논문「소련에서 사회주의의 경제적 제문제」발표 ■ 2~12일, 아시아·태평양지역 평화회의 ■ 5~14일, 제19회 소련 당 대회 ■ 15일, 경찰예비대를 보안대로 개조	■ 2일, 자유일본방송 개시 ■ 21일,『군사노트』간행, 이후 월 2회 발행 ■ 24일, 군사위원회 기관지『국민의 무장을 위하여』제1호 발간 ■ 5~7월, 각지에서 화염병 투쟁 전개(스이타 사건, 신주쿠역 사건, 히라카타 사건, 오오스 사건 등) ■ 6월 6일, 임시 중앙위원회는 주민등록 거부 지령을 발표 ■ 7일, 나카니시 이노스케 제명 ■ 26일, 통제위원회「재차 비합법체제의 강화를 호소함」 ■ 6월경, 전국인방(人防)대표자회의에서 방위활동의 기본방침 결정 ■ 7월 4일, 도쿠다 서기장은 코민포름 기관지에「일봉공산당 30주년에 즈음하여」를 발표 ■ 15일, 일본공산당 창립 30주년 기념일, 전국 82곳에서 평화제·문화제를 거행 (공무집행방해 그 외로 75명 검거) ■ 8월 26일, 중앙지도부「요시다 내각 타도, 자유당 분쇄를 위하여 전국민에게 호소함」을 발표, 일농 지도방침 대립으로 중앙 그룹 회의에서 야마구지·기무라·다케무라·이케다·후카자와 5명의 의원을 당 중앙에 고발하여 처분 요청 ■ 10월 1일, 제3회 총선거에서 전원 낙선 ■ 8일, 도쿠다 서기장 제19회 소련 당 대회에 인사문 발송 ■ 10월 하순, 제22회 중앙위원회 총회는

내외 참고 사항	공산당 사항
	「무장투쟁의 사상과 행동의 통일을 위하여」 등 결정 ■ 10월, 상해(上海) 군사부 신설 ■ 12월 초순, 전국군사회의는 「전국군사회의의 결어」를 채택 ■ 21일, 전국선거대책 책임자 회의
1953년 ■ 1월 20일, 아이젠하워 대통령 취임 ■ 21일, 농민조합총동맹 결성 대회 ■ 2월 21일, 파업규제법안 국회 제출(3월 3일 가결, 8월 5일 성립) ■ 3월 5일, 스탈린 사망 ■ 4월 2일, 미일통상항해조약 조인 ■ 5월 12일, 우치나다(内灘)기지 반대 투쟁 ■ 6월 4일, 일경련 '노동기본7원칙'(생산성 향상 등) 결정 ■ 19일, 로젠버그 부부 사형 집행 ■ 7월 15일, MSA(Maritime Safety Agency of Japan) 미일 교섭 시작 ■ 27일, 한국전쟁 휴전협정 조인 ■ 8월 8일, 소련 수소폭탄 소유 성명 ■ 10월 10–21일, 세계노련 제3회 대회(빈) ■ 27일, 이케다·로버트슨 회담에서 일본 방위3년계획 결정 ■ 10월 이후, 노농파(向坂·稲村) 강령안을 둘러싸고 사회당 좌파 내 논쟁 전개 ■ 11월 23–28일, 세계평화평의회총회	**도쿠다 사망을 둘러싸고 주도권 쟁탈전 · 파벌투쟁 격화** ■ 1월 상순, 중앙위원회 「기본재정확립을 위한 재정활동 일반보고–안」을 전 당 기관에 배포 ■ 15일, 중앙선전기관지 『선전탑(宣伝塔)』 발간. ■ 중순, 중앙지도부에 정치학교운영안을 신설 ■ 1월, '국민정부' 슬로건을 제시 ■ 2월 3일, 야마구치 다케히데(山口武秀) 제명 발표 ■ 3월 5일, 중앙지도부 「스탈린 사망에 관한 성명」을 발표 ■ 15일, 통달 「Y조직활동을 강화하라」 ■ 18일, 선거대책 전국대표자회의 ■ 28일, 스탈린 추도 대회 ■ 4월 19일, 제4회 총선거, 1명 당선 ■ 4월, Y조직통달 「건강(무장)투쟁을 강화하기 위한 (무장)활동을 조직하라」 나아가 군사조직 전문 기관지 『국민무장을 위하여』를 『중핵』으로 개칭 ■ 하순, 총선거 후의 회의(제23회 중앙위원회)에서 지하지도부의 인사 교체(이토

내외 참고 사항	공산당 사항
	파를 대신하여 시다파 진출), 「전진하라」 발표
	■ 5월 5일, 「중자대(中自隊)통일사령부의 임무」 발표(『중핵』 제22호)
	■ 13일, 마쓰모토 산에키(松本三益) 이케부 쿠로에서 체포
	■ 5월, 시게미쓰(重光) 수반 내각 운동을 전개
	■ 6월 1일, 「당 파괴와 인방(人防)의 임무」 발표(『국민평론』, 51호)
	■ 6-7월, 제1차 총점검운동을 개시하여 니시자와 등 이토파를 추궁·적발
	■ 7월 24일, 「평화경제로의 길-경제해방 강령안」 발표
	■ 8월 3일, 「당과 국민의 전열을 강화하라」 발표
	■ 8월, 세계노련·그 외로부터 국제적 비판을 받아 시게미쓰 수반 내각을 자기비판하고 3반(反)통일정부 슬로건 제창 (시이노의 시다에 대한 반격, 이후에 이 슬로건이 비판받자 시이노는 시다에게 굴복
	■ 9월 21일, 「이토 리쓰 처분에 관한 성명」 발표(『아카하타』)
	■ 10월 12일, 풍수해 대책, MSA 등으로 양 파 사회당·노농당에 공투 신청
	■ 14일, 도쿠다 서기장 북경에서 사망
	■ 11월 21일, 『아카하타』 본국에 대한 탄압
	■ 11월, Y조직에서 중간강령을 발표, 이후 군사방침은 견실한 방침으로 전환
	■ 12월 상순, 전국조직방위회의를 개최하여 제2차 총점검운동을 결정(이 운동으로 복귀파인 가메야마·가스가[庄]·다다·마

내외 참고 사항	공산당 사항
	스다를 공격하고 그 최종 단계로 가미야마에 대한 공격을 계획—책임자 시이노)
1954년	**총점검운동 · 적발투쟁으로 인한 관료주의화의 절정**
■ 1월 15일, 헌법옹호국민연합 결성 대회 ■ 17–19일, 사회당 우파 대회에서 통일촉진 결의 ■ 21–23일, 사회당 좌파 대회에서 노농파 강령안 수정 가결 ■ 3월 1일, 비키니에서 수소폭탄 실험 ■ 8일, 미일MSA협정 조인 ■ 26일, 교육2법안 중의원 가결 ■ 4월 22일, 아마가사키(尼崎)제강 파업 ■ 22–23일, 전노회의(全労会議) 결성 대회 ■ 28일, 평화5원칙에 의한 중국·인도 협정 ■ 5월 10–20일, 교토 아사히오카(旭丘) 중학교에서 좌우파 분반 수업(分裂授業) ■ 6월 3일, 국회 난투 ■ 4일, 오우미(近江)제사 파업(9월 16일 해결) ■ 28일, 일본제강(日鋼) 무로난 파업(9월 23일 제2조합결성) ■ 7월 1일, 자위대 발족 ■ 21일, 인도네시아 휴전협정 조인 ■ 9월 20일, 중화인민공화국 헌법 채택 ■ 11월 18일, 세계평화평의회 제7회 총회(스톡홀름) ■ 29–12월 2일, 동유럽군사동맹 결성(바르샤바조약)	■ 1월 1일, 『아카하타』에 「평화와 민주주의와 생활을 지키는 국민의 대통일행동을 향하여」를 발표하고 분파주의 반성(1·1결정) ■ 2월, 「점검운동에 관한 결의」(『국민평론』 제59호) 발표 ■ 3월 1일, 『아카하타』를 일간으로 함 ■ 23일, 가스가 쇼이치가 중앙지도부 의장에 취임 ■ 4월, 군사위원회는 중자대의 긴급임무로 '서클 조직의 행동 중핵'으로서의 활동을 지령 ■ 5월 하순, 전국조직방위회의를 개최하여 통제위원회는 제2차 총점검운동의 결과를 총괄하고 처분은 복귀파 외에 1,200명에 이르며 가미야마 그룹에 대한 처분도 결정 ■ 6–10월, 관료주의화가 절정에 달하고 『전위』와 그 외의 출판물로 오가사와라(=시이노) 논문을 시작으로 가미야마 비판운동을 전개 ■ 8월, 한신(阪神)지역의 니시카와파(금속 그룹)는 노동자해방동맹을 결성하여 대중활동을 전개 ■ 30일, 기관지 『해방전사』를 발행 ■ 9월 27일, 가미야마 시게오 등 제명

내외 참고 사항	공산당 사항
▪ 12월 10일, 제1차 하토야마 내각 성립	발표 ▪ 9–11월, 전국 각급 기관은 『아카하타』에 가미야마 처분에 대한 지지를 표명 ▪ 10–12월, 가미야마는 「제명취소요청서」 「의견서집」 등에서 부당함을 상신함 ▪ 10월경, 노사카·니시자와는 국내의 지하 지도부에게 가서 시다·시이노 설득을 시작─국제적 압렵에 의하여 지하 지도방침과 지도체제의 전환 ▪ 11월 9일, 저우언라이(周恩來)와의 회견기를 일부 삭제하여 전문 발표 ▪ 12월 7일, 선거강령 발표
1955년	**재통일과 전환의 시기**(1955~58년) **자기비판·재통일과 집단지도체제로의 대전환 개시**
▪ 1월 17–19일, 세계평화평의회 집행국 확대회의에서 원자력 무기 금지의 빈 의제 채택 ▪ 2월 1일, 말렌코프(Georgy Maximilianovich Malenkov) 사임 ▪ 14일, 일본생산성본부 창립 ▪ 27일, 총선거에서 혁신진영이 1/3 획득 ▪ 4월 6–10일, 아시아제국(諸国)회의(뉴델리) ▪ 18–24일, 아시아·아프리카 회의(반둥) ▪ 5월 1일 민전해산, 조선총련 결성 ▪ 6월 1일, 일소 국교회복 교섭 개시(런던) ▪ 18–23일, 4대국 정부 수뇌회담(제네바) ▪ 7–19일, 일본모친대회(도쿄) ▪ 22일, 최고재판소는 미타카 사건 상고	▪ 1월 1일, 「당 통일과 모든 민주세력과의 단결」(1·1방침) 발표, 극좌모험주의 반성 ▪ 21일, 시가는 오사카에서 공식적으로 입후보 성명 ▪ 1월, 시다·시이노·이와모토 등의 지하 지도부는 공식화를 위한 준비를 진행 ▪ 2월 27일, 중의원선거에서 총득표 73만표, 2명 당선 ▪ 3월 15일, 가스가(正)·시가·미야모토·코메하라를 중앙지도부원으로 발표 ▪ 4월 27일, 하세가와 히로시(長谷川浩) 후쿠오카에서 체포 ▪ 6월 3일, 다케나카 혼고(本郷)에서 체포 ▪ 7월 15일, 당 창립 33주년 기념집회 ▪ 27–29일, 제6회 전국협의회에서 구 '국

내외 참고 사항	공산당 사항
기각 ■ 8월 6일, 제1회 원수폭 금지 세계대회 (히로시마) ■ 24일, 스나가와(砂川) 강제측량, 연좌농 성으로 저지 ■ 31일, 미일회담 ■ 9월 1일, 공동 성명 ■ 10월 3일, 사회당 통일대회 ■ 11월 15일, 자유민주당 결성, 제3차 하 토야마 내각 성립 ■ 22일, 미군 타이완 방위사령부 설치 발표	제파'와의 통일, 극좌모험주의·좌익분 파주의·당내 관료주의를 자기비판하 고 당의 통일에 대하여 제안, 당규약 개 정·새로운 간부 선출, 2년 전에 도쿠다 가 북경에서 병사했음을 발표(시다·시이 노·이와모토파와 노사카·니시자와·곤노파 와 미야모토·가스가(庄)·구라하라파와의 합작 성공) ■ 8월 2일, 중앙위원회 상임 간부회의 구 성원 발표 ■ 11일, 6전협 기념 연설회에서 노사카· 시다·곤노의 비공식 간부가 갑자기 출현 ■ 17일, 노사카는 제2회 중앙위원회에서 제1서기로 선임됨 ■ 9월 3일, 주코쿠지방 대표자회의 개최 ■ 13일, 북경에서 도쿠다의 추도회, 6전 협 이후 각지에서 처분 당원의 복당 논 의·책임추궁·재조직 등 진척 ■ 14일, 이토 리쓰에 대하여 스파이·도발 자라고 시다 서기국원이 발표, 동일하 게 노사카의 담화 발표 ■ 10월 13일, 제3회 중앙위원회 총회에서 참의원선거방침·당내 선거규정을 결정 ■ 14일, 도쿠다의 당 장래식
1956년 ■ 1월 1일, 자유일본방송 중지 ■ 2일, 프랑스 총선거에서 공산당 제1위 를 차지 ■ 25일, 마오쩌둥은 최고국무회의에서	**시다사건과 제7회 당 대회 준비** ■ 1월 13일, 코민포름 기관지에 노사카의 「6전협의 주요점」 게재, 『아카하타』 발 표―현재의 당원 수는 최고기의 1/3로 감소

내외 참고 사항	공산당 사항
「농업의 사회주의 개조문제」에 대하여 연설	▪ 28~29일, 제4회 중앙위원회 총회는 「일소국교회복운동에 대하여」 「당의 통일과 단결을 위한 역사상의 교훈」 등 결정, 6전협 이후 각지에서 아래로부터의 비판으로 각 지방 기관의 선거가 행해졌음을 확인
▪ 2월 14~25일, 소련공산당 제20회 대회에서 스탈린 비판과 사회주의로의 이행의 제형태	
▪ 3월 19일, 소선거구법안 국회에 제출	
▪ 22~23일, 일농전국대회에서 통일에 대하여 토의	▪ 1월, 시다 실종사건 발생
▪ 28일, 「왜 개인숭배는 마르크스·렌닌주의 정신과 무관한가」(『프라우다』)를 사회주의 인터내셔널 총회에서 가결	▪ 2월 11~19일, 제1회 도쿄도협의회에서 새로운 도위원 선출
	▪ 3월 6~8일, 제5회 중앙위원회 총회는 소련공산당 제20회 대회의 제결정을 지지
▪ 4월 5일, 「프롤레타리아 독재의 역사적 경험에 대하여」(『인민일보』)	▪ 4월 16~27일, 제6회 중앙위원회 총회는 노동·농민·시민·청년·학생 전선 등의 운동방침 결정, 시다 실종사건을 심의하여 상임간부회원·서기국원의 해임을 결의
▪ 18일, 코민포름 해산	
▪ 5월 21일, 미국은 태평양에서 수폭 실험	
▪ 6월 2일, 참의원 '폭력국회', 경찰관을 동원하여 신교육위원회법을 가결, 티토 모스크바 방문	▪ 5월 15일, 중앙위원회는 가미야마 등의 제명 취소를 결정
▪ 5일, 소련·유고 회담	▪ 19일, 발표, 단 복당시키지 않음
▪ 20일, 소련·유고 공동성명·공동선언에 조인	▪ 20일, 가미야마는 제명 취소 인사장을 제출
▪ 28일, 포츠난 사건(폴란드)	▪ 6월 4일, 통제위원회의장 가스가(正)는 「제명해제 후의 동지 가미야마의 행동에 대하여」 발표
▪ 7월 2일, 소련공산당 중앙위 결의 「개인숭배와 제결과의 극복에 대하여」 발표(『프라우다』)	
▪ 11~16일, 소련 최고회의	▪ 5일, 제6회 중앙위원회 총회에서 노사카의 정치보고 발표
▪ 18일, 헝가리 근로자당 중앙위원회 총회, 라코지 제1서기장 사임	▪ 7일, 「시다 시게오 동지에 대한 발표」를 실시
▪ 26일, 이집트의 스에즈운하 국유화 단행	▪ 14일, 「『아카하타』와 『전위』의 활동발전을 위하여(안)」 발표

335

내외 참고 사항	공산당 사항
■ 8월 9–11일, 제2회 원수폭금지 세계대회(나가사키)	■ 28–30일, 제7회 중앙위원회 총회는 「독립, 민주주의를 위한 해방투쟁 도상의 약간의 문제에 대하여」 결정
■ 16–23일, 스에즈운하 문제 국제회의 (런던)	■ 7월 2일, 제7회 당 대회에 제출할 것을 발표(『아카하타』)
■ 17일, 서독 공산당 금지 판결	■ 3일, 중앙위원회 서기국은 「오키나와문제 해결 국민총궐기대회에 관한 자민당의 요구에 대하여」 성명 발표
■ 25–28일, 총평 제7회 대회	
■ 10월 19일, 일소 국교회복 공동선언 의정서 조인	■ 8일, 참의원선거에서 2명 당선
■ 21일, 고무루카 폴란드 통일노동자당 제1서기에 취임	■ 15일, 당 창립 34주년 기념집회에서 미야모토의 연설 「공산주의의 불멸의 깃발 아래서」(『아카하타』 25–28 연재)
■ 23일, 헝가리에서 반정부운동 일어남 (30일, 4당 연립내각 설치, 나지 Nagy Imre 수상은 단일정당 폐지를 발표)	■ 28일, 산별회의 제6회 대회에서 가스가(正)는 당의 오류를 자기비판(『아카하타』 31일 자)
■ 29일, 이스라엘 군의 이집트 침공	■ 8월 2일, 중앙위원회 상임간부회는 「영토문제에 대한 '외무성의 견해'에 대하여」 성명 발표
■ 31일, 영군 공군의 이집트 폭격, 소련 정부는 「사회주의 제(諸)국간의 우호관계에 대하여」 발표	
■ 10월, 스나가와 기지 투쟁 격화	■ 13일, 중앙위원회 상임간부회는 일소교섭에 대한 성명
■ 11월 3일, 「사회주의 제(諸)국의 위대한 단결 만세」(『인민일보』)	■ 18일, 중앙위원회는 독일 공산당 비합법화에 항의
■ 4일, 소련군 헝가리에 제2차 진주, 봉기 격화, 카달 정권 성립	■ 31일, 중앙위원회·간토지방위원회·도쿄도위원회 공동개최로 「일소국교회복촉진연설회」 개최
■ 6일, 미국 대통령 선거	
■ 11일, 티토의 프라하 연설	■ 9월 10–12일, 제8회 중앙위원회 총회는 「농업농민문제의 해결을 위하여」를 결의하고 조직활동의 전진 방침을 결정 (17·18일 자 『아카하타』에 발표)
■ 18일, 폴란드·소련 공동성명 조인	
■ 12월 1일, 이시바시 내각 성립	
■ 11일, 일본 유엔에 가입	■ 13일, 「일소교섭 일본공산당은 이렇게 주장한다」(『아카하타』)
■ 29일, 「재차 프롤레타리아 독재에 관한 역사적 경험에 대하여」(『인민일보』)	

내외 참고 사항	공산당 사항
	■ 18일,「시다문제에 대하여」 발표, 시다 의 탈당을 확인, 가스가는「잡지『진상』 102호에 대하여」 발표
	■ 27일, 중앙위원회는「스나가와 문제에 대하여 전국의 모든 분들께 호소한다」 발표
	■ 9월, 6전협 이전의 시다파 지도부의 부 패사실이 일반 상업잡지에 보도됨
	■ 11월 8일, 제9회 중앙위원회 총회는 당 대회 준비를 결정, 시이노 중앙위원의 파면을 발표, 강령문제위원회·50년문 제위원회 등을 설치할 것을 결정
	■ 9–10일, 지방서기 회의
	■ 20일,「당의 통제 강화를 위하여」 발표
	■ 11월, 오사와 규메이(大沢久明) 등「농민 운동의 반성」을 작성하여 코민테른·코 민포름의 대일 지도방침을 재검토하고 '스탈린 비판'의 추진을 강조함
	■ 11월 하순, 전국학생세포대표자회의 개최
	■ 12월 18일, 상임간부회의는「'섬유연구 소' 사건은 당국의 중상적 보고」라고 성명
	■ 27일, 중앙위원회 서기국은「전 당의 지혜와 경험을 결집하기 위하여」를 발표
	■ 28일,「레드퍼지·정원법(定員法) 그 외 에 의한 추방 규제자의 투쟁에 대하여」 (『아카하타』 28·29일 자)
	■ 29일, 통제위원장 가스가(正)는「가미야 마 문제」의 경과에 대하여」를 발표

내외 참고 사항	공산당 사항
1957년	당헌 초안을 둘러싸고 논쟁 격화

- 1월 10일, 소·중·헝가리 대표는 '완전한 견해의 일치를 찾았다'란 공동 성명 발표
- 12일, 11년 만에 일소 국교회복, 노농당 해산, 영국 핵실험 개시 발표
- 13일, 헝가리 정부 진압방침 강화
- 16일, 중국·폴란드 공동 성명
- 17일, 중국·헝가리 공동 성명
- 18일, 중국·소련 공동 성명
- 2월 8일, 일본·폴란드 국교회복 협정 조인
- 13일, 일본·체코 국교회복 의정서 조인
- 19-20일, 유럽 6개국 수상회의
- 25일, 기시 내각 성립
- 3월 15일, 참의원 '원수폭 금지에 관한 결의안' 가결
- 26일, 쓰루 시게토(都留重人) 미국 상원에서 증언
- 4월 4일, 노먼 캐나다 대사 자살
- 13일, 「인민 내부의 모순을 어떻게 처리할 것인가」(『인민일보』)
- 5월 7-10일, 소련 최고회의는 경제기구 개혁 결정
- 15일, 영국은 제1회 수폭실험(크리스마스섬)
- 24일, 타이페이에서 미국대사관 습격 사건
- 6월 16일, 기시 수상 미국 방문, 미일공동성명 발표

- 1월 9-11일, 전국서기회의는 '조직 및 기관지 활동의 강화'
- 12일, 중앙위원회는 헝가리 사회주의 노동자당에 카달 정권 지지 메시지를 보냄
- 14-15일, 중앙위원회 주체로 '전국해고 반대동맹을 조직
- 21일, 제10회 중앙위원회 총회에서 서기국 정치사무실 설치와 조직활동의 실천목표 결정
- 1-2월, 시다 신당문제 일반에게 보도되어 시다파의 비밀문서가 당내 일부에 유포됨
- 3월 1일, 중앙위원회 서기국 통달 제101호 「각급 기관 간부의 경력 제출에 대하여」, 102호 「간부정책에 대하여」 발표
- 8일, 중앙위원회 서기국 「적의 음흉한 파괴공작에 대하여 경각심을 강화함과 동시에 반당분자의 준동을 제거하라」 발표
- 11일, 제11회 중앙위원회 총회에서 마쓰모토 가즈미·오카다 후미키치·구라하라 고레히토를 서기국원에 선임
- 14일, 「최저임금제의 기본문제와 투쟁에 대한 제안」을 발표
- 15일, 가미야마는 『일본혁명강령논쟁』의 「당내 생활 개선을 위해」로 가스가(正)에게 반론
- 4월 3일, 통제위원회는 「당 파괴 공작

내외 참고 사항	공산당 사항
▪ 18일, 중국인민대표대회 제4회 대회에서 마오쩌둥은 「인민 내부의 모순 처리에 대하여」를 보고	의 특징」을 발표
▪ 22-29일, 소련공산당 중앙위원회 총회는 말렌코프·카가노비치·모로토프·세비로프 등을 반당 그룹이라 하여 간부에서 파면	▪ 5일, 통제위원회의장 가스가(正)는 「자유주의자에 반대하고 올바른 당내 투쟁을 전개하자」로 다케이 데루오·오오사와 유메이를 비판
▪ 7월 11일, 중국인민대표대회에서 루딩이(陸定一) 중앙당 선전부장이 「부르주아 우익분자와 우리들의 근본적인 차이」를 발표하여 우익반대운동을 강화	▪ 26일, 중앙위원회는 「기시 내각의 정책과 우리당의 기본적 태도」를 발표
▪ 8월 6일, '안전보장에 관한 미일위원회' 정식으로 발족	▪ 5월 21일, 제12회 중앙위원회 총회에서 「가미야마 문제에 관한 결정」을 행하고 「시다 시게오의 처분에 대하여」에서 '이후 시다는 제명처분을 받은 자로 취급한다'고 발표(「아카하타」 25일 자)
▪ 16일, 제3회 원수폭 금지 세계대회는 '도쿄선언' 발표	▪ 6월 7일, 중앙위원회 오키나와 대책위원회는 「긴박한 오키나와의 정세와 국민의 투쟁」을 발표
▪ 9월 10일 '일본농민조합전국연합회' 결성(49년 4월 이래의 분열에 종지부)	▪ 8일, 상임간부회는 「오다 시게카쓰(小田茂勝)의 제명에 대하여」를 발표
▪ 10월 4일, 소련은 인공위성 제1호 발사에 성공	▪ 13일, 상임간부회·국회의원단은 「기시 수상의 매국적 방미에 반대한고 임시국회 소집을 요구한다」를 발표
▪ 26일, 소련은 주코프 국방상을 해임(11월 2일 당 간부회에서도 제명)	▪ 18일, 상임간부회는 「강령문제의 토의에 대하여」를 발표하고 강령토의에 대한 통제를 행함
▪ 11월 6일, 혁명 40주년의 소련 최고회의 개최	▪ 7월 14일, 상임간부회는 말렌코프 등의 파면을 지지
▪ 21일, 체코를 제외한 공산권 12개국의 모스크바 회담(14-16일)에서 공동선언 발표, 63개국 공산당 공동선언 발표	▪ 12일, 상임간부회는 「최근의 당 교란공작에 대하여」를 발표하고 오오이 히로스케의 저서와 '시다 테제'를 비판
▪ 12월 6일, 일소 통상조약 조인	▪ 22일, 하카마다가 당 본부에 나타남
	▪ 23일, 가와다(河田)가 당 본부에 나타남
	▪ 8월 20일-9월 4일, 제13회 중앙위원회

내외 참고 사항	공산당 사항
	총회(9월 4일은 지방위원회 서기도 참가한 확대 중앙위원회 개최)에서 '기구개혁과 중앙 인사' '대회 의안과 대회 기일에 관한 결정', 제7회 당 대회는 내년 2월 2~6일까지 개최하기로 결정, 중앙위원회 후보 고메하라·이이를 중앙위원으로 승격
	▪ 21일, 5월에 열린 제12회 중앙위원회 총회의 「가미야마 문제에 관한 결정」을 발표(『아카하타』 24일 자)
	▪ 22일, 상임간부회는 「경찰청의 발표에 대하여」 발표(『아카하타』 23일 자)
	▪ 26-28일, 가스가(正)는 『아카하타』에 「'사실'은 무엇을 보여주고 있는가-재차 '가미야마 문제'에 대하여」를 발표하여 가미야마를 비판, 가미야마는 「일단 해명」으로 응답(9월 4일)
	▪ 9월 1일, 『단결과 전진』 창간
	▪ 5일, 간사이지방 상임위원회는 「당 파괴 정치선전을 격퇴하자」 발표
	▪ 10일, 시가·니시자와·오카다 등 중앙위원을 대표하여 '트럭부대'는 날조라고 최고 검찰청에 항의
	▪ 16일, 오오무라는 '트럭부대' 용의로 체포됨
	▪ 24-25일, 제14회 확대 중앙위원회 총회에서 제7회 당 대회에 제출된 「일본공산당 당헌초안」 「강령문제에 대하여」 「당헌초안 발표에 즈음하여」를 심의 결정
	▪ 29일, 「전 당의 동지 제군에게 호소한

전후 일본의 공산당사

내외 참고 사항	공산당 사항
	다」와 함께 발표
	▪ 10월 4–5일, 전국 서기회의는 「당헌초안」 그 외 제7회 당 대회 관계문서에 대하여 중앙에서 설명
	▪ 13일, 「도쿄당보」에 도쿄도위원회는 「당헌초안에 대한 의견」을 발표하여 반대의견을 전개
	▪ 26–29일, 제15회 확대 중앙위원회 총회는 「제7회 대회를 위한 중앙위원회의 정치보고 요지」를 심의 결정하고, 「50년 문제에 대하여」와 함께 11월 7일 자 『아카하타』 호외로 발표함
	▪ 11월 5–6일, 전국 서기회의는 「중앙위원회의 정치보고 요지」를 설명
	▪ 29일, 상임간부회는 「두 가지 선언」 지지를 발표
	▪ 12월 15일, 「50년 문제 자료집」 발행
	▪ 19일, 제16회 확대 중앙위원회는 대회준비와 전국 서기국회의에 대하여 토의
	▪ 20–22일, 전국 서기회의
1958년	**제7회 당 대회 개최, 전후 지도를 총결산**
▪ 1월 1일, 아시아·아프리카 제국민회의는 '카이로 선언' 채택	▪ 1월 4일, 전국 서기회의의 보고에 기초하여 미야모토는 「강령토의 문제점에 대하여」 발표
▪ 13일, 나하(那覇)시장선거에서 민주주의 옹호 오키나와현민 연합(民擁連)의 가네시 사이치(兼次佐一) 당선	▪ 8일, 제17회 확대 중앙위원회는 「제7회 당 대회개최 연기」를 결정
▪ 2월 8일, '군축과 국제협력의 세계대회'에 대하여 세계평화평의원 23명과 일본	▪ 10일, 중앙위원회는 「총선거투쟁의 기본방침」을 발표

내외 참고 사항	공산당 사항
평화위원회가 제소	▪ 12일, 중앙위원회는 「총선거를 치르는
▪ 15일, 산별 해산 대회	우리당의 정책」 발표
▪ 24-26일, 사회당 대회	▪ 17일, 중앙위원회는 「총선거의 슬로건」
▪ 3월 1일, 에니베톡(Eniwetok) 수폭실험	발표
저지 아시아·아프리카 공동행동 일본	▪ 18-19일, 제3회 도쿄도회의를 개최하여
대회	「가미야마 문제에 관한 결의」를 행함
▪ 8일, 교육위기돌파 대회	▪ 20일, 제18회 중앙위원회 총회는 「제7
▪ 25일, 중의원 해산	회 당 대회는 총선거 후 2개월 이내에
▪ 31일, 소련 최고회의는 「핵실험을 일방	가능한 한 빠른 시기에 개최」를 발표
적 정지 결정」 채택	▪ 24일, 상임간부회는 「국회해산 대투쟁」
▪ 5월 5-23일, 중국공산당 8전대회 제2	을 국민에게 호소함
회 회의	▪ 2월 5-6일, 제19회 확대 중앙위원회
▪ 13일, 알제리에서 군부의 폭동	는 「전국적인 당 활동가 회의 소집」을
▪ 6월 1일, 프랑스 드골 내각 성립, 반파	결정
쇼 투쟁 강화, 중국공산당의 당 이론	▪ 19일, 제20회 확대 중앙위원회 개회·휴
기관지 『홍기』 창간, 여기에 논문 「유고	회, 상임간부회는 「기만적인 '최저임금
수정주의는 제국주의의 산물」 게재	제법안'을 분쇄하자」를 발표
▪ 3일, 일소 정기항로 민간협정 조인(15년	▪ 20-22일, 전국 활동가 회의
만에 재개), 후르시초프는 불가리아 제7	▪ 27일, 제20회 확대 중앙위원회 재개로
회 당 대회에서 '유고강령' 비난	「기시 내각 타도, 민주정부 수립을 위
▪ 6-10일, 일교조대회에서 근평반대확인	해 당면한 제투쟁에서 당의 임무에 관
(와카야마에서 근평반대 투쟁 격화)	한 결의」를 채택
▪ 8일, 헌법문제연구회 첫 회합 개최	▪ 3월 11일, 가미야마 시게오 복당
▪ 9일, 스고우(菅生)사건 제2심 판결	▪ 15일, 중앙위원회는 「일본의 핵비무장
▪ 12일, 경시청 공안과 직원이 시다 시게	선언을 전 국민의 운동으로 하자」고 호
오에게서 '트럭부대' 등의 정보 청취,	소함
제2차 기시 내각 성립	▪ 25일, 중앙위원회는 「'12개국의 공산
▪ 13일, 유고에서 친소파 40명 체포	당·노동자당의 선언'과 '평화 호소'를
▪ 17일, 나지 전 헝가리 수상의 처형을 발	더욱 학습하고 보급하여 당 활동을
표(『타스통신』)	전진시키자」를 발표
	▪ 26일, 「재차 최저임금제 확립을 위한

내외 참고 사항	공산당 사항
	통일행동을 호소한다」를 발표
	■ 28~29일, 6전협 후 최초의 학습 활동가 전국회의 개최
	■ 30일~4월 1일, 제21회 중앙위원회 확대 회의에서 소련의 핵실험 일방적 정지를 지지
	■ 3일, 중앙위원회는 중의원 예정 후보자의 추가와 변경을 발표
	■ 6일, 기쿠나미 히로시(聴濤弘) 귀국
	■ 12일, 오카다 중앙위원 '인민 함대(艦隊)'로 체포됨, 상임간부회는 오카다의 체포에 대하여 '비열한 경찰 정치'라는 성명
	■ 15일, 중앙위원회 서기국은 「평화공존과 민주적 정부의 수립을 지향하며」를 발표
	■ 17일, 중앙위원회는 「일본공산당의 최저임금제에 관한 기본요강」을 발표
	■ 18일, 니시자와·곤노는 「검역법위반 피의사건」으로 임의출두를 경청에서 통보받음
	■ 5월 1일, 오카다는 「출입국관리령 위반 방조죄」로 기소됨(7일 석방)
	■ 8일, 중앙위원회는 '제7회 당 대회는 7월 21일부터 10일간'으로 발표
	■ 22일, 중의원선거에서 1명 당선(입후보자 1명당 득표는 전 선거보다 못함)
	■ 6월 1일, 전학련대의원 그룹 회의
	■ 2일, 중앙위원회 서기국은 전학련대회 대의원 그룹에게 통고
	■ 4일, 상임간부회는 「전학련대회 대의원

내외 참고 사항	공산당 사항
	그룹 회의의 불상사에 대하여」를 발표
	▪ 9일, 중앙위원회는 「공산주의운동의 단결을 파괴하는 수정주의와 위에서 본 트로츠키주의자의 움직임」을 발표
	▪ 12일, 중앙위원회 서기국 「시다 출현에 대하여」의 담화 발표
	▪ 12~14일, 제22회 중앙위원회 확대회의 개최
	▪ 23일, 중앙위원회 서기국은 「전학련 그룹의 규율위반 행위 및 약간의 사실에 대하여」를 발표
	▪ 26일, 「총선거 투쟁의 총괄과 우리 당의 당면 임무」(제22회 중앙위원회 확대회의)를 발표(『아카하타』)

전후 일본의 공산당사

역자의 말

　이 책은 고야마 히로타케(小山弘健)가 쓴 『전후 일본공산당사(戰後日本共産党史)』를 완역한 것이다. 역자가 이 책을 처음 만난 것은 지금으로부터 약 10여 년 전이다. 역자가 일본의 쓰쿠바대학에 유학하여 대학원 수업을 준비하면서 필요한 참고문헌을 찾아보다가 이 책을 알게 되었다. 그 후 이 책은 일본의 전후 사회 운동사를 이해하는 데 중요한 문헌이라는 것을 인식하고 언젠가는 한국에 번역 소개해야겠다고 생각하게 되었다. 그 이유 가운데 가장 중요한 점은 이 책이 자신들이 행해온 운동의 어두운 면을 비판적으로 회고하면서 여기서 무엇인가 새로운 가능성을 모색하고 있다는 것이다. 보통 사회 운동사는 억압과 탄압 속에서도 좌절하지 않고 민중들의 해방을 위해 전진해온 고뇌에 찬 영광된 역사를 서술하면서 운동이 가진 진보성과 이를 실천해온 자신들의 정당성을 논하는 것이 일반적이다. 그러나 이 책은 그렇지 않다. 오히려 일본공산당이 1945년 이후 전전과는 전혀 다른 조건 속에서 진행해온 운동 속에 얼마나 많은 오류와 파행이 존재했었는지, 그 결과 얼마나 많은 희생을 치를 수밖에 없었는지를 중심으로 기술하고 있다.

역자가 일본에서 이 책을 만난 시기도 한국에서 한창 끓어오르던 사회운동이 한풀 꺾이고, 한국의 사회운동을 머지않은 시기에 총괄 정리할 필요가 있지 않은가라는 주장이 조금씩 제기되던 때였다. 민중들의 해방을 위한 운동이 앞으로도 지속되어야 하는 과제인 한, 운동 경험에 대한 총괄 정리는 영광스러운 승리의 경험에서 배우기 위한 시각도 중요하지만, 이것 못지않게 실패와 오류를 반복하지 않기 위해 부끄러운 치부를 적나라하게 지적하지 않으면 안 된다. 이러한 측면에서 이 책이 지금까지 진행되었고 많이 침체되었지만 여전히 진행되고 있는 운동을 되돌아 보기 위한 시각을 제공하는 측면에서 한국 사회에 주는 교훈은 크다고 할 수 있다. 특히 역자가 이 책을 한참 번역하고 있을 시기에 일어난 통합진보당의 일련의 사태는 1980년 이후 한국 사회에서 진행되었던 다양한 사회운동을 근본에서부터 되돌아 볼 수밖에 없다는 인식을 가지게 하였다. 그 인식은 영광스러운 운동에 대한 회고가 아니라 왜, 어디가, 어떻게 뒤틀리게 되었는지, 그리고 어떻게 고쳐나가야 하는지에 대한 물음이었다. 나아가 이러한 물음은 인간과 삶에 대한 본질적인 물음이기도 하다.

인간에게 있어 가장 중요한 것은 무엇인가. 혹자는 배부른 돼지보다 배고픈 소크라테스가 되라고 말한다. 이 말은 인간이 인간답게 살아감에 있어 빵보다는 자유나 인권 등이 중요하다는 주장이다. 한편 이와는 정반대의 입장도 있다. 해방 후 한국 사회에서 회자되었던 문구가 있다. '사회주의도 민주주의도 싫다. 먹자주의가 최고다'란 말의 의미는 인간에게, 특히 민중들이 살아가는 데 있어 무엇보다 중요한 것은 이데올로기나 도덕이 아니라 빵이란 의미이다. 생명을 유지하고 일상적인 삶을 꾸려가기 위한 기본적인 의식주가 충족되고 난 이후에 비로소 이데올로기도 도덕도 가치의식도 의미를 가질 수 있다는 말일 것이다. 역자는 이것이 인간의 본질에 가깝다고 본다. 이러한 측면에서 본다면 민중들의 해방을 위한 기본 조건은 우선 빵의 문제와 관련된다고 본다. 역으로 말하면 민중들을 억압하고 착취하는 본질적인 문제 역시 빵의 문제라고 본다. 이 빵의 문제가 지역과 시기와 국면에 따라서 다양한 형태로 나타날 뿐이다. 이것이 마르크스주의의 기본 테제라고 역자는 인식한다. 이러한 측면에서 한국의 운동을 살펴보면 어떠한 문제가 발생할까.

통합진보당 사태가 80~90년대를 거쳐온 한국 사회운동의 총체적인 모습 가운데 하나라고 본다면, 이러한 사태가 일어나게 된 근본에는 민족해방파(NL)의 인식론과 운동 방법론이 존재한다. 그들은 80년 광주에서 학살을 통해 권력을 잡은 군부를 합법적인 권력으로 인정한 미국이 남한을 실질적으로 지배하고 있다고 인식한다. 즉 남한은 미국의 식민지이며 따라서 이를 타파하기 위해서 동일한 민족의 일원이며 미국으로 인하여 다양한 위기와 끊임없는 긴장 속에서 지내야 하는 북한과 연계해야 한다는 신식민지 민족해방론을 제시하였다. 찬반을 떠나서 이러한 인식론에는 설득력 있는 부분도 있기 때문에 그 자체에 반론을 제기하고자 하는 것은 아니다. 문제는 북한에 대한 인식 부분이다. 과연 북한은 아무런 비판 없이 연계해야 할 또는 연계할 수 있는 집단인가. 북한에 대하여 한번 생각해보자.

NL론자들이 이야기하는 것처럼 45년 이후 남한을 점령한 미국 때문에 북한은 군사력 증강에 내몰리게 되었고 이러한 위기에서 벗어나기 위한 선택 가운데 하나가 부자세습이었다고 하자. 그 결과가 북한 민중들의 생활 파탄이라면 그 책임은 누구에게 있는가. 미국인가. 북한의 정치 지도자들인가. 아무리 외적인 요인이 강하게 작용한다고 하더라도 북한이 어느 나라의 식민지도 아니고 자주적인 독립 국가로서 자신들의 지배체계를 유지하고 있다면, 역시 책임의 주체는 북한의 정치 지도자들에게 있다. 이렇게 판단하지 않으면 북한의 정치 지도자들이 가진 주체성이 상실되어 자주적인 독립 국가로서의 북한은 존재할 수가 없기 때문이다. 이러한 인식론은 변화를 일으키는 주요 모순은 내적 요인이라는 변증법의 기본 원리에 입각한 것이다. 만약 NL론자들이 자신들은 여전히 사회주의자이며 사회주의를 지향하고 있다고 한다면, 이러한 사회주의의 기본원리를 부정할 수는 없을 것이다. 따라서 어떤 이유와 변명을 댄다고 하더라도 자신들이 통치하고 있는 지역 민중들의 빵의 문제를 해결하지 못하고 그들의 삶을 파탄으로 이끌고 간 북한 정치 지도자들의 책임은 면할 수 없다.

NL론자들이 남한 사회의 주요 모순을 해결하기 위해 한반도에서 통일을 실현하려고 한다면, 우선 사회주의 국가 정치 지배자들에게 요구되는 정치 책임에 대하여 명확하고 철저하게 물어야 한다. 즉 북한 민중들의 삶을 파탄으로 몰고 간 실정에 대한 정치 책임을 사회주의의 원리에 입각하여(후지타 쇼조의 용어를 빌리자면 지도자 교체의 원리성) 북한 정치 지도자들의 자기비판과 이에 따른 정권 담당자의 변경을 NL론자들은 누구보다 강하게 요구하여야 한다. 이러한 전제 없이는 NL론자들의 통일 논의는 사회주의 국가의 국가 통치·당 운영에 대한 실패를 덮어버리는 반사회주의적인 인식론으로 귀결될 수밖에 없다. NL론자들이 진정 사회주의자이고자 한다면 사회주의 원리에 입각해서 북한을 논하기 바란다.

역자는 일본공산당 주류파가 해온 여러 가지 독선적 당 운영은 NL파가 민노당과 통합진보당 속에서 행한 것과 많은 부분에서 닮아 있다는 생각을 지울 수가 없다. 따라서 한국의 진보운동이 개척해야 할 새로운 진로를 찾는 데 조금이라도 도움이 될 수 있었으면 하는 희망을 담아 이 책을 세상에 내놓는다.

끝으로 상업성이 없는 이 책을 흔쾌히 출판하기로 결정해주신 어문학사 윤석전 사장님과 읽기 쉬운 문장으로 다듬어준 편집부의 모든 분들께 감사드린다.

2012년 10월 30일
역자 최종길

| 색인 |

전후 일본의 공산당사

전후 일본의 공산당사

전후 일본의 공산당사

색인

전후 일본의 공산당사

당내 투쟁의 역사

전후 일본의 공산당사

초판 1쇄 발행일 2012년 11월 12일

지은이 고야마 히로타케
옮긴이 최종길
펴낸이 박영희
편집 이은혜·정민혜·신지항
인쇄·제본 태광인쇄
펴낸곳 도서출판 어문학사
　　　　서울특별시 도봉구 쌍문동 523—21 나너울 카운티 1층
　　　　대표전화: 02-998-0094 / 편집부1: 02-998-2267, 편집부2: 02-998-2269
　　　　홈페이지: www.amhbook.com
　　　　트위터: @with_amhbook
　　　　블로그: 네이버 http://blog.naver.com/amhbook
　　　　　　　　다음 http://blog.daum.net/amhbook
　　　　e-mail: am@amhbook.com
　　　　등록: 2004년 4월 6일 제7-276호

ISBN 978-89-6184-280-8 93900
정가 18,000원

이 도서의 국립중앙도서관 출판시도서목록(CIP)은 e-CIP홈페이지(http://www.nl.go.kr/ecip)와
국가자료공동목록시스템(http://www.nl.go.kr/kolisnet)에서 이용하실 수 있습니다.
(CIP제어번호: CIP2012004722)